知訥의 禪思想

知訥의 禪思想

분류 번호 / KDC 220

펴낸곳 / 조합공동체 소나무
발행인 겸 조합장 / 유재현
지은이 / 길희성
편집 / 김장환 · 강주한 · 이문수
제작 · 홍보 / 안혜련
영업 / 임중혁
표지 및 본문 디자인 / 김장환
인쇄 / 한영문화사
제본 / 명지문화

등록일/1987년 12월 12일
등록번호/제2 · 403호
초판 발행일/2001년 2월 13일
초판 인쇄일/2001년 2월 10일

주소/121 · 130 서울 마포구 구수동 44 · 1
전화/(02)707 · 2483~6 팩스/(02)707 · 2487
E-mail 주소 : Soltree@chollian.net

ⓒ 길희성 2001
ISBN 89 · 7139 · 314 · 9   93220

조합공동체 소나무의 책은 조합원이 함께 만들고 있습니다.

강미경 강수경 강주연 강주한 강재근 강재영 강태학 고   진 곽노규 구자옥 권문희 권미혁
권은희 권인호 권혁주 금동일 김계현 김광식 김금회 김기봉 김기열 김내일 김   라 김라합
김백일 김병삼 김병순 김보운 김선택 김성오 김수진 김세희 김영숙 김영채 김용관 김용범
김용우 김용인 김은미 김원태 김욱영 김장환 김재경 김정숙 김정한 김정희 김정만 김주영
김준영 김지향 김진억 김창배 김타균 김태용 김택춘 김필상 김학준 김혜영 김호영 나은자
남경우 남명애 남중현 남진주 노선란 노순자 노재익 맹한승 문선경 민종섭 박근모 박상익
박상태 박석률 박석준 박선봉 박선영 박세황 박성희 박세경 박순빈 박순옥 박옥희 박용기
박은유 박정례 박재정 박찬호 박찬옥 박형민 박호영 박홍규 배상린 배선희 배수영 백규서
백인범 변익상 봉소영 부좌현 서윤호 서해자 서해영 성낙온 성수경 손미숙 손세호 손지수
송기영 송상용 송상호 송영현 송영혜 송정희 송재진 송필영 신덕자 신선근 신용웅 신창기
심영관 안동환 안선희 안우진 안영철 안영희 안창일 안철환 안효민 안혜련 양경숙 엄현정
오근영 오봉균 오수영 오세제 우실하 원성철 원종균 유경미 유병춘 유승희 유재헌 유지연
윤성룡 윤영민 윤주원 윤천희 윤평호 이규성 이기홍 이동관 이문수 이보형 이상란 이상우
이석범 이석우 이성우 이세민 이수기 이숙영 이승욱 이용호 이윤재 이은정 이정수 이종복
이종훈 이주섭 이주영 이주행 이진숙 이진헌 이태화 이태희 이판식 이하늘 이현주 이현철
이효율 이혜경 임명구 임상우 임승철 임은빈 임중혁 임지현 임형민 임혜선 장근주 장경혜
장연희 전경철 전찬경 전철수 정경란 정근욱 정세영 정연순 정연희 정영미 정영화 정윤희
조건준 조선래 조성준 조성진 조승래 조우호 조정희 조한신 조호걸 주덕신 주명철 주원경
진영준 진용주 채신덕 최근영 최득주 최선희 최선미 최순덕 최윤식 최   웅 최종덕 최진경
최진석 최태규 최혜숙 하영휘 한봉국 허한무 홍문국 홍사국 홍사희 홍진숙 황의돈 황인용
황종규

동연출판, 부키출판

知訥의 禪思想

길희성 지음

조합공동체
소나무

머리말

　한국 불교가 배출한 걸승傑僧 셋을 꼽으라면 나는 주저 없이 통일 신라의 원효元曉(617~686), 고려의 지눌知訥(1158~1210), 그리고 조선의 서산대사 휴정休靜(1520~1604)을 꼽을 것이다. 공교롭게도 이 세 분의 위대한 스님들은 모두 한 번도 중국 땅을 밟아 본 일이 없는 순수 한국 스님이었다.
　원효는 화쟁국사和諍國師라는 그의 시호諡號가 말해 주듯 언제나 불법의 진수를 붙잡고 불교 사상 전체를 종파적 편견을 초월하여 막힘 없이 회통시킨 그야말로 화쟁의 달인이었다. 입파立破와 여탈與奪, 허許와 불허不許를 자유자재로 구사한 그는 단지 불법의 이해와 사상에서뿐만 아니라 진속불이眞俗不二를 몸으로 살다가 간 참다운 무애無碍의 자유인이었다. 우리는 그에게서 모든 불자들이 추구해야 할 이상형을 본다.
　조선의 명승 서산대사는 깊은 침체의 늪에 빠져 있던 불교를 구출한 인물이었다. 그는 혼란의 와중에 있던 불교 사상계를 정리하여 선

禪과 교教의 위상을 정립하고 한국 선의 정맥을 세움으로써 오늘의 한국 불교를 한국 불교답게 만든 스님이라고 해도 과언이 아니다.

보조국사普照國師 지눌知訥은 원효의 화쟁 정신을 멀리서 이어받으면서 원효와 휴정 사이에 존재하는 근 1천 년 세월의 간격을 좁히고 양자의 불교 세계를 매개해 주고 한국 선 불교의 이념을 제공해 준 스님이다.

불법佛法을 논하되 불법에마저 구애받지 않았던 원효는 불립문자적不立文字的 선 불교의 진수를 이미 체득하고도 남은 사람이었다. 그러나 원효 당시는 우리가 지금 알고 있는 육조六祖 혜능慧能을 정맥으로 하는 이른바 남종선南宗禪의 전통이 성립되어 있지 않았다. 따라서 원효는 선 불교와는 인연이 없었던 인물이었다. 신라 말부터 지방 호족들의 비호 아래 전파되기 시작한 선 불교는 기존의 교학적 종파들과 대립과 마찰을 일으키는 가운데서도 급속하게 성장하여 고려 중기 지눌이 출현할 무렵 선교의 대립은 고려 불교계의 최대 문젯거리로 부상하였다. 이미 지눌 이전에 대각국사 의천義天(1055~1101)도 교관겸수敎觀兼修의 기치 아래 천태종天台宗이라는 새로운 종파를 개창하여 이 문제를 해결하려고 시도했으나 별다른 성과를 거두지 못하였다. 지눌은 의천과는 대조적으로 어디까지나 선의 입장에 서서 교를 수용하는 선주 교종적禪主敎從的 선교회통론禪敎會通論을 전개하였으며, 이것은 지눌 이후 복잡한 역사적 우여곡절을 겪으면서 한국 불교의 전통으로 자리잡게 되었다. "선은 부처님의 뜻(마음)이요 교는 부처님의 입(말씀)이라"는 지눌의 선교 일치禪敎一致의 정신은 조선 중기 서산대사에 의해 그대로 수용되고 매개되어 오늘날까지 한국 불교를 지배하고 있다.

선 불교는 흔히 밀의적密意的이고 비논리적이며 신비적이라는 평을 듣는다. 그러나 지눌의 선 사상을 접해 본 사람이라면 그러한 판단을 쉽게 내리지는 못할 것이다. 선은 분명히 우리의 언어와 분별지分別智를 초월하는 세계를 지향하고 있기 때문에 궁극적으로는 신비적임에 틀림없다. 그러나 신비주의자들도 침묵만을 고수한 것은 아니며 때로는 수다스러울 정도로 많은 말을 했다. 이것은 모두 보살의 방편과 자비행으로 간주되며, 지혜와 자비를 겸비한 석가모니불 자신의 예를 따른 것이다.

지눌도 마음 공부를 하는 후학들을 위해 많은 저작들을 남겼다. 일정한 스승이 없이 구도의 길에서 숱한 방황을 해야 했던 그는 수행자들을 위한 확실한 지침이 있어야 함을 절실하게 느꼈던 것이다. 많은 수행자들이 불법에 대한 분명한 이해나 수행을 위한 아무런 지적 기반 없이 허송 세월을 하던 당시 불자들의 병폐를 목격했기 때문이었다. 선 수행의 이론적 기초를 마련하고자 했던 지눌의 선은 확실히 이런 면에서 지적 성격이 강한 것임에 틀림없으며, 이는 지눌 선의 약점이라기보다는 오히려 강점으로 평가되어야 한다. 지눌은 이론이 결코 실천을 대체할 수 없으며, 지적 이해가 자심自心의 반조返照를 통한 깨달음을 대신할 수 없다는 걸 누구보다도 잘 알고 있었다. 그럼에도 불구하고 그는 수행자들이 견고한 이론적 토대 위에서 수행하는 것이 그렇지 않은 것보다 훨씬 낫다는 확신을 가지고 있었기에 많은 선의 이론서들을 남기게 된 것이다.

지눌 선의 지적 성격은 선의 세계를 통째로 삼킬 수 없는 우리들에게는 오히려 무척 다행스러운 일이 아닐 수 없다. 지눌의 저술들은 바로 우리와 같이 선의 세계에 직접 뛰어들기 전에 무언가를 먼저 명쾌하게 알고 싶어하는 욕구를 충족시키기에 더할 나위 없이 좋은 안내서가 되기 때문이다. 지눌은 위대한 선사였을 뿐만 아니라 명쾌한 분석력을 지닌 학승이었으며, 자신의 이러한 능력을 후학들이 시간과 노력을 허비하지 않고 수행의 정도로 나아가도록 하기 위해 아낌없이 발휘했던 것이다.

그러나 지눌 선의 교학적 성격 혹은 선교 융합적 측면은 일면에 지나지 않는다. 지눌은 다른 한편으로는 화두話頭를 참구하는 간화선 看話禪을 중심으로 선과 교를 날카롭게 대별하면서 알음알이의 병폐(知解病)를 경고한다. 간화선의 세계에서 선禪은 문자 그대로 불립문자 不立文字의 소식을 전하며 교敎로서는 도저히 미치지 못할 경지에 들어간다고 한다. 오늘날 우리 나라의 선방 수좌들의 마음을 불철주야 사로잡고 있는 화두 참구의 수행법은 지눌과 그의 제자 진각국사眞覺國師 혜심慧諶(1178~1234)에게로 거슬러 올라가는 전통임을 기억할 필요가 있다.

본 연구는 이와 같이 다양한 얼굴을 가진 지눌의 포괄적인 불교 사상 내지 선 사상을 전체적으로 고찰하고자 한다. 지금까지 지눌에 대한 연구 논문은 많이 있었으나 지눌 사상 전체를 체계적으로 고찰한 작업은 고 이종익 교수의 『고려 보조국사普照國師 연구』(프린트본, 1974)를 제외하고는 찾아보기 어렵다. 지눌 연구의 선구자적 역할을 한 이종익 교수의 연구에 본 연구도 많은 것을 힘입고 있지만, 입장과 견해를 달리하는 곳도 많다. 특히 지눌 사상 전체를 보는 시각에는 큰 차이가 있으며, 이것은 두 책을 대하는 사람들에게 확연하게 드러날 것이다.

이 지눌 연구는 본래 1984년에 미국에서 *Berkeley Buddhist Studies*

Series의 제6권으로 출판되어 외국에서 한국학을 하거나 불교학을 하는 사람들에게 비교적 많이 읽혀져 왔으나, 유감스럽게도 국내 학계에는 아직도 덜 알려진 편이다. 이 연구로 1985년에 제4회 열암 학술상을 받았을 때 필자는 이것을 우리말로 출판하겠다고 다짐했었다. 그러나 필자의 게으름 때문에 차일피일 미루다가 이제야 그 약속을 실천에 옮기게 되었다. 필자의 연구 이후 지눌에 관계되는 국내외 연구가 적지 않게 진행되었으나 획기적인 변화를 초래할 만한 연구 성과는 찾아볼 수 없다. 특히 지눌의 사상 연구에서는 더욱 그러하다. 다만 고려 중기 불교사, 특히 최씨 무인 정권과 수선사修禪社를 중심으로 한 불교계의 동향에 대한 연구는 비교적 많이 이루어졌다.

　이 책은 1984년도 출판본을 개편하고 수정·보완하였으며 참고 문헌도 보충했다. 그러나 지눌의 선 사상과 그 역사적 배경을 이해하는 큰 틀과 방향에 있어서는 큰 변화가 없었음을 밝혀 둔다. 아무쪼록 이 연구서가 아직도 우리 불교계와 학계에서 충분히 이해되지 못하고 정확하게 평가받지 못하고 있는 지눌의 불교 사상 이해에 조금이라도 도움이 되기를 바라는 마음 간절하며, 이 책의 출판을 계기로 지눌 사상의 세밀한 면까지 파고 들어가는 더 많은 전문적 연구가 이루어지기를 기대해 본다.

2001년 정월
불곡산을 바라보며, 저자

차례

머리말 · 5
일러두기 · 12

I. 지눌의 생애 / 15

   1. 지눌 출현의 역사적 배경 · 15
   2. 지눌 전기 연구의 역사적 자료 · 26
      (1) 첫째 시기 : 지눌, 개경을 떠나다 · 29
      (2) 둘째 시기 : 구도와 깨침 · 48
      (3) 셋째 시기 : 정혜사를 결성하다 · 60
      (4) 넷째 시기 : 또 한 번의 은둔과 수선사修禪社 · 67

II. 지눌知訥 선禪의 성격과 구조 / 91

   1. 지눌 선의 지적 성격 · 91
   2. 지눌 선 사상의 구조 문제 · 98

III. 심성론心性論 / 109

IV. 돈오론頓悟論 / 139

V. 점수론漸修論 / 167

VI. 간화론看話論 / 207

VII. 지눌과 한국 불교 전통 / 225
　　1. 지눌, 수선사, 조선시대의 불교 · 226
　　2. 지눌知訥, 휴정休靜, 조선 불교 전통 · 233

참고문헌 · 251
찾아보기 · 259

■ 일러두기 ■

1. 이 책은 1984년 미국에서 *Berkeley Buddhist Studies Series*의 제6권으로 출간되었던 *Chinul' The Founder of the Korean Sŏn Tradition*을 개편하고 수정·보완하여 저자가 직접 우리말로 옮긴 것이다.
2. 이 책에서는 한글 전용을 원칙으로 하여 표기하였으며, 내용 이해를 위해 꼭 필요한 경우는 작은 글씨로 병기하였다. 이때 우리말 표기와 발음이 같은 한자는 괄호 없이 작은 글씨로 붙여 썼으며, 우리말 표기와 발음이 다른 경우는 괄호에 묶어 표기하였다.

    예 1) 정혜결사定慧結社

    예 2) 다카하시 도루(高橋亨)
3. 본문과 인용(번역)문 가운데서 ( ) 안에 있는 것은 독자들의 이해를 돕기 위한 간단한 설명이며, [ ]은 번역문 가운데서 원문에는 없으나 문맥상 뜻이 통하도록 하려고 필요한 보충어를 삽입한 경우이다.
4. 각주의 경우는 인용이나 참조한 글을 밝히는 과정에서 한글과 외래어를 혼용하여 쓰기로 했다.
5. 이 책의 본문과 각주에서 자주 인용하고 있는 『현토역해보조법어懸吐譯解普照法語』는 번거로움을 피하기 위하여 『法語』라고 표시한 후 쪽수를 밝히기로 하였다.
6. 또한 이 책의 본문과 각주에서 자주 인용하고 있는 『법집별행록절요병입사기法集別行錄節要幷入私記』도 마찬가지로 단순히 『節要』라고 표시하고 쪽수를 밝히기로 하였다.

知訥의 禪思想

길희성 지음

조합공동체
소나무

I. 지눌의 생애

1. 지눌 출현의 역사적 배경

한국 불교는 신라가 수세기 동안 삼국으로 나뉘어 있던 한반도를 통일할 무렵인 7세기 후반에 그 절정에 달했다. 불교는 당 나라로부터 광범한 영향을 받고 있던 신라의 사회·문화 생활 전반 — 예술, 건축, 학문, 왕실과 귀족, 대중 신앙, 애국심, 무역, 외교 — 에 스며들면서 주도적 역할을 했다. 당시 신라 불교는 교학敎學의 분야에서 중국 대승불교大乘佛敎의 사상적 흐름들을 배우고 소화하는 단계를 지나, 중국의 대가들과 어깨를 겨눌 정도로 탁월한 학승들을 많이 배출했다. 그 가운데 가장 뛰어난 사람은 원효元曉(617~686)로서, 그는 당시에 그가 접할 수 있었던 다양한 불교 사상들을 일관된 관점 아래 종합적으로 평가하고 융화시키는 사상적 자유와 난숙성을 보였다.

그러나 8세기 후반에 접어들면서 신라 사회의 지배 계급 내부에서 심각한 갈등이 드러나기 시작했으며, 불교 사상 또한 통일 왕조 초기에 보였던 역동성과 창의력을 상실하기 시작했다. 신라 하대의 침체

된 불교계에 새로운 생명력을 불어넣어 준 것은 선 불교禪佛敎였다. 중국에서 선 불교의 뿌리는 훨씬 더 이전으로 소급되지만, 이른바 남종선南宗禪이 그 파격적인 메시지를 전파하며 중국 불교계를 풍미하기 시작한 것은 육조六祖 혜능慧能과 하택荷澤 신회神會와 같은 인물이 출현한 8세기 중엽 이후부터였다. 이 남종선이 신라 하대에 도입되면서 신라 불교는 새로운 국면을 맞게 되었다.

선 불교는 기존의 종파들이 튼튼히 자리잡고 있는 수도 경주에서는 발을 붙이지 못하고 중앙의 정치 권력이 이미 장악력을 상실하기 시작한 지방에서 호족 세력의 비호를 받으며 뿌리를 내리기 시작했다.[1] 이른바 구산선문九山禪門이라고 하는 선 본거지들이 신라말 고려초에 걸쳐 지방에 자리를 잡게 된 것이다. 구산선문의 개창자들은 대부분 화엄종 출신의 승려들이었는데, 이들은 중국이나 이미 신라에서 이 새로운 유형의 불교를 접하면서 진로를 바꾸었다. 그들 가운데 대다수는 남종선의 진수를 유감없이 보여 준 유명한 마조馬祖 도일道一선사(707~786)의 제자들로부터 법法을 이어받고 귀국했다. 그들이 가져온 파격적인 불교는 당연히 기존의 교학敎學 중심의 불교와 심각한 마찰과 대립을 불러일으켰으며, 그 후로 선禪과 교敎의 갈등은 한국 불교계가 두고두고 씨름해야만 하는 하나의 커다란 과제로 남게 되었다. 우리가 앞으로 고찰하겠지만 지눌 역시 이 문제를 안고 고심해야 했으며, 이것은 그의 사상적 방향을 결정짓는 한 중요한 요소가 되었다.

신라 말기에는 사회적 불안과 동요가 극심했다. 중앙 귀족들 간의

---

[1] 최병헌, "新羅下代 禪宗九山派의 成立", 『韓國史研究』 7(1972); "羅末麗初 禪宗의 社會的 性格", 『史學研究』(1975) 참조.

정치 투쟁과 왕권의 약화, 그리고 지방 호족들의 발호로 인해 중앙 정부의 권위는 붕괴되어 갔다. 이러한 혼란은 마침내 새로운 왕조를 세운 왕건王建이라는 한 지방 호족에 의해 수습되었다. 그가 남긴 「훈요십조訓要十條」에서 잘 드러나듯이, 그는 독실한 불교 신앙을 갖고 있었으며 불교를 나라의 정신적 토대로 여겼다. 후삼국 시대의 사회적 혼란과 갈등을 치유하고 흩어진 민심을 수습하여 통일 왕조의 기반을 굳건히 하기 위해서는 역시 불교의 힘에 크게 의지할 수밖에 없었던 것이다.

태조에 의해 수립된 불교와 국가간의 밀접한 관계는 왕조 대대로 이어졌으며 불교는 명실상부한 국가 종교가 되었다. 제4대 광종光宗은 중국의 모델을 본떠 과거제科擧制와 함께 승과제僧科制를 실시했으며, 이와 더불어 왕사王師에까지 오르는 법계 제도法階制度도 마련되었다.[2] 승려는 시험에 통과해야 비로소 법계法階의 사다리를 오를 수 있었으며, 그렇지 못한 사람은 사원寺院의 주지住持로 임명될 수 없었다. 승과는 선禪과 교敎를 구별하여 치러졌기 때문에 — 이는 고려 불교가 이미 양대 진영으로 확실하게 나뉘어져 있었음을 보여 준다 — 수여된 법계의 명칭도 서로 달랐다. 이 제도는 조선시대 연산군에 의해 폐지되기까지 불교 승려들의 등용문과 같은 것이었으며, 고위 승려들은 그 지위에 따라 많은 영예와 특권을 누렸다. 고려 사회에서 승려가 된다는 것은 세속적 야망을 가진 사람들에게도 선호의 대상이 될 만한 일이었다.

---

2) 승과가 광종 때 창시되었다는 명확한 문헌적 근거는 없다. 다만 당시 여러 고승들의 비문들을 살펴보거나 과거제를 둔 광종의 치적 등을 감안해 볼 때, 그 개연성이 매우 높다.

왕조의 창업과 더불어 불교가 줄곧 국가의 보호 아래 융성함에 따라 고려의 사원들은 물질적인 번영을 누렸다. 왕실과 귀족들의 후원, 면세의 특혜, 그리고 각종 상행위들이 경제적 풍요를 제공해 주었으며, 권문세가들은 사찰을 사유화하다시피 하여 토지와 재산 증식의 수단으로 사용하기도 했으며, 영향력 있는 사원들은 많은 노비를 두고 귀족적인 생활을 영위했다. 그러나 이러한 외적 융성에도 불구하고 사상적으로 볼 때 초기 고려 불교는 신라 불교가 보였던 역동성과 창의성을 발휘하지는 못했다. 다만 11세기 중엽 대각국사大覺國師 의천義天의 등장과 함께 비로소 고려 불교는 교단적으로나 사상적으로 하나의 커다란 지각 변동을 맞게 되었다.[3]

1055년 문종文宗의 네 번째 아들로 태어난 의천은 11세에 출가하여 화엄종 사찰 영통사靈通寺에 들어갔다. 그는 31세 때 송 나라에 가서 당시 중국의 저명한 학승들을 만났으며 불교 전적들도 많이 수집했다. 중국에 있는 동안 의천의 활동 가운데서 가장 주목할 만한 일은 그가 천태교학天台敎學에 큰 관심을 보였다는 사실이다. 그는 천태 지의대사智顗大師의 탑을 방문하여 다음과 같은 서원誓願을 했다.

> 의천이 천태교주天台敎主 지의대사님께 머리 조아려 절하고 귀의하며 아룁니다. 제가 일찍이 들사온데 대사께서는 동방으로 흘러 들어온 부처님의 성스러운 가르침을 오시팔교五時八敎(天台의 敎相判釋)로써 남김없이 판석判釋하여 후세에 불교를 배우는 모든 사람들이 그것에 기초를 두게 되었다고 합니다.『화엄경華嚴經』에 주석을 쓰신 저의 스승

---

[3] 의천의 생애와 사상에 관해서는 다카하시 도루(高橋亨), "大覺國師義天의 高麗佛敎에 對하는 經綸에 대하여", 『朝鮮學報』 10(1956), 113~47쪽; 趙明基, 『高麗 大覺國師와 天台思想』네(東國文化社, 1964) 참조.

(淨源, 1011~1088. 중국 화엄종 학승)께서 말씀하시기를 "현수賢首의 오교五敎(화엄교학의 대성자 法藏의 敎判)는 천태의 교판과 크게 다르지 않다"고 했습니다. 가만히 생각해 보건대 저희 나라에서도 예전에 체관諦觀이라는 스승(고려 초의 스님으로서 유명한『天台四敎儀』의 저자)이 있어 대사의 교教와 관觀을 설하고 해외에 유포시켰습니다. 그러나 지금은 그것을 전수하는 사람도 배우는 사람도 없습니다. 그리하여 제가 발분하여 몸을 돌보지 않고 스승을 찾아다니며 그 도道를 듣고자 하였더니 이제야 전당錢塘 자변대사慈辨大師의 강의에서 교敎와 관觀을 접하고 조잡하나마 그 대략적인 개요를 알게 되었습니다. 후에 제가 고향에 돌아가면 대사께서 중생을 가르치기 위하여 겪으신 고초와 수고의 은덕에 보답하기 위하여 목숨을 다해 그것을 널리 전파할 것을 서원합니다.[4]

이 서원은 의천이 귀국 후 고려 천태종을 개창함으로써 실천에 옮겨졌으며, 그가 고려 불교계에 대하여 취한 일련의 조처들을 감안해 볼 때 많은 의미를 담고 있는 서원이었다. 그것은 결코 즉흥적으로 이루어진 서원은 아니었다. 서원 자체에서 드러나듯이, 그는 천태대사의 탑을 찾기 이전부터 이미 천태 사상에 깊은 관심을 가지고 있었으며 그 결과 의도적으로 천태대사의 탑을 찾은 것이었다. 그리고 탑 앞에서 행한 엄숙한 서원은 오랫동안의 심사숙고를 통하여 도달한 그의 중대한 결단의 표출이었다. 그 서원 가운데서 다음 몇 가지 점이 우리의 주목을 끌기에 충분하다.

---

[4] 右某 稽首歸命 白于天台教主智顗大師曰 嘗聞 大師以五時八教 判釋東流一代聖言 罄無不盡 而後世學佛者 何莫由斯也 故吾祖華嚴疏主公 賢首五教大同天台 竊念 本國昔有人師厥名諦觀 講演大師教觀 流通海外 傳習或墜 今也卽無 某發慎忘身 尋師問道 今已錢塘慈辨大師講下 承稟敎觀 粗知大略 他日環鄕 盡命弘揚 以報大師 爲物說敎 劬勞之德 此其誓也.『大覺國師文集』,『韓國佛敎全書』 제4책, 551~52쪽.

첫째, 의천은 화엄 사상과 천태 사상이 대동소이하며 기본적으로 일치한다는 견해를 가지고 있다는 점이다. 이것은 그가 화엄종 승려였음을 감안할 때 매우 중요한 일이었다. 둘째, 의천은 고려에 이미 기존의 천태 전통이 존재했음을 언급하고 있다. 다시 말해, 그가 귀국 후 세우고자 하는 천태종은 결코 고려에서 새로운 것이 아니라는 점을 강조하는 말이다. 셋째, 그가 천태 사상에서 주목하고 있는 것은 천태의 교教와 관觀으로서, 그것을 배우고자 하는 강한 열망을 가지고 있었다는 점이다. 마지막으로, 이 가르침을 고국에서 선양하겠다는 서원이 우리의 주목을 끈다. 바로 이 서원의 실천이 고려 불교계에 하나의 새로운 바람을 몰고 왔기 때문이다. 그러면 왜 의천은 화엄종 승려이면서도 이토록 천태에 관심을 두었는가?

이에 대한 대답은 아무래도 신라 말부터 불교계의 근본 문제로 대두되기 시작한 선禪과 교教의 대립과 갈등에서 찾아야 할 것이다. 의천은 이 문제의 해결을 위해서는 자신이 몸담고 있던 화엄종만으로는 안 된다고 생각했던 것 같다. 화엄종 자체가 이미 갈등에 연루되어 있었기 때문이다. 의천은 고려 불교계를 주도해 나갈 하나의 참신한 사상과 세력이 필요하다고 생각했으며, 바로 이 점이 그로 하여금 천태의 교教와 관觀에 관심을 갖게 한 것이다. 교학教學과 관행觀行, 이론과 실천에 대한 천태의 균형 있는 강조는 당시 고려 불교계의 고질병인 선禪과 교教의 대립을 해소하는 데 가장 적합한 처방이라고 의천은 생각했던 것이다. 그의 교관겸수教觀兼修 사상은 이러한 맥락에서 가장 잘 이해된다.

불교 지도자로서의 의천의 역량은 학문이나 사상 면에서뿐만 아니라 그가 고려 불교계의 화합과 통일을 이루기 위해 취한 구체적인 행위들에서도 나타난다. 그는 돌아가신 모친을 추모하기 위하여 세운 국청사國淸寺를 천태종의 중심지로 삼고 제1대 주지로 취임했다. 국가의 지원과 의천의 개인적 능력으로 인하여 천태종은 짧은 기간 안에 매우 활발하고 영향력 있는 종파가 되었다. 특히 천태종은 스스로를 선종禪宗으로 간주하여 — 천태종의 승려들은 선종의 법계를 받았다 — 구산선문九山禪門들로부터 많은 승려들을 흡수했다. 의천은 교학을 무시하는 선 불교에 대하여 매우 비판적인 시각을 가지고 있었으며, 직접 선문의 역량 있는 승려들을 천태종에 합류하도록 설득했다. 의천의 손에 의해 한동안 선이 천태종으로 흡수됨으로써 선禪과 교敎의 대립이 해소될 듯 보였으나, 고려 불교에 대한 그의 비전이 아직 확실한 실현을 보기 전 47세의 나이로 그는 입적했다. 결과적으로 천태종은 기존의 종파들에 더하여 고려 불교의 판도를 더욱 복잡하게 만드는 또 하나의 종파가 되었으며, 선과 교의 괴리와 대립은 여전했다.

의천의 선 불교 이해는 근본적인 한계를 안고 있었다. 그는 불립문자不立文字 교외별전敎外別傳의 기치 아래 전개된 남종선의 독특한 정신을 올바로 파악하지 못하고 전통적인 교학적 불교에 따라서 선禪(dhyāna)을 문자 그대로 선정禪定을 닦는 습선習禪 정도로 이해했던 것으로 보인다. 뿐만 아니라 의천의 인위적 노력은 오히려 기존 종파들의 반발과 종파적 정체성을 공고히 하는 데 일조하였다. 특히 천태종의 대두와 더불어 위협을 느낀 선종의 경우는 더욱 그러했으니, 구산선문九山禪門은 이제 조계종曹溪宗이라는 새로운 이름 아래 단합을 가시화하기 시작했다. 천태天台라는 이름이 지의대사가 머물렀던 산명山名에 따른 것처럼 구산선문도 육조六祖 혜능慧能이 머물렀던 산명을 따서 스스로를 조계종이라 일컫기 시작한 것이다.5) 그러나 선 불교 내에는 아직 의천과 같은 인물이 없었다. 선 불교가 변화된 역사적 상황 속에서 하나의 뚜렷한 이념에 근거하여 새로운 정체성을 수립하게 된 것은 의천 후 약 반세기가 지나서 출현한 한 무명의 선승 지눌知訥에 의해서였다. 그가 어떻게 이와 같은 위업을 달성하게 되었는가를 검토하기에 앞서 우리는 지눌의 생애와 사상의 직접적인 배경이 되었던 고려 중기의 사회적・종교적 상황에 대해서 먼저 살펴보아야 한다. 의천이 입적한 후 얼마 되지 않아 엄청난 사건들이 고려 사회에 벌어졌기 때문이다.

지방의 한 호족 출신이었던 왕건이 고려 왕조를 창건했을 때 그는 자신과 같은 처지에 있었던 많은 이들의 도움을 받았다. 왕조 초기부터 호족들의 힘은 막강했다. 비록 그들 가운데 많은 수가 왕실과의 혼인이나 관료화를 통해 중앙의 귀족층으로 흡수되기는 했지만, 그들은 여전히 왕권에 잠재적인 위협 요소로 존재했다. 힘 있는 귀족들은 지연과 혈연을 내세우면서 자신들의 정치・경제적 영향력을 확장하기 위해 경쟁했으며, 자기 딸을 왕족과 혼인시킴으로써 영향력을 넓히고자 꾀했다. 꾸준히 권력을 확장한 일부 귀족들은 마침내 왕권에 대한 노골적인 반란을 일으키게 되었다.

비록 실패로 끝나기는 했지만 이자겸李資謙의 난(1126)은 잇따른 혼란기의 서막을 열었다. 이 반란에 자극을 받고, 또한 금金(1115~1234)이라는 새로이 등장한 이웃 나라의 위협에 자극을 받은 승려 묘청妙淸

---

5) 이것은 조계종의 기원에 관한 일반적인 견해이다. 李能和는 그의 『朝鮮佛敎通史』에서 조계종이 지눌에 의해서 창시되었다는 견해를 피력하고 있다. 이 문제는 다시 상세하게 고찰하겠지만, 이는 사실이 아니다.

일파는 수도를 개경에서 평양으로 옮길 것을 주장했다. 평양의 중요성은 고려 왕조의 창건자인 태조 때부터 인정되어 왔다. 묘청은 풍수지리설風水地理說을 내세워 개경은 이미 지덕地德이 쇠약해진 반면 평양의 지덕은 흥하고 있다고 주장했다. 인종仁宗은 그의 의견을 받아들이려 했으나『삼국사기三國史記』의 편찬자이자 유능한 군사 지도자였던 김부식金富軾을 대표로 하는 보수파의 반대에 부딪혀 실현되지 못했다. 묘청은 1135년 반란을 일으켰으나 김부식에 의해 진압되었다.

고려의 사회·정치적 상황은 의종毅宗 치하(1146~1170)에서 더욱더 악화되었다. 의종 말년까지 전국적으로 수많은 반란들이 일어났으며, 이러한 혼란의 와중에 무신들이 권력을 장악하기에 이르렀다. 고려의 관료 체계는 문무文武 양반으로 구성되었으나, 실제로 모든 권력은 전통적으로 문신文臣들에 집중되어 있었다. 문신들은 무신들을 경시했으며 당연히 무신들이 해야 할 일까지도 때로는 문신들이 도맡아 했다. 무신들은 왕이나 문신들의 경호원 정도로 전락했으며, 병사들은 군사 목적뿐만 아니라 각종 부역을 위해서도 동원되었다. 이러한 요인들이 마침내 1170년 무신들의 봉기를 유발하게 된 것이다. 유력한 문신들이 살해되었고 왕은 폐위되었다. 이와 더불어 긴 무신 정권 시대武臣政權時代가 시작되었다.

무신들의 쿠데타 이후 그들 사이에 벌어진 치열한 권력 투쟁은 탁월한 능력을 지녔던 최씨崔氏 형제들에 의해 진정되었다. 한편, 이 같은 중앙의 정치적 혼란은 지방의 농민이나 노예들로 하여금 그들에게 지워진 과중한 짐을 벗어버리기 위해 반란을 일으키는 좋은 기회를 제공했다. "중앙에 대한 지방의 대항과 상층 사회에 대한 하층민의 봉기"가 당시의 일반적 사회상이었다.[6] 지눌은 바로 이러한 사회적 혼란기에 자기 생의 초반을 보냈던 것이다.

불교계 또한 이러한 사회적·정치적 격변에 크게 영향을 받지 않을 수는 없었다. 앞서 언급한 대로 승려 묘청妙淸은 왕권에 대항하여 일어난 반란군의 지도자였다. 무신 정권이 수립되자 대사찰들, 특히 교종敎宗 계통 사찰들의 승려들은 오랫동안 왕실이나 문신 귀족들과 연계해 유지되던 자신들의 사회·경제적 특권을 지키기 위해 무신 정권에 끊임없이 무력으로 맞섰으며, 그 와중에 많은 승려들이 무참히 살해되기도 하였다.[7]

그런가 하면, 다른 한편으로는 왕실은 태조 자신이 보여 준 예에 따라 나라와 왕실의 번영을 위해 팔관회八關會나 연등회燃燈會 같은 각종 불교 의례들을 행하였으며, 시국이 불안해질수록 그 횟수는 더해 갔고 규모 또한 커졌다. 이에 따라 국고는 낭비되고 백성들은 더욱 무거운 짐을 지게 되었다. 사원들은 계속해서 부유해졌으며, 그들이 누리는 부富만큼 타락상은 더해 갔다. 불교의 융성이 절정에 이른 문종文宗 초기에는 승가의 타락이 너무도 심해 왕은 다음과 같은 교시를 전국 사원들에 내렸을 정도였다.

석가가 천명한 가르침은 청정을 으뜸으로 하여 더러움을 멀리 떠나고 탐욕을 끊어 없이 해야 하거늘 지금은 부역을 피하는 무리가 사문沙門

---

6) 이병도,『한국사 대관』(普文閣, 1964), 321쪽.
7) 이병도, 229쪽 참조. 이 승려들과 최씨 정권과의 투쟁에 대하여는 다수의 논문이 있으나, 金鐘國, "高麗武臣政權と 僧徒의 對立抗爭에 關하는 一考察",『朝鮮學報』, 21~22(1961), 567~89쪽; Edward J. Shultz, "高麗武人執政期의 佛敎", 李基白 先生 古稀紀念 韓國史學論叢, 上(일조각, 1994), 759~82쪽을 참조할 것. 김광식은 최씨 정권과 당시 불교계 일반, 특히 수선사와의 관계에 대하여 많은 논문을 발표했다. 金光植,『高麗 武人政權과 佛敎界』(민족사, 1995)는 종전의 연구 성과들을 바탕으로 최씨 정권과 불교계의 관계를 포괄적으로 고찰하고 있다.

이라 일컬으며 재물을 불리고 생계를 경영하여 밭 갈고 가축 기르는 것으로 업을 삼으며 장사하는 것이 풍속으로 되었다. 그리하여 나아가서는 계율의 법을 어기고 물러가서는 청정淸淨의 기약도 없게 되었다 …… 상인들과 통하여 매매 행위를 하고 손(客)과 어울려 취하며 즐기니 절간은 시끄럽고 불사佛寺는 더러운 냄새가 풍긴다 …… 짐은 선악을 구분하고 기강을 엄숙히 세우고자 하나니 마땅히 중외中外의 사원으로 하여금 추리고 도태시켜 계행戒行을 부지런히 닦는 자는 모두 안주하게 하고 계율을 어기는 자는 법으로 다스리게 하노라.8)

고려 승가의 타락은 국가 종교로서 불교가 누렸던 특권과 이에 따른 종파간의 대립과 무관하지 않았다. 특히 선禪과 교敎 사이의 간격은 의천의 노력 이전보다도 더 넓어졌으며, 여러 종파들은 자기 사원의 경제적 특권과 정치적 위상을 높이기 위해 다투었다. 의천이 11세기 고려의 황금기에 태어나 누렸던 평화와 번영은 12세기에 접어들면서 온데간데없이 사라져 버렸고 고려 사회는 갈등과 혼란 속으로 빠져들었다. 이제 고려 불교는 양적 확대보다는 조용한 자성自省과 개혁이 필요한 시점이 되었으며, 외부 세계에서보다는 내면의 세계에서 빛을 구할 때가 도래한 것이다.

갈수록 암울해져 가는 사회 속에서 고려 불교계는 새로운 시대 정신을 대표하고 새로운 진로를 제시해 줄 지도자의 출현을 기다리고 있었다. 그러나 이 새로운 길은 불교계의 뼈아픈 자성과 자기 부정 없이는 불가능했다. 삼국시대 이래 약 1천 년의 세월에 걸쳐 줄곧 이렇다 할 만한 시련이나 좌절을 모르고 번창해 온 불교계에 그러한

---

8) 金庠基,『高麗時代史』(동국문화사, 1961), 157쪽에서 인용.『高麗史』七卷, 文宗 10년 9월.

고통스러운 자기 부정이 과연 어디서 올 것인가? 그것은 한 무명의 젊은 수도승을 통해서 왔다. 에다 도시오(江田俊雄)는 지눌의 등장이 지닌 한국 불교사적 의의에 대해서 다음과 같이 말하고 있다.

> 이러한 교계와 사회 정세 아래서 의천이 죽은 지 7, 80년 후에 의천이 걸었던 개혁의 길을 거꾸로 걸어 고려 불교계를 정화하고 고려 사회를 교화한 사람이 바로 지눌이었다. 그는 선禪과 교敎를 조화시키려 하였는데 선禪을 주主로 하고 교敎를 종從으로 하는 입장에 항상 서 있었다.9)

이제 지눌의 생애를 고찰하기에 앞서 우선 지눌의 생애에 대해서 우리가 확보할 수 있는 사료들에 대해서 잠시 검토해 보도록 하자.

2. 지눌 전기 연구의 역사적 자료

지눌(1158~1210)의 생애를 연구하기 위한 첫 번째 사료로서 가장 중요한 것은 그가 입적한 다음해인 1211년 김부식의 손자 김군수金君綏에 의해서 쓰여진 비문이다.10) 이것이 어떻게 지어졌는지는 그 비문

---

9) "朝鮮禪の 形成—'普照禪'の 性格に ついて", 『印度學佛敎學硏究』 2(1957), 353쪽.(『朝鮮佛敎史の 硏究』에서 재수록)
10) 비문의 완전한 제목은 「昇平府曹溪山修禪社佛日普祖國師碑銘並序」이다. 원 비석은 지눌이 생의 마지막 시기를 보냈던 현재의 송광사에 있었으나, 1597년 임진왜란 당시 훼손되었다. 그러나 다행스럽게도 비석이 훼손되기 전에 徐居正이 1478년에 편찬한 『東文選』에 비문이 실렸다. 任昌淳은 그의 논문 "송광사의 고려 문서", 『白山學報』, 11(1971), 40쪽에서 송광사 비문의 내용을 담은 두루마리가 있다는 것을 알려주고 있으며, 이 두루마리는 1221년, 즉 지눌 입

자체에 의해 알 수 있다.11) 지눌의 입적 후 그의 법法을 이어받은 혜심慧諶과 또다른 스님들은 지눌의 생애에 관한 자료들(행장行狀)을 모아 희종熙宗 임금에게 바치면서 자신들의 스승을 영원히 기리기 위해 비석을 건립해 줄 것을 간청했다. 비문에 따르면 평소 지눌에 대해 깊은 존경심을 갖고 있던 희종은 그들의 청을 받아들여 당시의 유명한 문장가였던 김군수로 하여금 비문을 짓도록 명했다.12) 이 비문은 지눌이 입적한 바로 다음해에 쓰여졌고, 비록 현대의 역사적 관점에서 말하는 '전기傳記'는 아니라는 피할 수 없는 한계가 있음에도 불구하고 사료로서는 매우 믿을 만한 것으로 간주되어야 할 것이다.

지눌의 생애에 대한 두 번째 사료는 「대승선종조계산수선사중창기大乘禪宗曹溪山修禪社重創記」이다. 이 기록은 지눌이 50세 되던 해인 1207년 왕명에 따라 최선崔詵이 지은 것으로서13) 현재까지 송광사에 보존되어 있다.14) 이 자료는 지눌과 그의 동료 수행자들이 당시 퇴락

적 후 11년에 쓰여졌을 것이라고 말하고 있다. 어쨌든 이것이 사실이라면 1678년 柏庵 性聰이 재건한 비의 비문은 이 두루마리나 『동문선』에 기초했을 것이 확실하다. 이 새 비문은 아직도 송광사에 보관되어 있으며 원문보다는 약간 짧다. 원문은 『朝鮮佛敎通史』 II, 337~42쪽에 실려 있으며, 지눌의 저술집으로서(그의 저술의 전부는 아니지만) 한국에서 가장 널리 사용되고 있는 『懸吐譯解普照法語』에도 실려 있다. 이 『보조법어』는 1963년 金呑虛 스님의 국역문과 함께 출간되었으며, 본래 方漢岩선사가 1937에 편집한 것이다. 본 연구에서는 앞으로 이 책 안에 담겨 있는 지눌의 저술에 관한 한 이 책을 사용하기로 하며, 번거로움을 피하기 위해 인용문이 끝나면 괄호 안에 『法語』라고 표시한 후 페이지 숫자를 주도록 하겠다. 비석의 역사에 관해서는 『大乘禪宗曹溪山松廣寺誌』(송광사, 1965)를 참고할 것.

11) 『法語』, 143쪽.
12) 『法語』, 141쪽.
13) 사료들 자체가 한국식 나이 계산법을 따르고 있으므로 본 연구도 한국식 나이를 따른다. 지눌은 1158년에 태어났다.
14) 이 글은 『增補校正 朝鮮寺刹史料』(韓國文化開發社, 1969)에 실려 있다. 종이에 쓰여진 기록만 전하고 있으며 실제로 비석에 새겨졌었는지 혹은 새겨질 예정

해 있던 길상사吉祥寺라는 절을 수선사修禪社(지금의 松廣寺)로 중건하게 된 과정에 대하여 얼마간의 정보를 제공해 주고 있다.

세 번째로 중요한 사료는 지눌 자신의 저작 가운데 하나인『권수정혜결사문勸修定慧結社文』으로서 33세 때 쓴 것이다. 이것은 지눌 최초의 저작으로서 그의 생애에 있어서 가장 중대한 사건이었다고 할 수 있는 정혜결사定慧結社 운동에 관해 알려주는 매우 귀중한 자료이다.

지눌이 지은 또다른 저술『화엄론절요華嚴論節要』[15]의 서문은 그가 중국의 화엄 사상가 이통현李通玄의『화엄론華嚴論』[16]의 중요성을 깨닫게 된 경위에 대한 정보를 제공하고 있는데, 앞으로 보겠지만 지눌에게 있어서 이『화엄론』의 발견은 그의 사상 형성에 엄청나게 중요한 사건이었다.

이상의 네 가지는 지눌의 생애를 연구하는 데 필수적인 기본 사료들이다. 그밖에 부차적인 자료들이 두 가지 더 있다. 첫 번째 부류의 것은 위에서 언급한 일차 사료 — 특히 비문 — 에 근거하여 훨씬

이었는지는 확실치 않다. 李鐘益 교수는 비석에 새겨졌다고 생각한 듯하다.『高麗普照國師의 硏究』(서울, 프린트본, 1974), 33쪽. 이종익의 연구는 지금까지 지눌에 대한 유일한 포괄적 연구서로서, 일본 大正大學에 제출한 박사학위 논문이다. 그후 일어로『韓國佛敎の 硏究』(東京: 國書刊行會, 1980)라는 제목으로 정식 출판되었다. 제목과는 달리 주로 지눌 연구이다. 본 연구에서 앞으로의 인용은 이 책을 따를 것이다.

15) 이 저술의 존재는 일본 金澤文庫(도서관)에 있는 한 필사본을 李鐘益 교수가 발견함으로써 1942년 세상에 알려지게 되었다. 그의 "普照國師의 所錄인 '華嚴論節要'의 新發見",『佛敎新』, 27(1942)을 볼 것. 金知見 교수의 편집 작업을 통하여『高麗國 知訥錄 華嚴論節要』(東京, 1968)라는 제목 아래 영인본으로 출판되었다.『韓國佛敎全書』제4책에 수록되어 있음.

16) 원제명은『新華嚴經論』(大正新修大藏經 36, No. 1739). 지눌은 이를 간단히『화엄론』이라 불렀다. '新'이라고 한 이유는 佛馱跋陀羅(Buddhabhadra)에 의한 60권본 구역『화엄경』대신 實叉難陀(Sikṣānanda)에 의한 신역 80권본에 기초한 論이기 때문이다.

후대에 쓰여진 지눌의 생애에 대한 기록들이기 때문에 거의 무시해도 좋은 것들이다. 이 자료들 중에는 1746년 사암獅巖에 의해 편찬된 『해동불조원류海東佛祖源流』와 1894년 범해梵海에 의해 편찬된 『동사열전東師列傳』 등이 있다. 두 번째 부류는 지눌과 관련된 여러 가지 전설들을 포함하고 있는 자료인데, 이것들은 본격적인 전설이 아닐 뿐만 아니라 지눌이라는 인물에 대해 초점을 맞추고 있지도 않다. 전설들 가운데 대부분은 단지 후대의 특정 사찰의 창건을 지눌과 연관시킴으로써 그 위상을 높이기 위해 만들어진 것으로 보인다. 그 전형적인 예가 현등사懸燈寺 이야기인데, 이는 사찰의 기원을 지눌뿐 아니라 법흥왕法興王, 도선道詵, 함허涵虛 등과 같은 한국 불교의 다른 유명한 인물들에게까지 연결시키고 있다.[17] 이러한 이야기들은 임기산林綺山(林錫珍)이 1935년에 편찬한 『송광사사고松廣寺史庫 — 인물편』[18]에 기록되어 있으며 그 출처들도 밝혀져 있다. 이 자료들은 역사적 지눌보다는 자료들이 만들어졌을 당시 지눌에 대한 대중적 이미지 내지 그의 위상에 대한 정보를 제공하고 있는 것으로서, 우리의 연구에는 아무런 도움도 주지 못한다. 지눌의 생애를 다루는 사료들에 관한 검토는 여기서 그치고, 이제 지눌의 생애 그 자체를 살펴보고자 한다. 지눌의 생애는 뚜렷하게 네 시기로 구분될 수 있다.

(1) 첫째 시기 : 지눌, 개경을 떠나다

지눌은 1158년 지금의 황해도 서흥군瑞興郡 동주洞州[19]라는 곳에서

---

17) 『朝鮮寺刹資料』 I, 32~35쪽, 「雲嶽懸燈寺 史蹟」 참고.
18) 꽤 방대한 분량으로서, 송광사 박물관에 보관되어 있다. 그 핵심 내용은 임기산이 正史라고 부른 것으로서, 우리가 이미 언급한 『大乘禪宗松廣寺誌』에 수록되어 있다.
19) 權相老 편, 『韓國地名沿革考』(서울, 1961), '서흥' 참고.

태어났다. 그의 속성俗性은 정鄭이고, 그의 법명法名은 지눌이다. 그러나 그는 평소 자신을 목우자牧牛子(소를 치는 사람)라 부르기를 좋아했다.[20] 이것은 그가 늘 자기 자신을 겸허하게 도를 닦는 수행자로 인식하고 있었음을 보여 주는 말이다. 지눌의 더 일반적인 호칭은 불일보조국사佛日普照國師 또는 간단히 보조국사普照國師인데, '부처님의 해처럼 널리 비추는 나라의 스승'이라는 뜻으로서, 1210년 그가 입적한 뒤 희종熙宗이 하사한 시호諡號이다.

지눌의 부친 정광우鄭光遇는 당시의 국립대학에 해당하는 국자감國子監의 학정學正이었다.[21] 학정의 직무에 대해서는 자세히 알려진 것은 없으나 분명히 교수직은 아니었다. 그 품계品階는 학록學錄과 같이 정구품正九品이었으며 고려의 관등 체계에서 최하위에 속했다.[22] 학정은 아마도 오늘날의 사감舍監과 같은 직책이 아니었나 생각된다. 어쨌든 지눌의 아버지는 고급 관료는 아니더라도 지식층에 속했으며, 따라서 지눌도 어렸을 때부터 상당한 정도의 교육을 받았으리라 추정된다. 그러나 지눌의 글을 살펴볼 때 그의 한문이 어휘나 문체 면에서 소박한 수준을 넘어서지 못한 것을 보면, 지눌은 의천과 같은 고급 귀족 가문의 자제들이나 받을 수 있는 세련되고 심미적인 문장 교육은 받지 못했던 것 같다.

---

20) 우리는 앞으로 지눌이 왜 자신을 그렇게 부르기를 좋아했는지 보게 될 것이다. 소를 키운다는 것은 불교에서 마음을 쉼 없이 닦는다는 것을 상징한다. D. T. Suzuki, *Essays in Zen Buddhism,* First Series(New York, 1961), pp. 369~76 참고.
21) 국자감의 구조에 대해서는, 리홍직 편, 『國史大辭典』(대영출판사, 1971), '국자감' 참조
22) 고려의 관등 체계에 대해서는 『國史大辭典』의 '位階' 또는 그 부록에 있는 '高麗時代官職表'를 참고할 것.

비문에 따르면, 지눌은 아주 어릴 때부터 병이 많아 그의 부모는 온갖 약을 다 써 보았으나 효험을 보지 못했다고 한다. 부친은 부처님께 기도하기를 그가 병이 낫게 된다면 불문에 출가시키겠다고 서원을 했다. 기도가 응답되어 병이 나은 지눌은 구산선문九山禪門 가운데 하나인 사굴산闍堀山의 종휘宗暉라는 선사禪師 밑으로 출가하여 그로부터 삭발과 구족계具足戒(비구 250계)를 받았다고 한다. 비문에는 이 때 지눌의 나이가 8세였다고 기록하고 있다. 그러나 이 출가 연령은 매우 의심스럽다.

우선 그렇게 어린 나이에 삭발을 하고 동시에 구족계를 받는다는 것은 관례상 거의 있을 수 없는 일이다.[23] 그러므로 그가 삭발과 동시에 구족계를 받았다면 ― 먼저 사미승沙彌僧 10계를 받는 것이 상례이기 때문에 믿기 어렵지만 ― 삭발 연령은 반드시 8세보다 많아야 하며, 그렇지 않다면 구족계는 훨씬 나중에 받았을 것이다. 비문은 이 점에 있어서 결코 명확하지 않다. 둘째로, 비문에는 지눌이 입적할 때 법랍法臘이 36세였다고 기록되어 있는데(『法語』, 142), 그가 출가한 8세부터 법랍을 헤아리기 시작한다면 그는 44세에 입적한 셈이 된다. 그러나 비문의 다른 부분에서는 지눌이 1210년 53세에 입적했다고 밝히고 있어(『法語』, 142) 위의 계산과는 모순된다. 셋째, 지눌은 자신이 직접 쓴 『권수정혜결사문勸修定慧結社文』 서두(『法語』, 1)에서 자기가 '묘년妙年'의 나이에 '조사의 세계에 몸을 던졌다'(즉 선문禪門에 들어갔다)고 밝히고 있는데, 묘년은 20세 전후의 나이를 가리키는 말이

---

[23] 한국의 전통적인 受戒 절차는 거의 중국식을 따르고 있으며 더 나아가 小乘의 전통을 따르고 있다. 삭발 때 사미로서 10계를 받고, 20세가 넘어서야 비구로서 2백50계로 이루어진 구족계를 받을 수 있다. 다카하시 도루(高橋亨), 『李朝佛敎』, 1006~18쪽.

다.24) 이상의 여러 점들을 고려해 볼 때, 지눌은 누구나 일반적으로 자기 인생의 진로에 대해서 고민하고 근본적인 결단을 내릴 수 있는 나이인 15~20세 사이에 출가했으리라고 추정된다. 실제로『동사열전東師列傳』의 편찬자는 지눌의 출가 연령을 8세가 아닌 16세로 잡고 있는데25), 우리의 추론과 비슷하게 그와 같은 결론에 도달한 것이 아닌가 생각된다. 만약 우리의 추론이 옳다면 그의 병약함과 기도에 얽힌 이야기의 사실성에도 의문이 제기된다. 그러한 이야기는 위대한 승려에 관한 이야기에 흔히 등장하는 것으로서, 지눌이 특별한 인연에 의해 승려가 되었음을 부각시키기 위한 것으로 해석된다. 법랍의 계산은 출가 때부터 하는 것이 상례이기 때문에 그의 법랍이 36세였다는 것을 의심하지 않는 한, 그의 출가는 17세가 된다.

  8세 때의 출가가 사실이 아니라면, 지눌이 세속적 삶을 포기한 이유는 무엇일까? 이에 대한 구체적 단서가 남아 있지 않기 때문에 우리는 그의 시대를 특징 지우는 사회적 대혼란에 눈을 돌리지 않을 수 없다. 지눌이 13세였을 때(1170) 무신武臣들에 의한 정변이 일어나 많은 문신들이 희생되었고, 곧이어 무신들 간의 무자비한 권력 투쟁이 뒤따랐다. 새로운 정권에 협력할 수 없었던 문신들이나 문인들 가운데는 실제로 승려가 되지는 않았지만 사찰에 은거하여 학문을 하며 고적한 명상의 삶을 보낸 사람도 적지 않았다.26) 고려 말의 문인 이제현李齊賢(1287~1367)은 약 1세기가 지난 후지만 당시의 상황을 다음과 같이 전하고 있다.

---

24) 이희승 편,『국어대사전』, '묘년' 항목 참고.
25)『佛教文獻資料集』Ⅰ (보련각, 1972), 100쪽 참고.『동사열전』은 어디에 근거하여 지눌의 출가를 16세였다고 하는지 밝히고 있지 않다.
26) 이병도,『한국사대관』, 233쪽.

목숨을 부지하려는 사람들(문인)은 궁산窮山으로 도망가서 숨었으며, 자신의 지위를 포기하고 승복을 입고 여생을 보냈다. 그 후에 국가는 점차 문치文治를 회복하였으나, 배우고자 하는 문인들은 배울 만한 곳이 없었다. 그러므로 그들 모두는 배움을 얻으려고 승려들을 따랐다.[27]

전국적으로 농민과 노예들의 봉기가 잇달아 발생했으며, 사람들은 도처에서 삶의 처참한 고통을 목격할 수 있었다. 정상적인 때였다면 지눌은 아마도 자신의 부친처럼 관리로서의 삶을 계획했을지도 모른다. 조선시대와 같이 승려로서의 삶이 천하거나 불명예스러운 것은 아니었지만, 지눌이 청년으로서 세속을 떠나 출가 수행자의 길에서 자신의 정체성을 찾게 된 데는 아무래도 당시 문신들이 겪은 가혹한 시련과 암울한 사회적 상황이 촉매 역할을 했을 가능성이 매우 크다. 세속적 질서는 이미 붕괴되었고, 사회적 혼란과 도처에서 드러나는 삶의 비참한 모습은 민감한 종교적 감수성을 지닌 한 청년에게 해탈解脫의 초세간적 가치를 추구하도록 만든 중요한 요소가 되었을 것이다.[28]

확실히 청년 지눌의 눈에 비친 세계는 약 1세기 전 의천이 살았던 세계와는 전혀 달랐고, 그의 종교적 욕구 또한 다를 수밖에 없었다. 그에게는 많은 시간을 필요로 하는 복잡한 교리 연구에 매달릴 여유가 없었으며, 경전의 목록을 작성하거나 문헌들을 수집하는 일 등에도 관심을 쏟을 수 없었다. 또 그럴 만한 형편도 되지 못했다. 그의 관심은 오로지 자기 자신의 구원의 문제뿐이었다. 아마 이것이 지눌

---

27) 상기 Shultz 논문, 777쪽에서 재인용;『高麗史』 110「韓宗愈傳」에 나옴.
28) 여기서 우리는 나중에 형성된 지눌의 사상을 통해서 그의 출가 이전의 삶을 해석할 수도 있겠지만, 이러한 해석을 피할 도리는 없다. 삶이란 키에르케고르가 말한 대로 뒤에서 앞으로 향해 거꾸로 이해되기 때문이다.

이 교학敎學의 학승이 아니라 선사禪師 밑에서 출가를 하게 한 이유가 아닐까 생각한다.

개인적 결단을 기반으로 하는 자발적 출가와 부모의 손에 이끌려 이루어진 타의적 출가 사이에는 질적 차이가 존재한다. 아무것도 모른 채 부모의 선택에 의해 절로 들어가는 8세의 어린아이의 모습과 혼탁한 세속에 환멸을 느끼고 절박한 심정으로 새로운 삶을 선택한 청년의 모습 사이의 차이이다. 훗날 타락한 승가를 고발하면서 고려 불교계의 영적 각성과 개혁을 촉구할 인물의 출현은 아무래도 전자보다는 후자에서 나왔을 것이다. 출가 생활 자체에 대한 실망과 환멸, 그리고 이에 따른 제2의 출가라고도 볼 수 있는 결사結社 운동 같은 것은 아무래도 자발적이고 의식적인 결단을 통해 승가에 입문한 사람에게서나 있을 법한 일이 아닐까?

청년 지눌은 당시 조계종曹溪宗 또는 선적종禪寂宗 등의 명칭으로 불리는 선문禪門의 하나인 사굴산 선문에 소속된 승려가 되었다. 그러나 우리는 이러한 사실로부터 지눌의 초기 사상적 배경이나 수행 과정에 대하여 이렇다 할 만한 정보를 도출해 내기는 어렵다. 왜냐하면 지눌의 스승 종휘宗暉에 관해 우리가 알 수 있는 정보가 별로 없을뿐더러, 더욱 주목되는 것은 비문에 따르면 지눌은 신라의 원효 스님처럼 '공부에 일정한 스승이 없이 오로지 도道만을 따랐다'고 하기 때문이다.[29] 훗날 그의 행적으로부터 미루어 보건대, 지눌은 출가 생활을 시작할 때부터 별로 종파적 의식을 가지고 있지 않았던 것처럼 보인다. 오직 도道만을 따르고자 했던 그의 독립적 정신은 종파를 가

---

29) 『法語』, 140쪽.
　　學無常師 惟道之從.

리지 않고 뜻만 있으면 모두 결사 운동에 받아들였으며, 마침내 조계산曹溪山 수선사修禪社에서 자신이 몸소 체득한 진리에 따라 독자적인 선문을 개창하게 만든 것이다. 그의 비문은 결코 그를 사굴산 소속 승려로 말하지 않고 '조계산 수선사'의 스님으로 부르고 있으며, 그를 이어 수선사의 주지가 된 스님, 예를 들어 진각국사眞覺國師의 경우도 그의 비문은 그를 '조계산 제2세', '수선사주修禪寺主'로 지칭하고 있다. 이것은 지눌이 조계종 내에서 독자적인 한 계보를 형성하게 되었다는 사실을 말해 주고 있는 것이다.

김군수의 비문은 지눌이 수계受戒한 후부터 25세(1182) 때 승과僧科에 응시하게 된 때까지의 삶에 대해서 아무런 언급도 하지 않고 있다. 이 승과는 그의 삶의 결정적인 전환점이 되었기 때문에 그는 자신이 지은 『권수정혜결사문勸修定慧結社文』에서30) 그때에 일어났던 일에 대하여 비교적 소상하게 회고하고 있다. 이에 따르면, 시험은 당시 개경開京 보제사普濟寺에서 담선법회談禪法會의 형식으로 치러졌다.31) 불행하게도 우리는 고려시대의 담선법회가 실제로 어떠한 형식으로 치러졌는지, 또 응시자들이 무슨 준비를 해야 했는지 등 구체적인 사항들을 알 길이 없다. 다만 당시의 승과 제도상 보제사 시험에는 이미 지방에서 종선宗選 혹은 총림叢林이라는 예비 시험을 통과한 자들만 참가하게 되어 있었으므로, 지눌의 경우도 그러하였을 것으로 짐작할 따름이다.

---

30) 앞으로는 이 저술을 간단히 『結社文』이라고 지칭한다.
31) 『法語』, 2쪽. 시험은 3년마다 실시되었는데, 지눌 이후 언제부터인가 더 자주 다른 사찰에서도 실시되었다. 『朝鮮佛敎通史』 Ⅱ(서울, 1918; 보련각 영인본), 10쪽; 『한국사』 7(국사편찬위원회, 1974), 311~14쪽 참고. 김광식은 "崔瑀의 寺院政策과 談禪法會", 『高麗 武人政權과 佛敎界』에서 최우의 주청에 의해 담선법회가 매년 普濟寺 이외에 廣明寺와 西普通寺에서도 치러졌다고 한다.

우리는 비문을 통하여 지눌이 승과를 성공적으로 통과했음을 알 수 있다. 당시에는 승과를 통과하지 못하면 법계를 받는 것은 물론 사찰의 주지직이나 또는 국가에서 임명하는 승직에도 오를 수 없었으므로, 학식과 포부가 있는 승려는 모두 그 시험에 응시하는 것이 통상적인 일이었다. 지눌도 여기까지는 통상적인 길을 따랐다. 그러나 그 이후의 삶의 행로는 다른 승려들과는 달랐다. 동료 승려들에게는 명예와 출세의 길로 여겨졌던 그 담선법회장에서 지눌은 동료 승려들로서는 전혀 예기치 못했던 관심을 표명한 것이다. 그는 그 일에 대하여 다음과 같이 전하고 있다.

> 하루는 동학同學 10여 명과 더불어 약속하기를, 이 모임이 파한 후 우리는 마땅히 명리名利를 버리고 산림에 은둔하여 동사同社를 결성하고 항상 정定과 혜慧를 고르게 닦는 일에 힘쓰도록 하자. 예불禮佛하고 경經을 읽는 일부터 시작하여 노동하고 운력運力하는 일에 이르기까지 각자 그 맡은 바에 따라 하며 상황에 따라 심성心性을 기르며 평생을 자유롭게 지내면서 달사達士와 진인眞人의 높은 수행을 멀리서 좇은즉 어찌 기쁘지 않겠는가?32)

우리는 이 말에서 이상적인 종교적 삶의 포부로 가득 찬 젊은 승려들의 모습을 마치 눈앞에 보듯 생생하게 그릴 수 있다. 그들의 소박하면서도 숭고하며 구체적이면서도 순수한 이상 속에서 우리는 그와는 정반대가 되는 당시 불교계의 현실을 역으로 읽어낼 수 있다.

---

32) 『法語』, 2쪽.
　一日 與同學十餘人約曰 罷會後 當捨名利 隱遁山林 結爲同社 常以習定均慧爲務 禮佛轉經以至於執勞運力 各隨所任而經營之 隨緣養性 放曠平生 遠追達士眞人之高行則 豈不快哉

한마디로 말해 이 결사의 이상은 당시 승가의 현실에 대한 고발이자 도전이었던 것이다. 그것은 '명리名利를 버리고' '산림에 은둔하여' '동사同社를 결성하고' '정定과 혜慧를 고르게 닦고' 등의 구체적인 내용을 제시하고 있다. 나아가서 '예불禮佛하고' '경經을 읽고' '노동을 하고' 등 구체적인 실천에 대해서도 논하고 있다. 이제 이러한 제안들을 좀더 면밀하게 검토해 보자.

우선 '명리를 버림'은 당시 고려 불교계의 타락상에 대한 명백한 고발이었다. 청년 지눌의 이상에 불을 지핀 것은 무엇보다도 바로 '명리'를 추구하는 승려들의 타락상에 대한 환멸이었다. 그는 다음과 같이 통탄한다.

> 그러나 우리들이 아침저녁으로 행하는 바의 자취를 돌이켜보면, 불법佛法을 빙자하여 '나(我相)'와 '남(人相)'을 따지며 이양利養의 길에 허덕이며 풍진風塵의 세계에 골몰하여 도道는 닦지 않고 옷과 음식만 허비하니 또다시 출가한들 무슨 덕이 있겠는가! 아! 삼계三界(欲界, 色界, 無色界)를 떠나고 싶어도 [속세의] 티끌을 끊을 수행이 없으니, 부질없이 남자의 몸으로 태어나 대장부의 뜻이 없음이라. 위로는 도를 펴는 일을 어기고 아래로는 중생을 이롭게 하지 못하고 가운데로는 사은四恩(국왕, 스승, 부모, 친구의 은혜)을 저버렸으니 참으로 수치스러운 일이로다. 나는 이를 깊이 탄식해 온 지 오래다.[33]

여기서 우리는 지눌이 출가한 이후 줄곧 어떤 생각에 매달려 있었

---

33) 『法語』, 2쪽.
然返觀我輩朝暮所行之迹則 憑衣佛法裝飾我人 區區於利養之途 汨沒於風塵之際 道德未修 衣食斯費 雖復出家 何德之有 噫 夫欲離三界而未有絶塵之行 徒爲男子之身 而無丈夫之志 上乖弘道 下闕利生 中負四恩 誠以爲恥 (知訥)以是長歎 其來久矣

는지 가히 상상하고도 남음이 있다. 한마디로 말해 그는 당시의 승가에 대해 깊은 환멸과 좌절감과 수치심을 느끼고 있었던 것이다. 지눌의 양심을 그토록 고통스럽게 괴롭힌 것은 가장 덜 세속적이어야 할 승려들이 누구보다도 더 세속적인 명리에 사로잡혀 있다는 모순된 현실이었다. 이러한 모순에 대한 자각은 그로 하여금 승려인 자기 자신에 대한 수치심으로 괴로워하게 했다. 오랫동안 대다수 승려들에게 당연시되어 온 현실이었건만, 한 젊은 수도자에게는 부끄럽기 짝이 없는 일이었다. 다음의 말에서 우리는 청년 지눌의 고뇌를 여실히 엿볼 수 있다.

> 만일 선정禪定에 편안하지 않으면 업식業識이 아득하여 의지할 근본이 없으니, 목숨이 끝나는 순간에 이르러 바람과 불(몸의 숨과 열)이 핍박하며 사대四大(地, 水, 火, 風)는 흩어지고 마음은 미친 듯이 괴롭고 생각이 뒤바뀌고 어지러워지니, 위로는 하늘에 오를 계책이 없고 아래로는 땅으로 들어갈 꾀도 없는지라. 당황하고 두려워하며 의지할 곳을 잃어버리니 그 형체가 마치 매미가 허물을 벗어놓은 듯하다. 막막한 미혹의 길[윤회의 길]을 외로운 혼이 홀로 가리니, 비록 보배와 진귀한 재물이 있을지라도 하나도 가져갈 수 없으며 호족 권속이 있을지라도 끝내 한 사람도 따라와 구해 줄 이가 없다. 이를 일컬어 "자기가 짓고 자기가 받는다" 하니 아무도 그를 대신할 사람이 없다. 그때를 당하여 무슨 안목이 있어 고해苦海를 건너는 다리가 되겠는가! 조그마한 유위공덕有爲功德이 있다 하여 이 환난을 면한다고 말하지 말라.[34]

---

34) 『法語』, 13쪽.
若不安禪靜慮 業識茫茫無本可據 臨命終時 風火逼迫 四大離散 心狂熱悶 顚倒亂見 上無衝天之計 下無入地之謀 惶惶恐怖 失所依憑 形骸瀟索 猶如蟬蛻 迷途綿邈 孤魂獨逝 雖有寶玩珍財 一無將去 雖有豪族眷屬 竟無一人追隨救護者 是謂自作自受 無人替代矣 當是時也 將何眼目以爲苦海之津梁 莫言有少分有爲功德 免

지눌 이전의 한국 불교가 수많은 고승대덕을 배출했고 풍부한 불교 문헌들을 산출했다지만, 이와 같이 생생한 실존적 고뇌의 목소리를 일찍이 들어 본 일이 있을까? 이러한 고뇌에 사로잡힌 자에게 일상적인 대답은 더 이상 아무런 설득력이 없다. '조그마한 유위공덕有爲功德'에 의지하지 말라는 경고는 특히 시사하는 바가 크다. 그것은 공덕功德을 쌓는다는 이름 아래 출세간적出世間的 해탈解脫이라는 불교 본연의 임무를 망각하고 현세적現世的 구복求福에 몰두하던 당시의 의례 불교儀禮佛敎에 대한 엄중한 경고였다. 이 짧은 한마디로 지눌은 의례 불교의 공허성을 여지없이 폭로하고 있다. 당시의 고려 불교는 각종 의례들을 통해 국가와 왕실의 안위를 보장하고 귀족 가문들의 안녕은 약속했지만, 현세적 질서 그 자체를 거부하는 한 순수한 구도자의 눈에는 그러한 약속은 인간의 실존적 현실을 외면하고 호도하는 허위 의식에 불과했다. 한마디로 말해서, 젊은 수도승 지눌은 당시의 불교계로서는 수용하기 어려운, 아니 수용되기를 거부한 진정한 의미의 한 주체적 인간, 한 개인이었다. 현세적 질서에 안주하기를 거부하는 그는 현세적 가치에 몰두하고 있던 고려 불교계로서는 감당하기 어려운 존재였던 것이다.

지눌이 제시한 이상에 대한 검토를 계속해 보자. 지눌에 있어서 명리名利의 거부는 도회지의 소란으로부터 멀리 떨어진 산림의 한적한 곳에서만 성공적으로 이루어질 수 있는 일이었다. '산림에 은둔하자'는 제안의 배후에는 공덕 신앙에 대한 비판에 못지 않은 강한 비판이 담겨져 있다. 우리는 여기서 불교가 삼국시대 이래 문화와 정치

此患難

권력의 중심지인 도회지, 특히 수도를 중심으로 하여 왕실과 귀족들의 후원 아래 번창해 왔다는 사실을 상기할 필요가 있다. 조선시대에 들어와 불교는 선택의 여지없이 속세로부터 밀려나 산 속으로 들어가야 했지만, 지눌이 촉구하는 은둔은 조선시대 불교의 타의에 의한 은둔과는 전혀 성격이 다른 것이었다. 왜냐하면 그것은 정치·경제적 지배층과 더불어 아무런 갈등 없이 현세적 특권을 공유하던 왜곡된 불교를 자발적으로 청산하고 불교 본연의 자세를 되찾으려는 강한 의지의 표현이었기 때문이다. 자발적 은둔과 강요된 은둔 사이에는 질적인 차이가 존재한다. 세속에 대한 관여가 절정기에 도달했던 고려 말의 불교가 지눌의 경고를 좀더 일찍 그리고 더욱 심각하게 받아들였다면, 아마 조선시대의 불교는 그처럼 가혹한 운명을 겪지는 않았을 것이다.

지눌이 촉구한 은둔은 뚜렷한 목적을 갖고 있었다. 그것은 결코 복잡한 도회지를 떠나 조용한 곳에서 한가로움을 즐기려는 소극적 동기에서 나온 것이 아니었다. 그것은 출가 수행자의 본래적 목적에 부합하는 이상적인 출가 공동체를 건설하기 위한 적극적인 제안이었다. 이러한 목적을 위하여 지눌은 또 하나의 전통적 사찰이 아닌 동사同社, 즉 뚜렷한 목적 의식을 바탕으로 하여 자발적 결단을 통해 모인 하나의 결사체를 형성하자는 제안을 한 것이었다. 이러한 제안은 지눌이 처음부터 도피적이고 개인주의적인 은둔적 삶에는 전혀 관심이 없었음을 뚜렷이 보여 주고 있다. 그의 의도는 오히려 잘못된 길을 가고 있는 당시의 불교계에 대한 하나의 '대안 공동체'로서의 진정한 수도 공동체의 모형을 제시하려는 것이었으며, 이것은 자기 시대의 상황에 대한 정확한 인식과 확고한 사명감에 근거한 것이었다.

바로 이 점이 별 이름 없는 수도승에 지나지 않았던 그로 하여금 한국 불교사에 뚜렷한 획을 긋는 역사적 존재로 만든 것이다.

이 결사結社의 과업을 지눌은 '습정균혜習定均慧', 곧 정定(samādhi)과 혜慧(prajñā)를 고루 닦는 일로 규정하고 있는데, 이 표현은 본래 중국의 선사이자 화엄의 대가인 규봉圭峰 종밀宗密(789~841)이 그의 저서 『선원제전집도서禪源諸詮集都序』에서 사용한 말이다. 그는 자신이 '사람들을 떠나 숲속으로 들어온 후' 10여 년간 한 일을 그렇게 묘사하고 있다.35) 여기서 선정禪定과 지혜智慧를 지눌이 어떻게 이해하고 있는지는 다음 장에서 그의 선禪 사상을 면밀히 검토할 때 다루어질 것이다. 그러나 우리는 여기서 왜 지눌이 하필이면 새로운 공동체의 핵심적 과제를 그러한 개념으로써 정의하고 있는지 물어야 한다. 우리는 종밀이 그 표현을 사용하고 있는 맥락을 살펴봄으로써 이러한 의문에 대한 중요한 단서를 찾을 수 있다. 즉 종밀은 '헛되이 침묵만 지키는 멍청이 선(痴禪)'과 '단지 글만 파고드는 미치광이 지혜(狂慧)'의 양 극단을 피해야 한다고 주장하면서 선禪과 교敎를 균형 있게 공부할 것을 주장하고 있다. 실제로 지눌은 그의 『결사문結社文』에서 종밀의 이 구절도 인용하고 있다(『法語』, 10). 이처럼 지눌은 정定과 혜慧, 곧 선정과 지혜, 혹은 정학定學과 혜학慧學의 균형 있는 공부를 새로운 공동체가 추구해야 할 핵심 과제로 제시함으로써 80여 년 전 의천이 씨름해야 했던 바로 그 문제, 즉 선교禪敎 갈등의 문제를 처음부터 그의 주요 관심사로 의식하고 있음을 보여 주고 있다. 지눌은 같은 선문에 몸담은 사람으로서 선교 일치를 주장했던 종밀의 습정균

---

35) 『大正新修大藏經』(앞으로 『大正藏』으로 약함) 48, No. 2015, 399c.

혜習定均慧 사상을 빌어 일단 의천의 교관겸수敎觀兼修에 대한 대안으로서 제시하고 있는 셈이다. 그러나 앞으로 우리가 보게 되겠지만 이 문제는 계속해서 지눌의 마음을 사로잡았으며, 그것을 해결하는 그의 방법 또한 다각적이었다.

새로운 공동체의 과업에 대한 지눌의 인식에서 우리가 또 하나 주목해야 할 사실은 그가 습정균혜習定均慧와 더불어 예불禮佛과 독경讀經의 실천도 제안했다는 점이다. 그는 강렬하게 자신의 종교적 이상을 추구했지만, 결코 하나의 수행만을 고집하지는 않았다. 이 점에서 지눌은 전수專修 이념을 표방하고 나선 일본 가마쿠라(鎌倉) 시대의 이른바 '신불교新佛敎' 지도자들과는 처음부터 달랐다. 앞으로 살펴보겠지만, 아미타불의 명호名號를 부르는 염불念佛마저도 어느 정도 수용하는 그의 포괄적 태도는 선을 접근하는 그의 독특한 방식이며 동시에 그 이후의 한국적 선 전통禪傳統 일반의 특징이기도 하다.

끝으로 우리는 지눌이 구상하고 있는 이상적 수도 공동체에 육체적 노동이 포함되어 있다는 사실에 각별히 유의할 필요가 있다. 여기에는 수많은 사찰 노비들을 거느리고 귀족적 생활을 영위하다시피 한 당시 승가에 대한 비판이 담겨 있다. 백장회해百丈懷海선사가 노동의 필요성을 선문 납자들에게 강조한 이래 노동은 선가의 독특한 정신이 되었으며, 신라 말 이래 한국에 전래된 선에도 역시 이러한 정신이 있었으리라 추측되지만, 귀족 불교화한 고려 불교계에서 승려들은 노동과는 거리가 멀었던 것이다. 그러나 명리를 버리고 청빈낙도淸貧樂道를 서약하는 공동체에서 모두가 각자의 소임에 따라 노동까지도 분담해야 하는 것은 너무나도 당연한 일이었다.

결론적으로 말해, 지눌이 도반道伴들에게 제시한 새로운 수도 공동체의 이상은 명리名利의 추구로부터 정혜定慧의 추구로, 도회지의 불교로부터 산림의 불교로, 세간적인 공덕 신앙의 불교로부터 출세간적인 해탈 지향적 불교로, 왕실과 국가의 평안을 비는 기복 불교로부터 개인의 구원을 추구하는 수행 불교로, 귀족 불교에서 서민 불교로의 일대 전환을 촉구하는 것이었다.

지눌의 촉구는 헛되지 않아서 『결사문結社文』에 따르면 여러 동료 승려들의 긍정적인 반응을 얻게 되었으며, 언젠가 그들이 목적하는 공동체를 결성하게 되면 그 명칭을 정혜사定慧社로 하자는 취지의 서약문까지 작성하기에 이르렀다. 그러나 지눌의 제안에 대하여 이의와 반론이 없었던 것은 아니다. 지눌은 그러한 반론들을 하나하나 반박하고 설득하여 동료들의 주저와 회의를 제거한 결과 그들의 지지를 얻어낼 수 있었다. 『결사문』은 당시의 활발했던 토론을 훗날 지눌이 회고하여 기록한 문서(1190)이다. 물론 그 안에는 지눌이 훨씬 나중에 가서야 도달하게 된 생각들도 많이 담겨 있을 것이 분명하므로 아무런 비판 없이 그 안에 기록된 대화와 토론 모두를 보제사의 담선법회 모임에서 있었던 것으로 간주하기는 어렵다. 그러나 비록 『결사문』이 8년 후에 지난날을 상기하면서 기록한 것이라고는 해도 많은 부분이 당시의 활기 띤 토론의 내용과 분위기를 실감나게 전하고 있음은 부정하기 어렵다. 그 토론의 핵심을 간략하게나마 살펴보는 일은 매우 가치 있는 일이다. 그것을 통해서 우리는 12세기 말 고려 불교계에 널리 퍼져 있던 관념들의 일단을 엿볼 수 있으며, 지눌 사상의 핵심적 요소들을 발견할 수 있기 때문이다. 그러면 이제 지눌과 그의 동료들이 주고받은 토론의 주요한 논점들을 간략히 살펴보자.

우선 몇몇 승려들은 다음과 같은 이의를 제기했다.

지금은 말법 시대末法時代여서 정도正道가 가라앉아 감추어져 있는데 어떻게 정定과 혜慧로써 할 일을 삼을 수 있겠는가? 아미타불의 [명호를] 부지런히 암송하여 [西方]정토淨土 [왕생의] 업業을 닦는 것만 못하다.36)

이것은 지눌의 제안에 대한 가장 심각한 도전이었으며, 『결사문』의 상당 부분이 이러한 견해에 대한 반박에 할애되고 있다. 일반적으로 알려져 있듯이 중국에는 불법의 점차적 쇠퇴를 예언하는 정법正法·상법像法·말법末法 시대의 연대를 계산하는 데 대략 두 가지 방식이 있었다. 중국에서 유행한 이론에 따르면, 말법 시대는 석가모니불의 탄생(당시 중국에서는 BC 949년으로 추정하고 있었음) 이후 1천5백 년 또는 2천 년이 지났을 때부터 시작된다.37) 중국에서는 전자의 설이 더 널리 지지를 받고 있었는데, 그 이유는 6세기 남북조南北朝 시대에 북쪽 왕조들에서 가혹한 불교 박해가 일어난 후 말법 사상이 널리 유포되었기 때문이다.

그러나 한국에서 6세기는 오히려 불교가 한창 꽃피던 시기였다. 따라서 신라 불교에서는 말법 사상이 거의 중요한 역할을 하지 못하였다. 그러나 12세기 고려 사회와 불교계의 상황은 매우 달라서 말법 시대의 확실한 징후들이 만연하고 있었다. 따라서 불멸 후 2천 년에 말법 시대가 시작된다는 설이 12세기 고려의 경건한 불자들에게 얼마나 큰 호소력과 설득력을 지녔겠는지 상상하기 어렵지 않다. 더 정

---

36) 『法語』, 3쪽.
　　時當末法 正道沈隱 何能以定慧爲務 不如勤念彌陀 修淨土之業也
37) 이 밖에도 여러 가지 설이 있었다. 이 문제에 대한 전반적인 논의는, Kenneth K. S. Ch'en, *Buddhism in China*(Princeton: Princeton University Press, 1964), pp. 297~98 참고.

확히 따진다면, 11세기 후반부터 말법 시대가 시작된다고 하겠다. 그러나 이 시기는 문종文宗과 의천義天의 시대로서 오히려 고려의 최전성기였기 때문에 말법 의식이 발붙이기는 어려운 때였다. 따라서 말법 사상이 힘을 발휘하기 시작한 것은 아마도 12세기에 들어와서 고려 사회가 극도의 혼란상을 연출할 때였을 것이다. 지눌이 살던 시대에 누가 말법 시대의 실재성을 의심할 수 있었겠는가? 지눌이 이 말법 사상과 이에 근거한 정토 신앙을 논박하는 데 그렇게 많은 부분을 할애하고 있다는 사실은 그것이 당시에 크게 유행했으며, 상당히 대중적 호소력을 지니고 있었다는 사실을 반증하고 있다. 그러나 말법 사상에 대한 지눌의 반응은 매우 신랄했고 단호했다.

    나는 말했다 : 비록 시대가 바뀌어도 심성은 변하지 않는다. 법法과 도道에 흥興함과 쇠衰함이 있다고 보는 것은 삼승三乘[성문, 연각, 보살]의 방편적 배움의 견해이다. 지혜 있는 사람은 그러한 생각을 해서는 안 된다. 그대들과 나는 이 최상승最上乘의 법문法門을 만나서 보고 듣고 익혔으니, 이것이 어찌 전생의 인연에 따른 것이 아니겠는가? 그런데도 그대들은 스스로 기뻐하지도 않고 도리어 자기 분수에 맞지 않는다는 생각을 내어 즐겨 방편적 배움을 따르는 사람이 되려 하니, 앞서간 조사들을 저버리는 일이요 부처의 씨앗(佛種)을 마지막으로 끊어버리는 사람이 되는 것이다. 염불念佛과 경전經典을 읽는 일과 [보살의] 만행萬行은 승려가 지켜야 할 변함없는 법이니 무슨 해가 되겠는가? 그렇지만 근본을 파고들지 않고 [피상적인] 상相에만 집착하여 밖으로 구한다면 지혜 있는 사람들로부터 비웃음을 당할까 염려된다.[38]

---

38) 『法語』, 3쪽.
    余曰 時雖遷變心性不移 見法道之興衰者 是乃三乘權學之見 有智之人不應如是 君我逢此最上乘法門 見聞薰習 豈非宿緣 而不自慶 返生絶分 甘爲權學人則 可

"시대는 변하지만 심성은 변하지 않는다." 말법 사상을 대하는 지눌의 태도는 확고하고 뚜렷했다. 시간을 초월하는 인간의 심성에 말법 시대라는 것은 결코 없다. 그러한 것을 인정하는 것은 열등한 삼승三乘의 방편적 가르침일 뿐이다. 그러므로 심약하게 스스로를 격하하지 말고 용감하게 최상승最上乘, 곧 일승一乘(ekayāna, 또는 佛乘)을 그대의 목표로 삼아라. 그리고 외양적 상相(아미타불이나 정토의 상과 같은)에 사로잡혀 부처를 자기 밖에서 구하지(外求) 말고 자기 자신의 마음과 본성을 내관內觀하라. 이것이 지눌의 대답이었다. 만약 지눌이 그와 동시대 사람인 일본의 호넨(法然)처럼 말법 사상을 받아들였다면 그의 사상은 필경 전혀 다른 길을 걸었을 것이다. 아마도 어려운 수행의 길(難道)보다는 염불과 같은 쉬운 길(易道)을 구원의 방도로 제시했을 것이다. 그러나 지눌은 대중적인 쉬운 길을 택하지 않았다. 이는 실로 한국 불교사와 일본 불교사의 결정적인 분기점이 되는 순간이었다고 말할 수 있다. 지눌은 어디까지나 정통 선 수행승이었으며, 이 점에서 그는 호넨과 같이 가마쿠라 신불교의 지도자이면서도 말법 사상을 단호히 거부한 도겐(道元)과 비슷한 길을 걸었다.[39]

지눌의 제안에 대하여 제기된 또 하나의 심각한 반론은 다음과 같은 것이었다.

謂辜負先祖 作最後斷佛種人也 念佛轉經萬行施爲 是沙門住持常法 豈有妨碍 然不窮根本執相外求 恐被智人之所嗤矣

39) 지눌과 거의 동시대 사람인 일본의 도겐(道元; 1200~1253)선사 역시 말법 사상을 날카롭게 배척했음은 흥미로운 사실이다. 말법을 인정하는 것은 결국 선의 근본적인 정신에 위배되는 것이다. 그러나 다른 한편 지눌과 도겐은 모두 방편적 진리의 차원에서는 그러한 관념들을 인정하며 가끔 그것을 수사학적으로 사용한다. 도겐의 견해에 대해서는 Hee-Jin Kim, *Dogen Kigen—Mystical Relist*(Tucson, Arizona: Univ. of Arizona Press, 1975), pp. 323~24 각주 17참조.

오늘날 마음을 닦는 사람들이 박학다문博學多聞하며 법을 설해서 사람들을 구제한다면 내적 비춤(內照)이 손상될 것이고, 반면에 다른 사람들을 이롭게 하는 행위가 없다면 정적靜寂을 구하는 자들과 어떻게 다르다고 할 수 있겠는가?40)

이것은 지눌이 제시한 이상을 이기적으로 '정적靜寂을 구하는 자들'의 일이라고 암묵적으로 비판한 것이었다. 그렇다고 만약 중생 구제 활동에 힘쓰면, 이것은 자신의 마음을 닦는 내적 관행觀行에 방해가 될 것이라고 하여 지눌의 생각을 궁지로 모는 비판적 질문이었다. 이에 대하여 지눌은 다른 사람을 구제하려 한다면 우선 정定과 혜慧를 닦아야 하며, 그것은 한적한 곳에서 하는 것이 수월하다고 답한다(『法語』, 24). 일단 도道의 힘을 지니면 '자비慈悲의 문門은 구름이 펼쳐지듯' 저절로 이루어질 것이기 때문이다. 결코 자신만을 위해 정적을 구하는 일이 아니라는 것이다(『法語』, 24).

지눌은 또한 말과 학식으로 다른 사람들을 교화하는 것이 자신의 마음을 비추는 내조內照에 손해를 가져온다는 견해에도 동의하지 않는다. 말과 문자를 대하는 각자의 태도가 문제다 : '말로 인해 도를 깨닫고(因言悟道)' '교敎를 빌려 종宗(心性)을 밝히는(藉敎明宗)' — 이것은 나중에 보겠지만 지눌의 선 이론에 있어서 매우 중요한 사상이다 — 사람은 결코 이름과 상相에 집착하지 않는다(『法語』, 23). 반면에 '명리名利에 대한 생각을 잊지 못하고' '손가락과 달을 구분할 수 없는' 사람은 결코 남을 가르쳐서는 안 된다. 그런 사람은 자신을 먼저 구제해야 한다(『法語』, 23).

---

40) 『法語』, 23쪽.
 今時修心人 若博學多聞 說法度人則 損於內照 若無利他之行則 何異趣寂之徒耶

이렇게 동료들을 설득한 후 지눌은 마침내 자신이 제안한 이상에 대해 그들의 지지를 얻어낸다. 그러나 예상치 못한 '선불장選佛場(도량, 절)의 이익과 손해 되는 일로 인해' — 구체적으로 무엇이었는지는 언급하고 있지 않다 — 동료들은 모두 흩어지고 '아름다운 약속'은 실행에 옮겨질 수 없었다(『法語』, 36). 그 약속이 실현되기까지 지눌은 8년이라는 고독한 세월을 자신의 문제와 씨름하면서 보내야만 했다. 그러나 바로 이 과정을 통해 그의 종교적 체험은 심화되고 불법에 대한 이해는 확장되었다.

1182년 지눌은 승과僧科를 통과한 승려에게 예상되는 일반적인 진로, 즉 법계法階의 사다리를 오르거나 유명한 사찰의 주지가 되는 일을 깨끗이 포기하고 홀로 개경을 떠난다. 지눌은 말한다 : "도를 닦는 사람이 이름을 버리고 입산하여 이 행(戒定慧 三學)을 닦지 않고 거짓 위의威儀를 나타내서 신심 있는 시주들을 속인다면, 차라리 명리와 부귀를 구하고 주색에 탐닉하며 몸과 마음이 황량하게 헤매면서 헛되이 일생을 보내는 것만 못하리라"(『法語』, 35). 집을 떠난 것이 지눌의 첫 번째 출가였다면 개경을 떠나는 행위는 어쩌면 그의 두 번째 출가에 해당하는 일이었다고 할 수 있다.[41] 이는 종교사에서 결코 드문 현상이 아니다.[42]

(2) 둘째 시기 : 구도와 깨침

개경을 떠난 지눌은 남하하여 창평昌平(현재 전라남도 담양군 창평면)

---

[41] 이 점은 박성배, '普照', 『한국의 인간상』 Ⅲ(신구문화사, 1965), 147쪽에서 지적되고 있다.
[42] 가마쿠라(鎌倉)시대의 불교 지도자들이 히에이 산(比叡山)을 떠나는 것과 유사한 현상으로서, 지눌이 개경을 떠난 것과 거의 같은 시기였다.

청원사清源寺에 머물게 된다.43) 그는 당시 불교계에 깊이 실망했지만 속세로 되돌아가지는 않았다. 자신에게 충실하기 위해 고적한 삶을 찾으면서도 다른 한편으로는 막연하게나마 자신이 꿈꾸던 이상이 실현될 날이 올 것을 기대하면서 지눌은 명리名利의 중심지 개경으로부터 될 수 있는 한 멀리 떨어지려는 듯 이 외딴 곳에 몸을 붙인 것이다. 그후 지눌은 다시는 개경 땅을 밟지 않았다. 기성 불교계에 말할 수 없는 환멸을 느끼면서도 새로운 대안적 공동체를 마련할 수 없었던 지눌에게 남은 길은 두 가지 선택뿐이었다. 아예 출가사문의 생활을 포기하고 환속하던지 아니면 당분간 홀로 산간에 은둔하면서 자신의 문제와 씨름하던지 둘 중의 하나였으며, 지눌은 후자를 선택했다. 출가 생활을 박차고 나와 심한 고초를 겪고 있던 당시 민중들의 삶 속에 뛰어드는 일은 선문에 몸을 담았던 그로서는 아마도 생각하기 어려운 일이었을 것이다. 결국 혼탁한 속세와 타락한 승가 모두를 거부한 그에게 남은 길은 자기 자신의 내면적 세계의 추구뿐이었다.

이후 지눌은 남은 전 생애를 언제나 출가 수행자로서의 삶을 고수했으며, 이 점에서 그는 카리스마적인 대중적 종교 지도자이기보다는 종교적 엘리트주의자였다고도 말할 수 있다. 여하튼 청년 지눌의 눈에 비친 고려 불교계의 근본 문제점은 제도와 정신에서 모두 세속과의 무비판적인 연계성 속에 있었다는 점이었다. 따라서 무엇보다도 시급한 일은 바로 이 연계성을 철저히 차단하는 일, 즉 세속에 물든 승가에 대한 단호한 거부였다.

비문에 따르면 그는 청원사에서 홀로 수행하던 중 그의 삶에 중대

---

43) 『韓國地名沿革考』, '昌平' 참고.

한 전기가 되는 종교적 체험을 하게 된다.

> 우연히 어느 날 학료學寮(공부방)에서『육조단경六祖壇經』을 읽다가 "진여자성眞如自性이 생각을 일으키니 육근六根이 비록 견문각지見聞覺知하나 만상萬像에 물들지 않고 진성眞性은 항상 자유롭다"고 하는 구절에 이르자 놀라고 기뻐하였다. 일찍이 없던 것을 얻고서 그는 일어나서 불전을 돌며 암송하며 생각하니 그 뜻이 저절로 얻어졌다.44)

이 구절의 무엇이 지눌로 하여금 그토록 기쁨에 넘치도록 했던 것일까? 다음 장에서 지눌의 사상을 다룰 때 이 말이 지니는 의미를 자세히 논하게 될 것이다. 여기서 우선 그 요점만을 간단히 말하자면, 우리들의 지각 활동을 통해서 생긴 일상적인 생각들(念, 萬像), 곧 우리들의 일상적 활동과 생활은 진여자성眞如自性이라는 궁극적 실재로부터 일어나는 것으로서 그것과 따로 떨어져 대립적으로 존재하는 세계가 아니라는 진속불이眞俗不二의 진리이다. 대승大乘의 공空(śūnyatā)으로 표현하자면 색즉시공色卽是空 공즉시색空卽是色이며, 화엄 철학華嚴哲學의 용어로 말한다면 이사무애理事無碍 혹은 성기性起 사상에 해당하는 진리이다. 이 구절의 의미는 그 뒤에 이어지는『단경壇經』의 말에서 더욱 잘 드러난다 : "『유마경維摩經』에 이르기를 밖으로는 모든 법法의 상相을 잘 분별하되 안으로는 제일의第一義(空의 진리)에서 움직이지 않는다."45)

---

44)『法語』, 140쪽.
  偶一日於學寮 閱六祖壇經至曰 眞如自性起念 六根雖見聞覺知 不染萬像而眞性常自在 乃驚喜 得未曾有 起繞佛殿 頌而思之 意自得也
45) The Vimalakirti Sutra says: "Externally, while distinguishing well all the forms of the various dharma, internally he stands firm within the First Principle(維摩經云 外

이러한 『단경壇經』의 말이 지눌에게 던져 준 실천적 의미는 과연 무엇이었을까? 우리가 그의 내면 세계를 섣불리 추측하기는 곤란하지만, 세속을 등지고 어느 산사山寺에 파묻혀 진리를 찾아 씨름하던 그에게 이 진속불이眞俗不二의 메시지가 던져 주었음직한 충격을 우리는 어느 정도 상상해 볼 수 있다. 그것은 곧 자기가 그토록 찾고 있던 진여자성眞如自性 혹은 불성佛性이 보고 듣고 지각하고 인식하는 일상적 활동을 떠나서 따로 구할 것이 아니라 바로 그러한 일상적 삶의 자리에서 만나고 확인된다는 소중한 깨달음이었을 것이다. 지눌에 있어서 이 깨달음은 자성自性의 갑작스러운 발견(見性)이요 참자아의 신비에 대한 갑작스러운 눈뜸(頓悟)이었다 해도 무방할 것이다. 비록 글을 읽다가 얻은 깨침이었지만, 문자를 떠난 영원한 진리 그 자체와의 충격적인 첫 대면이었다.

지눌의 첫 '돈오頓悟' 체험이 살아 있는 선사禪師와의 직접적인 대면이 아니라 『단경壇經』이라는 글을 매개로 이루어졌다는 사실은 우리의 특별한 주목을 요한다. 일정한 스승 없이 혼자서 진리를 찾아 헤매야 했던 그에게는 이런 깨달음이 어쩌면 당연한 일이었는지도 모른다. 지눌에 있어서 글과 문자는 진리의 중요한 매개체였으며, 이러한 사실은 왜 그의 선禪에서 여실언구如實言句가 그렇게도 큰 의미를 지니게 되는지를 이해하는 데 도움을 준다. 야심 있는 한국의 승려들이 중국으로 가서 공부를 하거나 깨달음의 인가를 받아 오는 것이 일반적인 풍조였던 시대에 고의적 선택이었든 아니면 환경 때문

能善分別諸法相 內於第一義而不動)", *The Platform Sutra of the Sixth Patriarch*, trans. by Philip B. Yampolsky(New York & London: Columbia University Press, 1967), pp. 139. 지눌이 어떤 板本의 『壇經』을 읽었는지는 말하기 힘들다. 이 經의 여러 板本에 대하여는 Yampolsky의 논의, pp. 89~98을 참고할 것.

이었든 지눌은 그렇게 하지 않았다. "시대는 변할지라도 심성心性은 변하지 않는다"는 진리는 그에게 시간적으로뿐만 아니라 공간적으로도 타당한 진리였다. 고통스러운 현실의 탈피를 갈구하던 그에게 무엇보다도 시급한 일은 바로 시공을 초월한 참다운 자기 자신의 발견(悟)과 그것을 가꾸어(修) 가는 일이었다.

『단경壇經』은 전통적으로 육조六祖 혜능慧能의 법어를 기록한 것으로 간주되어 왔다. 그러나 현대의 비판적 연구에 따르면『단경』이 하택荷澤 신회神會나 그 일파와 밀접하게 연결되어 있다는 사실은 의심의 여지가 없다.46) 이는 곧 지눌의 삶에 있어서 첫 번째 종교적 전기가 신회선神會禪과의 간접적 만남을 통해서 이루어졌다는 사실을 암시하는 것이기도 하다. 앞으로 살펴보겠지만 이는 지눌이 신회神會 사상의 계승자이자 그것을 지눌에게 매개해 준 규봉圭峯 종밀宗密의 사상에 지대한 영향을 받고 있다는 사실과 무관하지 않다. 여하튼 『단경』은 이때부터 지눌에게 중요한 의미를 지니게 되었으며, 그의 비문은 그가 학인을 지도하는 데도『단경』을 중시했다는 사실을 전해주고 있다(『法語』, 140).

청원사에 머무른 지 3년 뒤인 1185년 지눌은 지금의 경상북도 예천군에 있는 하가산下柯山 보문사普門寺로 옮겨가게 되는데47) 이곳 역시 수도 개경과는 멀리 떨어진 곳이었다. 그곳에서 지눌은 또 한 차례의 매우 중대한 정신적 전기를 맞게 된다. 이에 관해 그는『화엄론절요華嚴論節要』의 서문에서 다음과 같이 언급하고 있다.

---

46) Yampolsky, pp. 89~98 참고.
47) 耘虛 編,『佛敎辭典』, '普門寺' 참고.

1185년 가을에 나는 하가산에 은거하기 시작했으며, 나의 마음은 항상 즉심즉불卽心卽佛을 [가르치는] 선문禪門에 있었다. 이 문을 만나지 못하면 수많은 겁의 노력도 헛된 것이며 성인의 경지에 결코 도달하지 못한다고 생각했다. 그러나 나는 화엄교華嚴敎에서는 깨달음에 들어가는 문에 대해 과연 어떻게 가르치고 있는지 끝내 의심을 지울 수 없었다. 드디어 어떤 강자講者를 찾아가 물었더니 그는 말하기를 "사사무애事事無碍를 관觀하라"고 하였다. 그리고 내게 훈계하여 이르기를 "그대가 단지 자심自心만을 관觀하고 사사무애事事無碍를 관觀하지 않는다면 불과佛果의 완전한 덕德을 잃게 될 것이다"고 하였다. 나는 대꾸하지는 않았으나 말없이 스스로에게 이르기를 "마음으로 사事를 관觀한다면 사事가 곧 장애가 되어 공연히 자기 마음만 혼란해질 것이니 어찌 깨달을 때가 있겠는가? 하지만 단지 마음이 맑고 지혜가 깨끗하기만 하면 한오라기 머리털과 온 세계가 혼융混融하는 것이 기필코 [자기 마음] 바깥의 경계가 아니리라"고 했다.

산중으로 돌아와 앉아서 대장경大藏經을 열람하면서 심종心宗(禪)에 부합하는 부처님의 말씀을 찾기 약 3년, 하나의 티끌이 대천세계大千世界만큼이나 큰 경권經卷을 포함하고 있다는 『화엄경』 출현품(如來出現品)의 비유와 그 다음 결론적으로 "여래如來의 지혜도 역시 이와 같아서 중생의 몸 안에 모두 갖추어져 있으나 단지 우둔한 자들이 알지 못하여 깨닫지 못하는 것이다"라는 부분을 보기에 이르러 나는 그 경권經卷을 머리에 이고 나도 모르는 사이에 눈물을 흘렸다.48)

---

48) 『華嚴論節要』, 『韓國佛敎全書』 제4책, 767~68쪽.
大定乙巳秋月 余始隱居下柯山 常以禪門卽心卽佛冥心 以謂 非遇此門 徒勞多劫 莫臻聖域矣 然終疑華嚴敎中悟入之門果如何耳 遂往問講者 對曰 當觀事事無碍 隨而誡之曰 汝若但觀自心 不觀事事無碍 卽失佛果圓德 余不對 默自念言 將心觀事 事卽有碍 徒擾自心 何有了時 但心明智淨 則毛刹容融 必非外境 退歸山中 坐閱大藏 求佛語之契心宗者 凡三周寒暑 至閱華嚴經出現品 擧一塵含大千經卷之喩 後合云 如來知慧亦復如是 其足在於衆生身中 但諸凡愚不知不覺 予頂戴經卷 不覺殞涕

우리는 여기서 지눌이 당시 불교계의 가장 시급하고 고질적 문제였던 선교禪教의 갈등과 정면으로 대결하고 있는 모습을 본다. 천태교학天台教學을 중심으로 양자를 통합하고자 했던 한 세기 전의 의천의 대담한 시도에도 불구하고 그 갈등과 적대감은 여전했으며, 앞서 지적한 바와 같이 천태종天台宗의 등장은 오히려 사태를 더욱 악화시키는 결과를 초래했을는지 모른다. 불교가 국가 종교로서 높은 지위와 막강한 힘을 지녔던 고려시대에 선과 교의 대립은 단지 종교적·제도적인 대립이었을 뿐만 아니라 경제적·정치적 대립을 의미하기도 했다. 따라서 이 문제는 당시 불교계에 관심을 둔 사람이라면 누구든 간과할 수 없는 문제였으며, 지눌 또한 이 점에서는 마찬가지였다. 하지만 이 문제를 대하는 지눌의 태도에는 남다른 것이 있었다. 그는 이 문제를 단지 교단적 혹은 사회·정치적 차원에서 보지 않고 자신의 실존적인 문제로 부둥켜안고 고민했던 것이다. 그것은 지눌에게 있어서 단지 개탄만 하고 있을 '남'의 문제가 아니라 불법의 정도를 찾고 있던 한 인간으로서 어떻게 하든 해결해야만 하는 자기 자신의 문제였던 것이다.

『단경』을 통해, 혹은 다른 선사들의 가르침을 통해 자기의 마음이 곧 부처라는 선禪의 진리에 확신을 갖고 있던 지눌은, 스스로 밝히듯 선에 대한 믿음이 확고했다. 그리하여 자기의 마음을 관觀하는 것보다는 화엄의 사사무애관事事無碍觀이 더 낫다는 어느 강사講師의 말에 그는 조금도 흔들리지 않았다. 진리를 자기 자신 속에서 주체적으로 깨닫는 경험 없이 단지 사물에 대한 추상적 진리를 관하는 것은 참된 길이 아님을 지눌은 확신했기 때문이었다. 그럼에도 불구하고 그에게는 떨쳐버릴 수 없는 의문이 남아 있었다. 그것은 과연 선의 진리가 선 불교만의 독점물일 수 있겠는가 하는 의문이었다. 선도 불교일진데 선의 진리는 필경 부처님의 가르침 속에서도 발견될 수 있을 것이며 또 그래야만 한다는 생각이 그의 마음을 떠나지 않았던 것이다. 그는 이 점을 확인해 보고자 강사를 찾았던 것이며, '선禪과 합치하는 부처님의 말씀'을 찾고자 고심한 것이다.

그러나 그가 찾고 있던 합치는 단지 문자상의 외형적 일치가 아니었다. 그는 선의 진수를 부처님의 말씀인 경전 속에서 체험적으로 확인하고자 했다. 『단경』을 통해서 얻었던 것과 똑같은 해방적 경험을 경전 중의 경전인 『화엄경』 안에서 체험적으로 확인하기를 그는 원했던 것이다. 그의 집념이 얼마나 강했는지는 그가 방대한 불교 전적典籍들을 3년간이나 뒤졌다는 사실에서 잘 드러난다. 이것은 당시 선문禪門에 들어간 사람으로서는 매우 드문 일이었음에 틀림없을 것이다. 경전과의 이러한 치열한 싸움 — 의천에게는 선을 이해하고자 하는 이러한 진지한 노력을 찾아보기 어렵다 — 은 마침내 결실을 보고야 말았다. 그의 눈이 『화엄경』의 다음과 같은 구절을 포착하는 순간 그의 의문은 일시에 눈 녹듯 사라지고 그는 사상의 일대 전환을 맞게 된다.

그때 어떤 사람이 지혜가 밝고 막힘이 없어 청정淸淨한 천안天眼을 갖추어 이 경권經卷이 미세한 티끌 안에 담겨 있음을 본다면 모든 중생의 이익이 적지 않으리라. 그는 곧 생각할 것이다 : "내가 정진의 힘으로써 이 미세한 티끌을 부수고 그 경권을 꺼내어 일체중생一切衆生이 이익을 얻도록 하겠노라." 이러한 생각을 하고는 그는 곧 방편方便을 세워 미진微塵을 부수고 이 큰 경을 꺼내어 모든 중생들이 널리 이익을 얻도록 할 것이다. 이 하나의 티끌과 같이 모든 티끌이 다 그러함을 알아야만 한다. 불자들이여, 여래의 지혜 또한 이와 같아서 한량 없고 아무런 장애도 없어 능히 일체중생을 널리 이롭게 할 수 있으며, 모든 중생의 몸 안에 온전히 갖추어져 있다. 다만 우둔한 자들이 망상에 사로잡혀 그것을 알지 못하고 깨닫지 못하여 이익을 얻지 못할 뿐이다.49)

이 비유가 의미하는 바는 명백하다. 엄청난 크기의 경권은 여래지혜如來智慧 혹은 불성佛性을, 티끌은 중생의 마음을 가리킨다. 중생의 마음이 곧 부처이나 중생이 무지로 인해 이를 깨닫지 못한다는 것이다. 이것은 곧 선의 즉심즉불卽心卽佛과 조금도 다른 말이 아니다. 『화엄경』의 한 비유를 통해 지눌은 마침내 부처님의 말씀인 교敎, 특히 화엄에도 심즉불心卽佛의 진리가 있음을 직접 확인한 것이다. 이것은 단지 문자적·지적 확인이 아니라 오랜 번민과 고투 끝에 얻은 하나의 '깨달음'의 체험이었다. 실로 감격스러운 순간이었다. 얼마나 기뻤으면 경권을 머리에 이고 눈물을 흘렸겠는가?

그러나 곧 또다른 의문이 뒤따랐다. 이제 지눌은 부처님의 말씀인 『화엄경』의 근본 취지가 선과 일치한다는 확신을 얻었다. 그러나 곧 이어 일어난 의문은, "그렇다면 화엄에서는 과연 어떻게 범부 중생들로 하여금 실제로 이 놀라운 가르침을 믿고 깨닫게 하는가"라는 것이었다. 지눌 자신의 표현대로, 화엄교학에서는 '최초신입지문最初信

---

49) 『大正藏』 10, No. 279, 272c.
　　時有一人 智慧明達 具足成就淸淨天眼 見此經卷在微塵內 於諸衆生無少利益 卽作是念 我當以精進力 破彼微塵 出此經卷 令得饒益一切衆生 作是念已 卽起方便 破彼微塵 出此大經 令諸衆生 普得饒益 如於一塵 一切微塵 應知悉然 佛子 如來智慧 亦復如是 無量無碍 普能利益一切衆生 具足在於衆生身中 但諸凡愚 妄想執落 不知不覺 不得利益

入之門'을 어떻게 가르치고 있는가 하는 문제였다. 지눌은 그의 『화엄
론절요』 서문에서 다음과 같이 말하고 있다.

    그러나 오늘날 범부들의 최초신입지문最初信入之門이 분명하지 않았는
데, 다시 이통현李通玄 장자長者가 지은 『화엄론』의 십신초위十信初位
[열 가지 믿음의 첫 단계]를 해석한 부분을 읽게 되었다. 거기에 이르
기를 "각수보살覺首菩薩은 세 가지를 깨우친다. 첫째 자기의 몸과 마
음이 곧 법계法界와 다름없어 희고 깨끗하여 아무런 더러움이 없다는
것, 둘째로 자기 몸과 마음의 분별지성分別之性이 본래 주체主體(能)와
객체客體(所)의 [구별]이 없이 본래 부동지불不動之佛이라는 것, 셋째로
정正과 사邪를 잘 분별하는 자기 마음의 묘한 지혜가 곧 문수보살이라
는 것이다. 바로 신심의 시초에서 이 세 가지 법을 깨닫기 때문에 이
름하여 각수覺首라 한다." 또 말하기를 "범부의 위치로부터 이 십신十
信에 들어가기 어려운 까닭은 그들이 스스로 자신을 범부라 인정하고
자심自心이 곧 부동지불不動智佛임을 즐겨 인정하려 하지 않기 때문이
다"라고 한다.[50]

---

50) 『華嚴論節要』 768쪽. 이통현의 『화엄론』 중 이 구절은 『大正藏』 36. 814c~15a
에 있다. 覺首菩薩은 화엄론의 「如來藏品」에 나오는 남쪽 세계에 사는 보살의
이름이다. 그리고 不動之佛은 文殊와 함께 동쪽 세계에 살고 있는 부처의 이름
이다. 法界라는 말은 이 책 전체에서 자주 나오는데, 일반적으로 화엄과 중국
대승불교에는 두 가지 뜻이 있다. '界'가 '性'이라는 뜻으로 이해될 때는 法界는
法性을 지칭한다. 산스크리트 원어로는 dharmatā 또는 tathatā에 해당한다. 이러
한 의미에서 법계는 '實在'라고 번역할 수 있다. 그러나 '界'가 世界, 境界라는
의미로 쓰일 때는 사물들, 현상들의 세계, 곧 일반적 의미로서의 전세계를 지칭
한다(中村元, 『佛敎語大辭典』, '法界' 참조).
然未詳今日凡夫最初信入之門 又閱李長者所造華嚴論 釋十信初位云 覺首菩薩者
有三 一 覺自身心本是法界 白淨無咎故 二 覺自身心分別之性 本無能所 本來是
不動智佛 三 覺自心善簡擇正邪妙慧 是文殊師利 於信心之初覺此三法 名覺首 又
云 從凡入十信難者 摠自認是凡夫 不肯認自心是不動智佛故

이 구절에 나타난 사상에 대한 본격적인 검토는 다음 장으로 미루어야만 하겠지만, 이통현李通玄 장자의 십신초위十信初位에 대한 해석이 담고 있는 기본적인 의미는 뚜렷하다. 십신十信의 초위初位는 대승 보살들이 거쳐야 하는 52단계의 기나긴 수행 과정 가운데 맨 첫 단계임에도 불구하고 바로 거기서 범부들은 자기 자신을 부처로서 자각하고 인식해야 한다는 것이다.51) 이것이 곧 신信, 믿음이라는 것이다. 신信은 범부가 자신의 불완전성에도 불구하고 현재 있는 모습 그대로의 상태에서 앞으로 수많은 수행 단계들을 거쳐 도달해야 할 부처의 상태를 앞당겨 이미 자신의 것으로 긍정하는 용기라는 것이다. 지눌에게 이것은 다름 아닌 선적禪的 돈오頓悟 그 자체였으며, 바로 이 점이 그가 이통현의 화엄 해석에 그토록 감동한 이유였다. 지눌은 읽던 책을 내려놓고 깊이 탄식했다.

> 세존世尊이 입으로 설하면 교敎이며 조사祖師들이 마음으로 전하면 선禪이다. 부처와 조사의 마음과 입은 결코 서로 위배되지 않는다. 어찌 그 근원을 궁구窮究하지 않고 각기 자기가 익숙한 데만 안주하여 쓸데없이 쟁론을 일으켜 헛되이 시간을 낭비하는가!52)

실로 3년간의 치열한 고투 끝에 얻어진 값진 결론이었다. 이와 더불어 지눌은 헛된 논쟁으로 시간과 정력을 낭비하고 있는 당시의 불교계를 질타하지 않을 수 없었다. 이제 적어도 지눌에게 있어서만은

---

51) 十信과 五十二位에 관해서는 望月信亨, 『佛敎大辭典』, '五十二位' 참고.
52) 『華嚴論節要』, 768쪽.
世尊說之於口卽爲敎 祖師傳之於心卽爲禪 佛祖心口必不相違 豈可不窮根源而各安所習 妄興諍論 虛喪天日耶

이 문제는 끝난 문제였다. 부처가 입에서 설하고 조사가 마음에서 전한 그 진리, 그 '근원'을 그는 깨달았기 때문이다. 이것은 비단 지눌의 개인적인 승리만이 아니었다. 바로 이 체험에 근거하여 그는 독특한 한국적 선禪의 길을 제시하게 되었으며, 그것은 마침내 한국 불교의 선교회통적禪敎會通的 전통으로 확고히 자리잡게 되었기 때문이다. 이 점에 관해서는 나중에 다시 논할 기회가 있을 것이다.

지눌이 개경을 떠난 지 이미 6년의 세월이 흘렀다. 치열한 구도와 일련의 영적 체험을 통해 이제 그의 정신 세계는 확실한 방향을 잡게 되었으며 세상을 향해 무엇인가 자신 있게 메시지를 전할 수 있는 경지에 이르게 되었다. 이미 30대로 접어든 그의 나이 또한 고독한 구도 행각이 종결을 고할 때임을 알리고 있었다. 이제는 조용한 은둔에서 벗어나 자신의 체험을 통해 얻은 기쁨을 다른 사람들과 나누어야 할 때가 온 것이다. 당시 지눌의 심적 상황을 비문은 다음과 같이 전하고 있다.

> 대정 25년 을사년(1185) 하가산에 놀 때 보문사에 몸을 붙여 대장경을 읽다가 이통현 장자의 『화엄론』을 얻어 더욱 신심信心을 내게 되었다. [그것을] 더듬고 파헤쳐 그 숨은 뜻을 찾아 씹고 곱씹어 그 정수를 맛봄에 이전의 이해가 점점 더 명료해졌다. 이에 마음을 원돈圓頓(화엄) 관문觀門에 담그고, 또 헤매는 후학들을 인도하여 그들을 위해 못(욕망)을 제거하고 말뚝(번뇌)을 뽑아 주고자 했다(『法語』, 140).

이는 지눌이 이통현의 『화엄론』을 얼마나 소중히 여겼는지를 잘 말해 주고 있다. 또한 그에게 고독한 은둔 생활을 마감하고 싶은 욕구가 솟아나고 있음도 말해 주고 있다. 비문은 계속된다.

마침 이때 오래 전부터 알던 선禪의 노장 득재得才라는 사람이 공산公山 거조사居祖寺[53])에 머물고 있었는데 와서 머물기를 간절히 청하니 마침내 그곳으로 가서 거하였다(『法語』, 140).

이는 옛 약속을 잊지 않고 있던 오랜 도반으로부터 온 아주 시기 적절한 초청이었으며, 아마도 오래 기다리던, 그러나 예기치 않던 초청이었을 것이다. 거조사에서 작성한 『결사문』에서 지눌은 이 일에 대하여 다음과 같이 밝히고 있다.

지난 무신년(1188) 이른 봄에 [옛] 약속의 동지이며 선문禪門의 형인 재공材公이 공산公山 거조사居祖寺에 머무르게 되었는데 옛 서원誓願을 잊지 않고 장차 정혜사定慧社를 결성하고자 하여 하가산下可山 보문사普門寺에 있는 나에게 서신을 보내 청함이 수차 지극히 간절하였다. 내 비록 오랫동안 산림에 거하여 어리석고 둔함(평화스러운 삶)을 지키며 아무 데도 마음쓰는 바가 없었으나 옛 약속을 추억하고 또한 그의 간절한 정성에 감동하여 그해 봄을 맞아 강䏶 선자禪者와 동행하여 이 절로 옮겨 왔다(『法語』, 36).

지눌이 31세 되던 해인 1188년, 공산 거조사 이주와 함께 그의 생애의 둘째 시기는 막을 내리고 활동적인 새로운 삶이 펼쳐진다.

(3) 셋째 시기 : 정혜사를 결성하다

일시적으로 세상으로부터 물러나 은둔자의 삶을 영위하는 경우 종종 그것은 다시 세상에 돌아와 더욱 큰 헌신을 하기 위한 것이다. 지

---

53) 현재 경상북도에 있음. 『佛敎辭典』, '거조암' 참고.

눌이 세상으로부터 영원히 물러나 은둔자로서 삶을 마쳤더라면 그는 한국 불교사에 기억되는 역사적 인물은 되지 못했을 것이다. 얼마나 많은 사람들이 그러한 삶을 보냈겠는가? 그러나 다른 한편, 지눌이 만약 고독한 종교적 고뇌의 시기를 보내지 않았더라면 그는 결코 한국의 선 전통에 새로운 이정표를 세운 인물이 되지 못했을 것이다.

개인적 만족을 위한 삶에 탐닉하는 것은 처음부터 지눌의 관심은 아니었다. 잠자는 것 같았던 이상적 공동체를 향한 갈망이 한 도반으로부터 온 예기치 못했던 초청에 의해 갑작스럽게 되살아났다. 6년 전 선불장에서 정혜결사를 제안하던 때보다 이제 더욱 확신에 차고 성숙된 모습으로 거조사로 옮긴 지눌은 곧바로 옛 포부를 현실로 옮기기 시작했다. 그는 보제사 담선법회에서 함께 맹세를 나누었던 옛 도반들에게 초청장을 보냈다. 그러나 실망스럽게도 그들 중 단 몇 명만을 모을 수 있었다. 나머지는 죽고 병들었거나 '명리'를 좇아 떠나 버렸던 것이다(『法語』, 36). 이에 지눌은 전 불교계를 상대로 공개적인 정혜결사 운동을 펼치기로 작정하고 초청장을 띄웠다. 바로 이 초청장이 유명한 『권수정혜결사문勸修定慧結社文』(定慧를 닦기 위해 結社를 권하는 글)으로서, 지눌의 첫 저술이자 한국 불교계에 영원히 기억될 역사적 문서 가운데 하나이다. 그것은 오랜 전통의 무게에 찌들어 축 늘어져 있던 고려 불교계에 던져진 하나의 폭탄 선언이었으며, 영적 불모지에 돋아난 새 생명의 싹이기도 했다. 고발장이자 초대장이며, 거센 항의이자 조용한 설득이었다. 이 글은 아픈 현실을 건드림과 동시에 숭고한 이상을 담고 있었다. 다음 인용문에서 우리는 이 초대장을 띄웠을 때 지눌이 느꼈던 정서와 기백의 일단을 엿볼 수 있다.

이와 같이 생각해 볼 때, 우리는 먼 과거로부터 몸과 마음의 고통을 헛되이 받아 아무런 유익함도 없었다. 현재도 한량없는 많은 압박을 받고 있으며, 앞으로 받을 고통 또한 한이 없어 버리기도 어렵고 떠나기도 어려운데도 이것을 자각하지 못하고 있다. 더욱이 이 육신의 생명은 나고 죽음이 무상하여 잠깐 동안도 보존하기 어려우니 부싯돌의 불이나 바람 앞의 등불, 흐르는 물이나 지는 해에도 비유하기 어렵다. 세월은 급하고 빨라 가만히 늙음을 재촉하는데 우리는 마음의 터를 닦지 못한 채 죽음의 문턱에 점점 다가가고 있다. 옛날 함께 놀던 이들을 회고해 보니 현명한 사람과 어리석은 사람이 뒤섞여 있었더니, 오늘 아침 손꼽아 헤아려 보니 아홉은 죽고 하나 정도 살아 있구나. 살아 있는 자들 또한 저들과 마찬가지로 차례차례 사라져 가니 앞으로 우리에게 남은 세월이 얼마나 되기에 아직도 방자한 마음으로 탐욕, 분노, 질투, 교만, 방일로 명리를 추구하면서 세월을 허비하고 부질없는 말로 세상사나 논하고 있는가? 혹은 계율을 지키는 덕도 없으면서 함부로 신도들의 보시를 받고 사람들의 공양을 받으면서도 부끄러움을 모른다. 이와 같이 그 허물이 한량없으니 덮어두고 슬퍼하지 않을 수 있겠는가?(『法語』, 5~6)

엎드려 바라나니, 선과 교 또는 유가와 도가를 [불문하고] 세속을 싫어하는 뜻이 높은 사람으로서 티끌 세상을 벗어나 세상 밖에 높이 노닐면서 오로지 내적 수행의 길에 정진하고자 하여 이 뜻에 부합하는 사람은, 비록 옛날 우리와 함께 약속했던 인연이 없을지라도 이 결사문의 뒤에 서명하도록 허락하노라(『法語』, 36).

지눌은 이 초청장을 선과 교의 학인들뿐만 아니라 유가와 도가에 몸담고 있는 사람들에게까지 발송했다. 사람의 심성은 변하지 않는다는 그의 신념은 여기서도 작용되었다. 그뿐 아니라 지눌은 당시의 시대적 정신과 지식인들의 분위기를 잘 파악하고 있었음에 틀림없다. 세속 정치나 관직에 뜻을 두었던 많은 문신들이나 문인들, 지식인들이 무신 집권기를 맞아 사찰에, 특히 선종 사찰에 몸을 기탁하면서 학문을 연마하고 심신을 수련하는가 하면 아예 승려가 되는 사람도 있었다.[54] 지눌의 뒤를 이어 후에 수선사의 지도자가 된 진각국사 眞覺國師 혜심慧諶(1178~1234) 같은 사람은 후자의 좋은 예이다. 그는 1201년에 진사과에 급제하여 국자감에 들어갔다가 모친의 사망 후에 지눌 밑에서 출가하였다.

우리는 『결사문』에서 어떠한 종파적 편향의 기미도 느낄 수 없다. 비록 지눌 자신은 분명히 선승이었으나, 그가 보낸 글은 그 내용으로 보나 정신으로 보나 선의 울타리를 훨씬 뛰어넘는 글이었다. 그것은 선 불교적이면서도 불교 일반의 사상과 정신을 폭넓게 담고 있으며, 종교나 종파에 개의치 않고 인간의 보편적인 영적 갈망에 호소하고 있다. 지눌은 같은 불교 승려라 하더라도 세속적 삶에 탐닉하고 있는 무비판적인 승려들보다는 세속에 환멸을 느끼고 고민하는 유가나 도가의 학자들에게 훨씬 더 친근함을 느꼈을 것임에 틀림없다. 여하튼 지눌의 이 공개장은 암울했던 시대에 정신적 방향을 상실하고 실의에 차 방황하던 문인들과 지식인들 사이에 큰 반향을 불러일으키기에 충분했다. 비문은 1188년부터 1197년 사이에 걸쳐 지눌이 거조사에서 행한 활동을 다음과 같이 간략히 전하고 있다.

[지눌은] 명성을 포기한 여러 종宗의 높은 선비들을 널리 맞이하여 정성껏 권하고 청하여 밤낮으로 게으름 없이 정定과 혜慧를 고루 닦기

---

54) Shultz, 777~80쪽 참조.

여러 해였다(『法語』, 140).

정혜결사가 초종파적 모임이었다는 사실은 후에 원묘국사圓妙國師라고 불리게 된 천태종의 요세선사了世禪師도 동참했다는 사실에서도 잘 드러난다. 원묘국사의 비문에는 다음과 같은 기록이 있다.

그때 조계산의 목우자牧牛者(지눌)가 공산 회불갑에 머무르고 있었는데 [요세선사의] 기풍에 대해 듣고는 가만히 [자신의 마음에] 맞아 게송을 스님께 보내어 선을 닦도록 권하여 말하기를 :

  물결이 어지러워 달이 나타나지 않는구나
  밤이 깊을수록 등불은 더욱 밝게 비치나니
  마음 그릇 정돈하여 감로장을 쏟지 않도록
  그대에게 권하노라

스님께서 [이 시를] 보시고 마음에 사무쳐 곧바로 가셔서 그(지눌)를 좇되 그의 도반道伴이 되어 그를 도와서 도道의 교화를 펴며 여러 해를 머무르셨다.55)

비록 요세가 나중에 지눌과 결별하고 백련사白蓮社에서 독자적인 천태의 법화결사法華結社 운동을 벌였지만56), 이 만남은 지눌이 조직한 결사의 개방적이고도 보편주의적인 정신을 잘 드러내 준다. 그리

---

55) 『朝鮮金石總覽』 I, 590~91쪽.
56) 원묘국사 요세와 백련사 결사 운동의 사상적 배경에 관하여는 高翊晋, "圓妙國師 了世의 白蓮結社", 『韓國 天台思想 硏究』(동국대학교, 불교문화연구소, 1983), 201~42쪽을 참조할 것. 백련사 결사에 관한 간략한 소개로는 『한국사』 7, 322~25쪽을 참조할 것.

고 활발했던 요세의 법화결사 운동이 지눌의 정혜결사 운동에 영향을 받았으리라는 것은 쉽게 짐작되는 일이다. 요세의 제자 가운데는 최린崔璘이나 천책天頭처럼 과거시험에 합격하여 세속적 출세의 길을 걸을 수도 있었으나 포기하고 출가한 자들도 있었다.[57] 이는 당시의 시대적 분위기를 잘 반영하는 현상이라고 할 수 있다.

우리는 10년에 걸친 거조사 결사의 주된 관심이 정定과 혜慧를 닦는 일이었다는 사실 외에 지눌의 활동에 대해서 별로 아는 것이 없다. 개경을 떠난 뒤 처음 6년간이 『단경』과 『화엄론』을 매개로 한 돈오적 체험의 시기였다면, 거조사에서의 10년은 그 체험을 뒤따르는 점수적 시기였다고 할 수 있다. 앞으로 살펴보겠지만, 이러한 그의 개인적 구도의 경험들은 그의 선 이론에 충실히 반영된다.

거조사에는 결사에 참여하기 위해 몰려오는 많은 사람들을 수용할 만한 충분한 공간이 없었으므로, 지눌은 선 수행을 위한 새로운 장소를 물색하기로 결심했다. 1197년 40세가 되는 해에 그는 제자 수우守愚를 남쪽으로 보내 새 장소를 찾아보도록 하였다. 수우는 송광산松廣山에서 길상사吉祥寺라는 한 퇴락한 절을 발견했는데 1백 간 정도의 방이 있었다. "그곳의 경치가 뛰어나고 땅이 비옥하며 물이 달고 숲이 우거져" 지눌은 이 절을 개축하기 시작했다. 지눌 자신도 거조사를 떠나 ― 정혜결사가 정식으로 옮긴 것은 1210년이며 아마도 지눌은 양쪽을 왔다갔다 했을 가능성이 많다 ― 그곳으로 향했다. 이로써 그의 생애의 제3기는 마감된다.[58]

6년간 산림에서 고독한 정신적 싸움을 한 후 염원했던 이상적 공

---

57) Shultz, 779쪽.
58) 『增補校訂朝鮮寺刹史料』I, 「大乘禪宗曹溪山修禪社重創記」, 275쪽 참조.

동체를 세워 10년간 수행한 지눌은 이제 완숙한 경지에 든 지도자임에 틀림없으리라. 이제 그에게는 더 이상의 정신적 문제는 남아 있지 않은 듯 보인다. 앞으로 그에게 남은 일은 오직 자신이 깨닫고 익힌 바를 가능한 한 많은 사람들에게 전수하면서 타락한 불교계를 바로잡는 일뿐이었을 것이다. 그러나 실상은 그렇지 않았다. 그에게는 아직 또 하나의 영적 시련이 남아 있었고 그것을 통해 그는 또 한 차례의 종교적 도약을 해야 했다.

오랜 힘겨운 수련에도 불구하고 40대의 지눌은 아직도 선의 달인은 되지 못했다. 그는 아직 배움의 도상에 있는 수행자였지 진정한 의미에서의 선사는 아니었다. 무엇보다도 그는 선사가 되는 필수 조건인 결정적인 깨침의 체험이 아직 없었으며, 도道와 완전히 하나가 되어 자유를 구가하는 경지에까지 오르지는 못한 상태였다. 지금까지 수차례의 극적 체험이 없었던 것은 아니나, 그 뒤로는 이렇다 할 만한 깊은 체험 없이 긴 수행의 과정만이 이어져 온 것이다. 단적으로 말해, 지눌은 아직 선의 과정에 있지 완성의 경지에 든 것은 아니었다. 진정한 선사에서 발견되는 활달한 도인의 모습이나 언제 어디서든 살활자재殺活自在하는 예리한 선기禪機를 아직은 그에게서 찾기 어렵다. 이런 것들을 갖추기까지 그는 '세 번째 출가', 즉 또 한 차례의 은둔과 또 한 번의 자기 부정이 필요했던 것이다. 이 은둔은 이전의 것과는 다른 의미를 지니고 있었다.

첫 번째 출가로 그가 속세를 떠났다면, 두 번째 출가로 그는 '수도에 있는 무리들(京輩)'[59]을 떠났다. 이제 뜻했던 정혜결사를 성공적으

---

59) 「修禪社重創記」, 276쪽.

로 이루고 그 운동을 더욱 확장하고 공고히 하기 위해 새로운 장소를 물색하려는 찰나에 그는 자기 자신을 위한 또 하나의 영적 도약의 필요성에 봉착했던 것이다. 자신을 세상과 더욱 밀접하게 통합시키는 이 마지막 단계에서 그는 다시 한 번 대중을 떠나 조용히 자신을 성찰할 필요를 느꼈던 것이다. 이 제3의 은둔과 더불어 그의 삶의 제4기, 곧 중생을 교화하기 위해 자신을 불사르는 보살행의 시기가 시작된다.

(4) 넷째 시기 : 또 한 번의 은둔과 수선사修禪社

지눌은 선 수행을 같이 하는 동료들 몇과 함께 수우가 발견한 새로운 절로 가는 도중에 지리산의 상무주암上無住庵이라고 하는 은거처를 지나가게 되었다. 그는 그곳의 분위기에 매료되어 얼마 동안 그곳에 머무르며 선 수행을 하기로 결심했다. 비문은 그가 이곳에서 "바깥 인연을 물리치고 오로지 내적 관조에 정진했다"(『法語』, 140)고 기록하고 있으며, 또 지눌이 거기에 머무르는 동안 그의 영적 성취를 실증하는 많은 상서로운 징조들이 나타났다고 기록하고 있다. 다만 그 구체적 내용은 언급하지 않고 있다. 그러나 이러한 상서로운 징조보다 더욱 중요한 것은, 그가 상무주암에서 중국 임제종의 대혜종고大慧宗杲(1089~1163)선사에 의해 대성된 공안선公案禪, 곧 간화선看話禪[60]을 만나게 되었다는 사실이다. 그것을 통해 그의 선 체험은 이제

---

60) '看話'의 문자적 의미는 "話頭를 본다"는 뜻이며, 화두는 公案을 가리킨다. 화두 또는 간단히 '話話'(頭는 허사이다)는 이야기 또는 대화, 즉 선사들의 이야기나 禪問答 등을 뜻한다. 공안에 대해서 스즈키 다이세츠(鈴木大拙)는 다음과 같이 말한다 :

공안은 배우는 사람에게 풀도록 주어진 문제 또는 과제이다. 그 문

까지와는 질적으로 다른 새로운 세계를 경험하게 되었기 때문이다. 비문에 따르면 지눌은 이 경험에 대하여 다음과 같이 말하고 있다.

스님께서는 일찍이 다음과 같이 말씀하셨다 : 내가 보문사에 있을 때부터 10여 년이 되었다. 비록 뜻을 얻어 부지런히 닦아 시간을 허비하지 않았으나 아직 정견情見을 잊지 못해 어떤 물건이 가슴에 걸려 있어 마치 원수와 함께 머무는 것 같더니, 지리산에 거하게 되었을 때 대혜보각선사大慧普覺禪師의 어록을 얻게 되었는데, 거기에 "선은 고요한 곳에 있지 않으며 또 시끄러운 곳에도 있지 않고, 일상사에 응하는 곳에도 있지 않으며 생각하고 분별하는 곳에도 있지 않다. 그러나 먼저 고요한 곳, 시끄러운 곳, 일상사에 응하는 곳, 생각하고 분별하는 곳을 버리고 참구해서는 안 된다. 홀연히 눈이 열리면 비로소 그것이 집안일임을 알게 되리라"고 하였다. 여기서 나는 깨우침을 얻어 자연히 물건이 가슴에 걸리지 않았고 원수는 사라져 즉시 안락해졌다.[61]

우리는 과연 이 사건을 어떻게 이해해야 할 것인가? 그에게 원수처럼 '가슴에 걸려 있던' 것은 과연 무엇이었을까? 그것이 무엇이었던 간에, 지눌은 그렇게 오랜 기간의 철저한 수행에도 불구하고 아직 완전한 자유를 얻지 못했고 여전히 무언가가 그를 괴롭히고 있었다는 것이다. 그러므로 그가 지리산에 머물기로 결심한 것은 단순히 상

자적 의미는 '공적 문서'라는 뜻인데, 어느 선 불교 학자에 따르면 공부하는 사람이 도달했다고 주장하는 깨달음의 진위를 가려내는 데 있어서 그와 같은 구실을 하므로 그렇게 불리게 되었다고 한다. 이 용어는 당 나라의 선 불교 초기부터 쓰여 왔다. 이른바 案例나 問答이 일반적으로 널리 공안으로 쓰인다(Studies in Zen Buddhism, First Series, pp. 333).

61) 『法語』, 140. 대혜선사의 어록은 『大正藏』 47에 들어 있으며, 지눌에게 충격을 준 구절은 893c~894a에 있다.

무주암의 빼어난 경관에 매료되어 내린 즉흥적 결정이라기보다는 사람들로부터 멀리 떨어져서 자기 자신의 문제를 해결하기 위한 또 하나의 은둔이었다고 보는 것이 타당할 것이다. 아마도 그의 마음속에는 10여 년간의 각고의 정진에도 불구하고 끝이 보이지 않는 수행에 대한 회의가 일어났을지도 모른다. 지눌이 그의 제자 수우가 시작한 길상사 개축에 즉시 합류하지 않고 거조사를 떠난 지 3년이나 지난 뒤인 1200년에야 그곳에 왔다는 사실 — 물론 중간에 몇 번이고 방문했을 수도 있겠지만 — 은 이러한 측면에서 이해해야 한다. 지눌은 앞으로의 더욱 큰 과제와 책임감에 직면하여, 이때야말로 여태껏 그를 괴롭혀 왔던 마지막 장애를 처음이자 마지막으로 제거해 버릴 때라는 결심을 한 것은 아니었을까?

이 장애의 성격을 이해하기 위해서 우리는 지눌과 『육조단경六祖壇經』과의 만남을 다시 한 번 검토해 볼 필요가 있다. 이미 지적했듯이, 그것은 살아 있는 선사와의 인격적 대면이 아니라 문자를 매개로 한 깨달음이었고, 따라서 불가피하게 지적 성격을 띨 수밖에 없었을 것이다. 우리는 또한 그 사건을 신회선神會禪과의 간접적인 만남이라고 해석했다. 지눌은 1209년 그의 입적 1년 전에 지은 『법집별행록절요병입사기法集別行錄節要幷入私記』에서 말하기를 하택 신회의 사상이 명료하기는 하지만 '조계적자曹溪嫡子'는 아니며 단지 '지해종사知解宗師'일 뿐이라고 평했다.62) 그러면서 지눌은 이 '지해병知解病(지적 이해의

---

62) 安震湖 편, 『四集合本』(법륜사, 1957), 『節要』, 680쪽. 앞으로 자주 인용될 이 책은 현재 강원의 교재로 많이 사용하고 있기 때문에, 『韓國佛敎全書』 4책(동국대 출판부, 1992)에 실려 있는 것 대신 이 책으로부터 인용하기로 한다. 앞으로 인용할 때는 번거로움을 피하기 위해 인용 끝 괄호 안에 단순히 『節要』라고 표시하고 쪽수를 밝히기로 한다.

병, 알음알이의 병)'을 제거하기 위하여 대혜선사大慧禪師의 간화선看話禪을 권하고 있다(『節要』, 681). 이러한 사실들로 미루어 볼 때, 원수처럼 지눌을 괴롭히던 마지막 장애는 다름 아닌 이 지해의 병, 알음알이의 병이 아니었나 생각된다. 깨달음의 완벽한 자연스러움을 망칠 뿐만 아니라 지적으로 파악한 것에 대한 집착마저 일으키는 이 알음알이의 병이 그가 넘어야 했던 마지막 장애물이었던 것이다.

깨달음뿐만 아니라 정과 혜를 고루 닦는 수행에 있어서도 지해의 병은 장애를 일으킨다. 거조사의 정혜결사 이래 수행의 초점이 된 이 정혜의 개념이 정확하게 무엇인가는 다음 장에서 상세히 다루어질 것이지만, 여기서 우선 언급할 수 있는 것은 마음을 닦는 데 있어서 정과 혜 두 측면을 구별해서 보는 것 자체가 분별지적 지해병을 일으키기에 충분하다는 점이다. 깨달음(悟)이든 닦음(修)이든 완벽한 해탈의 경험을 위해서 지눌은 이제까지 그가 알고 있는 것과는 전혀 다른 차원의 경험, 언어와 개념을 매개로 하지 않은 불법佛法에 대한 이해 아닌 이해를 필요로 했던 것이다. 이러한 새로운 경험을 지눌에게 안겨 준 것이 바로 대혜선사의 화두선話頭禪 혹은 공안선公案禪이었다.

지눌을 해방시킨 『대혜어록大慧語錄』의 한 구절은 그에게 하나의 공안과 같은 역할을 했다. 스승이 없는 지눌은 여기서도 역시 책을 통해 공안을 받아야 했던 것이다. 그럼에도 그 공안은 10여 년 이상 묵은 지해의 때를 말끔히 씻어 주는 강력한 힘을 지니고 있었다. 간화선을 통해 얻어지는 경지가 지적 이해의 범위를 넘어선다고 하지만, 그 구절이 어떻게 해서 그러한 힘으로 지눌에게 다가왔는지를 이해하기 위해서는 약간의 지적 분석 내지 음미를 시도해 볼 필요가 있다.

우선 그 구절에서는 선이 고요한 곳에 있지 않다고 말한다. 이 언급은 그 자체만으로도 지눌에게 충격을 주기에 족했다. 그것이 단지 선과 고요한 곳이라는 당연히 연결되는 두 개념의 연계성을 부정했기 때문만이 아니라, 지눌의 선이 지금까지 지녀온 '산림 편향성'을 정면으로 부정했기 때문이다. 그렇다면 선은 시끄러운 곳에 있다는 말인가? 당연히 논리적으로는 그래야 한다. 그러나 대혜선사는 그것도 아니라고 한다. 지눌은 이제 어떻게 해야 할지 모른다 : "고요한 곳도 아니고 시끄러운 곳도 아니라면 도대체 어디서 선 공부를 해야 하는가?" 그러나 이것과는 비교조차 되지 않는 또 하나의 충격이 그에게 가해진다 : "그러나 먼저 그러한 곳들을 버리지 말고 선을 공부해야 한다." 우리는 여기서 분석을 멈추어야 한다. 여기까지의 분석으로도 최소한 그 구절이 어떻게 일상적인 논리적 사고를 당혹케 하며 선에 대한 지적 접근을 철저히 깨뜨릴 수 있는지를 알 수 있다. 바로 이러한 논리적 불가해성이 불법佛法에 대한 분별지分別智로부터 지눌을 해방시키는 강력한 촉매로 작용한 것이다. 그의 문제는 선에 대한 지적 이해였으며 선 자체에 대한 집착이었다. 이제『대혜어록』의 도저히 이해할 수 없는 이 한 구절에 의해 지금까지 남아 있으면서 그를 괴롭혔던 불법에 대한 지적 이해의 자취는 말끔히 사라지게 되었고, 그는 선 자체, 즉 자유를 추구하는 행위 그 자체로부터 자유롭게 되는 절대적 자유를 맛보게 되었다. 이제 그는 더 이상 선을 연마하는 자가 아니고 선을 체달體達한 진정한 선사禪師로 태어난 것이다. 오랜 수고로운 수련 과정은 끝나고 선은 이제 그에게 더 이상 추구와 노력의 대상이 아니다. 숨을 쉬듯 자연스러운 삶 그 자체가 되었다고나 할까?

첫 번째 은둔과 마찬가지로 지눌은 두 번째 은둔 후에도 다시 세상으로 돌아왔다. 1200년, 43세의 나이로 원숙한 경지에 들어선 그는 새로 마련한 사찰의 개축 공사에 합류했고, 그곳에서 그는 자기 생의 가장 생산적 시기를 보냈다. 여기서 우리는 다시 한 번 그가 이룬 세상과의 재통합 방향에 주목하지 않을 수 없다. "선은 고요한 곳에 있지 않으며 시끄러운 곳에도 있지 않다"고 했다. 그러면 왜 지눌은 속세의 '시끄러운 곳'이 아닌 또 하나의 '고요한 곳'을 택했는가? 그에게는 사찰도 '시끄러운 곳'이었을까? 어쨌든 지눌은 자신의 마지막 정신적 장애를 극복했다. 새로이 체득한 간화선을 가지고 이제 그는 자신이 전개해 온 운동을 한 단계 더 높은 차원으로 끌어올려 주도해 나갈 수 있게 된 셈이다.

1197년부터 1205년까지 9년이 소요된 개축 공사는 희종熙宗(1204~1211 재위)이 즉위한 이듬해에 끝났는데, 당시는 1196년에 권력을 잡은 최씨 일가가 여전히 무단 통치를 하고 있었다. 개축 공사 과정에서 지눌은 많은 재가 신자들로부터 도움을 받았다. 어떤 이는 돈과 물건을 보시하기도 하고 어떤 이는 기술과 노동으로 도움을 주기도 했다. "힘이 드는 일과 운력運力을 하는 데 있어서도 항상 대중에 앞장섰다"고 비문이 전하듯, 지눌 자신도 육체적 노동을 아끼지 않았던 것 같다. 지눌이 이 공사를 위하여 특별히 왕실이나 귀족들이나 최씨 정권의 도움을 받았다는 기록은 없다. 그들로부터 다소 도움을 받았을 수도 있었겠지만 최소한 자발적으로 그들에게 접근하지는 않았으리라 사료된다. 그러나 공사가 완결되자, 왕위에 오르기 전부터 지눌의 명망을 듣고 흠모하던 희종은 명을 내려 산의 이름은 송광산松廣山에서 조계산曹溪山으로, 절의 이름은 길상사吉祥寺에서 수선사修禪社로

개명하도록 하고 친필로 현판을 써 보내고 수를 가득 놓은 가사 한 벌을 지눌에게 하사했다.

조계산은 유명한 육조 혜능대사가 머무르던 산의 이름이었다. 지눌은 이 새로운 도량으로 옮겨서도 정혜사定慧社라는 명칭을 계속해서 사용했다. 그러나 이미 근처에 같은 이름의 다른 사찰이 있었기 때문에 왕은 수선사라는 새로운 이름을 하사했던 것이다. 비문에서 밝히듯, 이러한 명칭의 변경은 기풍의 변경을 내포하는 것은 아니었다. 그 정신과 목표는 어디까지나 정혜定慧에 있었다(『法語』, 141). 그러나 산명을 송광산에서 조계산으로 바꾼 것은 상징적 의의가 매우 컸다고 할 수 있다. 그것은 수선사가 이제 고려 선 불교의 중심지로 부상하고 있음을 시사하는 것으로 해석할 수 있기 때문이다. 그러나 이미 지적했듯이, 이것이 지눌이 고려의 조계종을 창시했다는 것을 뜻하지는 않는다.

조계산은 조계종과 혼동되어서는 안 된다. 지눌이나 그의 추종자들이 자신들의 운동을 1세기 전에 의천이 했던 것처럼 새로운 종파를 세우는 행위로 이해했다는 근거는 어디에도 찾아볼 수 없다. 수선사의 지눌의 계승자들은 '조계종 수선사 제 몇 세'가 아니고 '조계산 수선사 제 몇 세'라고 불리었다.[63] 「대승선종조계산수선사중창기大乘禪宗曹溪山修禪社重創記」는 지눌이 수선사의 지도자로 활동하던 시기인 1207년에 쓰여졌는데, '선종 조계산'이라는 표현을 사용하고 있으며 조계종이라는 명칭은 발견되지 않는다. 조계종이라는 이름은 이미 지눌 이전에 천태와 함께 선 불교의 양대 종파를 형성하는 말로 쓰

---

63) 그 대표적인 예가 진각국사 혜심의 비문이다. 李能和, 『朝鮮佛敎通史』 下, 351쪽; 366, 368, 370쪽도 볼 것.

이고 있었다.64) 지눌은 전통적인 구산선문九山禪門과 마찬가지로 또 하나의 '선문'을 개창한 셈이며, 이 새로운 선문을 통해서 그는 영적 각성과 쇄신을 필요로 하고 있던 조계종에 새로운 기풍을 진작시키고 뚜렷한 이념적 방향을 제공했다. 그리하여 지눌 이후로 조계종은 더 이상 그 이전과는 같지 않게 되었다. 우리가 이 책에서 수행해야 할 연구의 중심 과제는 지눌이 어떻게 하여 고려 조계종에 새로운 방향을 제시하게 되었는지, 그 특성은 무엇이며 한국 불교사에서 갖는 그 의의와 중요성은 무엇인가를 고찰하는 일이다.

이제 수선사에서의 지눌의 활동을 살펴볼 차례다. 그의 활동에 대한 비교적 자세한 설명이 비문에 담겨 있다.

1) 도를 논하기도 하며 선정을 닦기도 하며, 안거安居를 하든 두타頭陀(dhūta)를 하든 한결같이 부처님의 계율에 의거해서 했다. 사방의 승려와 속인들이 그의 기풍을 듣고 폭주해 와 성대한 모임을 이루었다. 심지어 명예와 벼슬을 버리며 처자를 버리고 옷을 물들이고 머리를 깎고 친구를 권하여 함께 오는 자도 있었으며 왕, 귀족, 선비, 서민으로서 이름을 던져 입사한 자도 수백 명이 되었다.
2) 국사께서는 스스로 도道를 맡아 사람들의 칭찬이나 비방에 마음이 흔들리지 않았다. 성품이 인자하고 참을성이 있어 후배를 잘 지도했다. 혹 삐뚤어진 자들이 때때로 그의 뜻을 거슬려도 오히려 가엾이 여겨 감싸주니 끊임없는 정리가 자애로운 어머니가 사랑스런 아들에게 하는 것 같았다.

---

64) 이 점은 金映遂, "曹溪宗과 傳燈通規", 『佛敎新』 43(1943); 權相老, "韓國禪宗略史", 『白性郁博士 頌壽紀念 佛敎學論文集』(동국대학교출판부, 1959)과 "曹溪宗", 『佛敎』 38(1929)에서 지적되었다. 金煐泰, "高麗의 曹溪宗名考", 『東國思想』 10, 11(1978), 23~31쪽도 참조할 것.

3) 사람들에게 암송하여 지니고 다닐 것을 권할 때는 항상 『금강경金剛經』으로 하였고, 법法을 세우고 뜻을 풀이할 때는 마음이 반드시 『육조단경六祖壇經』에 있었으며, [뜻을 더] 펴는 데는 이통현의 『화엄론華嚴論』과 『대혜어록大慧語錄』을 양 날개로 삼았다.
4) [가르침의] 문을 여는 데는 3종이 있었으니, 성적등지문惺寂等持門·원돈신해문圓頓信解門·경절문徑截門이라 한다. [이 문에] 의해 수행하여 믿어 들어가는 사람들이 많았으니, 옛날이나 요즈음이나 선 공부의 성함이 이에 비할 바 없었다.

우리는 지눌의 활동에 대한 비문의 설명을 편의에 따라 네 부분으로 나누었는데, 각 부분은 수선사에서의 활동 모습을 서로 다른 측면에서 말해 주고 있다. 각 부분을 차례로 검토해 보자.

1) 지눌은 정定과 혜慧에 대해서 말할 때 항시 계戒도 함께 포함시키고 있다.[65] 이 셋은 불법의 근본인 삼학三學을 이룬다. 지눌이 당시 불교계를 볼 때 가장 심각한 문제는 계율의 흐트러짐이었다. 그는 '계율을 지키는 덕을 갖추지 않고 함부로 신자들의 보시를 받는' 자들을 경멸했다. 영적 자유와 흔히 연결되기 쉬운 반도덕적 혹은 반계율주의적(antinomian) 태도는 지눌에게서 전혀 발견할 수 없다. 계율의 철저한 준수는 정과 혜를 닦는 데 핵심적인 전제 조건이었다. 1205년 개축 공사가 끝난 후 여가가 생기자마자 『계초심학인문誡初心學人文』을 저술한 것도 바로 이러한 생각 때문이었을 것이다. 이 책은 제목이 시사해 주듯이, 선에 입문한 초학자들이 따라야 할 구체적인 행동 규범과 훈계를 담고 있으나, 실제로는 절의 모든 대중을 위한 것이었

---
65) 『法語』, 11쪽을 볼 것. 지눌은 定慧는 戒定慧 三學의 약칭이라고 말한다.

다.66) 9세기 중국의 선사 백장회해百丈懷海(720~814)의 청규淸規와 흡사하게, 지눌은 수선사라는 새로운 공동체에서 모든 수행자들이 일상적으로 지켜야 할 규범을 제시했다. 도덕적 타락으로 기강이 문란해진 고려 불교계를 개혁함에 있어 승가 생활을 규제하는 확고한 지침을 세우는 것이야말로 가장 긴급한 과제라고 지눌은 보았던 것이다. 일단 수선사에 입사한 사람은 사회적 지위의 고하를 막론하고 동일한 규율을 엄격하게 준수해야만 했다.

그러면 수선사와 그곳에 '이름을 던져 입사한' 왕이나 귀족들 혹은 선비들과의 관계는 어떠한 것이었을까? 앞에서 지적했듯이 사찰의 개축에 있어서 수선사가 왕실이나 최충헌의 무신 정권으로부터 어떤 특별한 물질적 도움을 받았다는 증거는 없다. 그러나 수많은 대중을 거느린 수선사의 유지는 쉽지 않은 문제였을 것이며, 그처럼 큰 공동체를 유지하기 위해서는 당연히 지속적인 물질적 지원이 필요했을 것이다.67) 그러한 필요 때문에 수선사는 필경 상당한 보시를 받았을 것이고, 그 대부분은 아마도 이름을 던져 결사에 참여한 (실제로 승려는 되지 않은) 권세 있고 부유한 지지자들로부터 왔으리라고 추정할 수 있다.68) 수선사 역시 대부분의 고려시대 사찰들이 그렇듯 서민층 신

---

66) 전통적으로 이 『계초심학인문』은 세 부류의 사람들을 위한 것으로 해석되어 왔다. 즉 아직 비구계를 받지 않은 사미승들, 비구승들, 그리고 특히 선방의 수행자들이다. 李智冠, 『韓國佛敎 所依經典 硏究』(보련각, 1971), 31쪽.
67) 林錫珍은 그의 『大乘禪宗曹溪山松廣寺誌』(송광사, 1965), 161쪽에서 지눌 당시 수선사에는 약 5백 명의 대중이 있었다고 한다.
68) 임석진은 같은 책에서 송광사에 보존되어 있는 고려 문서에 근거하여 지눌 당시 수선사의 재정 규모를 밝히고 있는데, 임창순이 「송광사의 고려 문서」에서 지적하듯이 이 문서들은 일러야 1221년, 즉 지눌 사후 11년이 경과한 후의 것이므로 지눌보다는 혜심 때의 수선사의 경제 상태를 반영한다고 보아야 할 것이다. 그러나 그것으로부터 간접적이나마 어느 정도 추정이 가능하다. 지눌 당시 상당한 재정 수입이 있었으며, 그 대부분은 고관들, 특히 무신들로부터 왔

도들의 재정적 지원에 의해 유지되는 공동체는 아니었다. 경제적 측면에 있어서는 수선사는 당시의 다른 사찰들과 근본적으로 다른 점이 없었던 것으로 보인다. 우리는 여기서 수선사가 과연 청년 지눌이 그렸던 이상적 공동체에 얼마나 근접한 것이었는지 생각해 볼 필요가 있다.

희종이 왜 수선사에 그처럼 큰 관심을 보였는지는 잘 알 수 없으며, 그의 관심이 자발적인 것이었는지 아니면 사실상 왕권을 조정하던 최씨 일가의 뜻에 따른 것이었는지조차도 확실하지 않다. 다만 당시의 시대적 정황으로 미루어 보건대 허수아비가 된 왕실의 복권에 수선사가 조금이라도 도움이 되지나 않을까 하는 정치적 의도를 배제할 수 없으며, 이러한 기대는 단지 수선사에만 국한된 것이 아니었다. 희종은 많은 승려들의 지지를 받고 있었으며, 놀랍게도 그는 지눌이 입적한 다음해(1211) 최충헌의 암살 음모에 연루되어 유배를 당했다.

반면에 우리는 최씨 일가가 지눌이 시작한 이 새로운 불교 운동에 상당한 관심을 갖고 있었음을 알려주는 중요한 단서들을 갖고 있다.[69] 1207년 지눌이 50세였을 때 우리가 이미 수차 언급한 바 있는「대승선종조계산수선사중창기大乘禪宗曹溪山修禪社重創記」는 수선사의 개축을 기리기 위하여 최선崔詵이 작성한 것이다. 그는 권력가인 최씨 일가와 혈연 관계는 없었으나 정부의 고위 관료로서 이름 높은 문장가였다. 눈여겨볼 것은 이 중창기가 쓰여질 때 권력자 최충헌의 아들

다. 임창순의 논문을 참조할 것.
69) 최씨 정권과 당시 불교계 일반, 특히 수선사와의 관계에 대하여 많은 논문들이 쓰여졌다. 가장 종합적인 연구로는 金光植, 『高麗 武人政權과 佛敎界』(민족사, 1995)로서, 13~19쪽에서 연구 문헌들과 연구 현황을 간략하게 소개하고 있다.

최우崔瑀가 모종의 감수를 했다는 사실이다. 그 감수의 정확한 성격은 '감집監集'이라는 단어의 의미에 달려 있는데, 그 문자적 의미는 '편집 감수'이다. 그것이 실제로 무엇을 의미했든[70] 이 사실은 최씨 일가가 개경에서 멀리 떨어진 곳에 있었던 지눌에게 관심을 갖고 있었음을 명확하게 시사한다. 이 사실은 매우 의미 있는 일로서, 최우의 아들이자 나중에 그를 계승한 최항崔沆은 한때 수선사의 승려로서 혜심의 문하에서 수학한 독실한 불교 신자였다. 더욱이 최우 자신은 지눌에 이어 수선사를 이끌게 된 진각국사眞覺國師 혜심慧諶과 친밀한 교제를 나누고 있었다.[71] 아마도 최씨 일가가 수선사에 그렇게 흥미를 보인 것은 주로 이 새로운 불교 운동이 뚜렷하게 초세간적이고 탈정치적 성향을 지님으로 해서 왕실이나 구 귀족 세력과 깊이 연계되어 있던 기존 교계와는 큰 대조를 보였기 때문일 것이다. 최충헌의 집권과 더불어 무신 정권은 일단 안정기에 들어갔지만 그는 끊임없이 불교계의 도전에 직면해야만 했다. 그는 한편으로는 승려의 정치 활동에 가혹하게 대처하면서 다른 한편으로는 불교계를 무마하려 했으며, 특히 비교적 정치적 색채가 없이 지방에 뿌리를 두고 있던 선종에 호의적이었다.[72] 따라서 최씨 정권이 수선사에 우호적이었다 해도 그리 놀랄 일은 아니다. 이러한 맥락에서 우리는 1217년에 절정에 달하는 최씨 정권과 구 불교계와의 갈등을 상기할 필요가 있다. 이 갈등으로 인하여 약 8백여 명의 승려가 최충헌의 사병私兵들에 의

---

[70] 모로하시(諸橋)의 『大漢和辭典』에도 '감집'이라는 단어는 수록되지 않았다.
[71] 이 점에 관해서는 閔賢九, "月南寺址眞覺國師碑의 陰記에 대한 一考察", 『震檀學報』 36(1973), 5~38쪽을 참조할 것. 이 문제는 본서의 마지막 장에서 다시 다루어질 것이다.
[72] Shultz, 770~73쪽 참조.

하여 살해되었던 것이다.[73]

 기묘하게도, 순수성과 초세간성을 지향하는 수선사 운동은 새로운 정치 권력의 담당자인 최씨 일가뿐만 아니라 구질서의 붕괴를 맥없이 목도해야 했던 왕과 귀족들의 관심까지 한데 모으게 되었다. 순수한 출세간의 이상에 기초한 수도 공동체가 바로 그 성공으로 인하여 세속 세계와 가까운 관계를 맺지 않을 수 없게 되었다는 사실은 하나의 역설적 현상이며, 모든 순수한 종교적 이상이 구체적 실현 과정 속에서 겪어야 하는 운명일 것이다.

 2) 이 부분은 선사로서의 지눌의 인격에 대해서 말해 주고 있다. 일반적으로 과격하고 거칠고 괴팍하고 접근하기 어려운 것으로 알려진 선사들의 전형적 모습과는 달리, 지눌은 자상하고 자애로운 사람이었던 것으로 보인다. 일정한 스승 없이 길을 찾기 위해 고투해야 했던 그는 아직 구도 단계에 있는 사람들에게 깊은 연민을 느꼈을 것이다. 그가 진리를 추구함에 오로지 도만을 따랐을 뿐 어떤 특정한 선사나 종파에 이끌리지 않았듯이, 수선사에서의 그의 대인 관계 역시 사적 감정에 좌우되지 않았다. 그의 지도 스타일은 단호하면서도 관대하고 엄격하면서도 자애로웠다.

 3) 선사가 책에 의지하고 수행자들에게 책을 권한다는 것은 흔히 볼 수 있는 일은 아니다. 그러나 이것이 지눌의 모습이었다. 우리는 그가 책과 문자를 매개로 하여 선적 체험을 하게 된 것을 이미 보았다. 지눌은 당연히 그 책들이 다른 사람들에게도 같은 효과를 가져올 수 있다고 확신했을 것이다. 그러나 이보다도 더 적극적으로, 지

---

[73] 최충헌과 승려들과의 충돌에 관해서, 『한국사』, 293~95쪽 및 이미 인용된 김종국의 논문을 참조할 것.

눌은 수선사에서 선에 관한 많은 저술들을 남겼다. 그는 문자에 대해서 부정적인 태도를 취하지 않았다. 문자 자체는 잘못된 것이 없으며, 다만 문자를 대하는 사람의 태도가 문제라고 지눌은 생각했기 때문이었다. 그는 자신의 체험에 의해서 '여실언교如實言敎'가 선 수행에 있어서 확실한 이론적 지침을 제공할 수 있을 뿐만 아니라 한 사람의 종교적 진로에 결정적인 영향을 끼칠 수 있음을 잘 알고 있었다. 일정한 스승이 없었기에 그는 자연히 다른 선사들보다도 글이 지니는 중요성을 높이 평가했던 것이다.

그는 또한 홀로 길을 모색해 나가지 않으면 안 되었기에 선 공부의 구체적 방법에 대하여 스스로 많은 고민을 하지 않을 수 없었을 것이다. 선 공부는 도대체 어떻게 시작하는 것이며 깨달음을 얻는 방법은 무엇인가? 선을 배우는 사람들에게 경전 공부나 교학은 어떤 의미를 지니는 것이며 선과 교는 과연 상호 배타적인 것인가? 깨달음은 그것으로 끝나는 것인가 아니면 그 후에도 여전히 수고로운 수행의 과정이 필요한가? 그 자신이 이러한 질문들과 씨름해야만 했을 뿐 아니라, 다양한 사회적 배경과 종교적 성향을 지닌 사람들이 함께 모인 수선사의 상황 또한 그로 하여금 선에 대해 깊은 방법론적 성찰을 하도록 만들었을 것이다. 여하튼 지눌은 수선사의 주지로서 살림을 돌보고 대중을 지도하는 바쁜 생활 가운데서도 틈틈이 시간을 내어 선 수행의 요점을 논하는 저술들을 다수 남겼다. 여기서 우리는 그의 저술을 간략히 개관해 볼 필요가 있다. 그럼으로써 우리는 지눌이 수선사에서 선 공부하는 사람들을 어떻게 지도했는지 엿볼 수 있으며, 다음 장에서 그의 선 사상을 논하는 데에도 적절한 준비가 될 것이다.

지눌이 『수심결修心訣』[74)]을 언제 저술했는지는 알려져 있지 않다.

그 주된 내용에 의거해 추론컨대, 이 책은 『계초심학인문誡初心學人文』의 저술 시기와 대략 같은 시기, 곧 1205년 개축 공사가 끝난 후 여가가 생겼을 즈음에 쓰여진 듯하다. 후자가 선을 공부하는 사람들이 일상 생활에서 따라야 할 규범을 제시하기 위한 것이라면 『수심결』은 문자 그대로 마음 닦는 공부의 요체를 간결하게 소개하기 위한 것이다. 이 책은 당시 치열한 논쟁점 가운데 하나였으며, 더욱 중요하게는, 선과 교 사이의 갈등과 밀접한 관계가 있는 문제인 돈오頓悟와 점수漸修의 관계를 밝히는 데 주안점을 두고 있다. 「수선사중창기」에는 다음과 같은 기록이 있다.

> 여래가 입멸한 때로부터 2천 년이 흐른 후 이미 쟁투가 굳어진 때, 대부분의 승려들이 '돈頓'과 '점漸'의 이름과 모습을 좇아 각각 자기들이 좋아하는 것에 집착하고, 반대하는 입장에 대해서는 시비를 벌여 서로 쟁투하면서 명리를 추구하며 시간을 허비하고 있다. 그러므로 오로지 관조에 정진하여 마음을 닦아 견성하는 법(修心見性之法)은 땅에서 사라져 버리게 되었다. 스승(지눌)만이 홀로 세태에 등을 돌려 분발하여 식사조차 잊으시며 물러섬이 없는 [법의] 바퀴를 돌리시며 산중에서 수행하시기를 20여 년이나 하셨다.[75]

『수심결修心訣』과 대조되는 것이 지눌의 명저 『진심직설眞心直說』이다. 누카리야 가이텐(忽滑谷快天)이 한국 선문학禪文學의 백미白眉라고 칭송한 이 저술은[76] 선에서 깨닫고자 하는 궁극적 실재인 진심眞心을

---

74) 지눌의 저서로서 『大正藏』에 들어 있는 것은 모두 세 편으로, 『修心訣』(48, No. 2020)과 『眞心直說』(48, No. 2019A)과 『戒初心學人文』(48, No. 2019B)이다.
75) 『朝鮮寺刹史料』 上, 275쪽.
76) 『朝鮮禪敎史』(東京, 1930), 183쪽.

여러 측면에서 체계적으로 밝히고 있다.『수심결』이 진심으로 향하는 인간의 길에 관심을 두고 있는 반면,『진심직설』은 이미 깨달은 자의 입장에서 깨달음의 세계를 직접 밝혀 주는 글이다. 그 서문에서 지눌은 다음과 같이 말하고 있다.

> 큰 도는 현묘玄妙하고 비어서 있는 것도 아니고 없는 것도 아니며, 진심은 그윽하고 미묘하여 생각과 논의를 초월하니 어찌하랴. 그런고로 그 문을 발견하지 못하면 5천 부의 장경藏經을 읽더라도 많다고 할 수 없다. [반면에] 진심을 밝게 깨달은 사람은 단 한마디 헤아리는 말을 발해도 이미 군더더기다. 그러나 이제 나는 눈썹을 아끼지 않고[77], 삼가 몇 장章의 글을 써서 진심을 밝혀 깨달음에 들어가는 기초 절차를 삼고자 한다(『法語』, 60).

지눌의 다음 저술『화엄론절요華嚴論節要』의 서문은 1207년 1월에 쓰여졌으며, '해동조계산사문지눌海東曹溪山沙門知訥'이라고 서명되어 있다.[78] 지눌이 이통현의『화엄론』을 얼마나 중시했는가는, 이 책이 '절요節要'임에도 불구하고 한문으로 4백50쪽에 이르는 방대한 것인 만큼 그것을 완성하는 데 소요되었을 막대한 시간과 노력을 생각해 보면 쉽게 알 수 있다. 서문에서 지눌은 요약의 취지를 다음과 같이 밝히고 있다.

> 그러므로 좌선하다가 여가가 생길 때마다 동학들에게 이것을 해설하곤 했다. 그러나 이 논의 글이 투박하고 부드럽지 않으며 분량이 엄청

---

77) 어떤 사람이 법에 대하여 경솔하게 이야기해서 눈썹이 빠지게 되었다는 고사가 있다.
78)『華嚴論節要』, 768쪽.

나 해설하기가 어려웠다. 또한 그 비판적 생각이 통상적 격식에 구애 받지 않아 세상에 유행하지 못했다. 그러나 큰 마음을 품은 중생으로서 원돈圓頓(화엄)으로 깨쳐 들어가는 문에 있어서는 가장 좋은 마음의 거울이다. 그러므로 뜻을 맹세하고 정성을 일으켜 향을 피우고 [부처님의] 가호를 청한 후, 40권 가운데 그 요강만을 뽑아 세 권으로 엮어 문인門人 충담沖湛 선자禪者에게 부탁하여 공인工人을 모아 새기고 인쇄해서 [후세에] 영원토록 전하는 바이다.79)

여기서 우리는 틈이 있을 때마다 이 방대한 논서를 강설하는 선사의 모습을 대한다. 분명히 지눌이 실천하고 가르친 종류의 선은 무조건 불립문자不立文字를 외치는 종류의 선과는 달랐다. 그러나 지눌은 문자를 어디까지나 자기 마음을 관觀하는 '관행觀行'을 위한 거울로 여겼지 결코 지적 이해로 그것을 희생시키거나 대체하려고 하지는 않았다.

이와 같은 태도는 그의 『법집별행록절요병입사기法集別行錄節要幷入私記』의 경우에도 마찬가지였다. 그가 입적하기 한 해 전인 1209년에 저술한 이 책은 종밀宗密선사의 『법집별행록』80)을 요약하고 자기 자

---

79) 같은 곳.
80) 이 책은 현존하지 않으며 어떤 경전 목록에도 언급되어 있지 않기 때문에 과연 종밀이 이러한 책을 저술한 일이 있는지 의심되고 있다. 예를 들어, 우이 하쿠주(宇井伯壽)는 이 책은 지눌이 종밀의 다른 저술인 『中華禪門師資承襲圖』에 별도의 이름을 붙인 것이라고 주장한다. 그의 설에 따르면, 지눌은 『승습도』로부터 선의 4종파(神秀의 北宗, 牛頭宗, 洪州宗, 神會의 荷澤宗)의 傳法係譜에 관한 부분은 떼어버리고 다만 그들의 가르침만을 모아(法集) 별도로 유행(別行)시켰기 때문에 그와 같이 이름 붙이게 된 것이라 한다. 우이(宇井)는 또 주장하기를 지눌은 신회의 타 종파에 대한 견해 가운데서 강하게 종파주의적인 부분은 떼어버림으로써 법집 부분을 줄였다(節要)고 한다. 이와 같은 주장을 하게 된 것은 무엇보다도 『別行錄』과 『承襲圖』가 놀라우리만큼 축자적으로 일치하고 있다는 사실에 근거하고 있다. 그의 『第三 禪宗史 硏究』(東京,

신의 평과 논의를 첨가한 책이다. 이 책에서 지눌은 자신의 선 이론을 가장 포괄적으로 제시하고 있다. 지눌은 그 첫 부분에서 다음과

1943), 477~506쪽을 볼 것. 그러나 이 견해는 설득력이 약하다. 첫째, 『節要』에 대한 그의 설명이 수긍하기 어렵다. 지눌이 줄였다고 생각되는 부분이 그의 주장대로라면 『節要』라고 이름 붙이기에는 너무나 사소하고 적은 부분에 지나지 않는다는 점이다. 『華嚴論節要』의 경우처럼 『節要』라면 상당한 부분을 추려내었다는 말로 이해되어야 할 것이다. 뿐만 아니라, 양자를 비교해 보면 생략된 부분만 있는 것이 아니라 약간의 추가된 부분도 있다는 점이다. 이것을 어떻게 설명할 것인가? 그러나 무엇보다도 강한 반론은 지눌 자신이 그의 저술에서 '녹에 이르기를(錄曰)' 하면서 종밀의 『法集別行錄』을 직접 인용하고 있다는 사실이다. 지눌이 자기 자신이 관여한 책을 마치 타인의 저술처럼 그런 식으로 인용하고 있다고는 도저히 상식적으로 생각하기 어렵다. 지눌은 분명히 『법집별행록』이라는 제목을 가진 서적을 직접 읽고서 인용하고 있는 것이다. 더군다나 지눌의 33세 때 저술인 『定慧結社文』(『法語』, 19)에서는 『법집별행록』이라고 하여 서명 전체를 언급하고 있다. 지눌이 그 나이에 종밀의 어떤 책을 절요하였다고 생각되지도 않거니와, 설령 그랬다 하더라도 그것을 자신과는 무관한 책인 양 인용하지도 않았을 것이다.
필자는 李鐘益 교수의 설에 따라(『高麗普照國師의 硏究』, 78~81쪽) 『법집별행록』이라는 서명의 책이 실제로 존재했었다고 생각하며, 그것은 아마도 종밀이 그의 『禪源諸詮集』－많은 선사들과 종파들의 교설을 집대성해 놓은 1백卷에 달하는 엄청난 분량의 책이나 현존하지 않고 다만 그 서문인 『禪源諸詮集都序』만이 전해지고 있음－과는 달리 그 가운데서 네 종만의 교설을 따로 분리해서 유통시켰기(別行) 때문에 붙여진 이름이라 생각된다. 따라서 비록 『승습도』와 거의 일치한다 하더라도 그것은 『선원제전집』에 근거한 것이라고 생각된다. 『별행록』이나 『승습도』나 다 종밀의 저술임으로 양자가 축자적으로 일치한다는 사실은 그다지 기이한 일이 아니다. 사실, 종밀은 "종종 같은 글을 자신의 여러 저술들에서 반복하고 있다"(Jan Yün-hua, "Two problems concerning Tsung-mi's Compilation of Ch'an-tsang", *Transactions of the International Conference of Orientalists in Japan*, XIX[1974], pp. 42. 이 논문은 종밀이 실제로 『선원제전집』을 저술한 일이 없다는 주장을 반박하는 논문이다.)『宗密敎學의 思想史的 硏究』(東京, 1975), 330쪽에서 가마다 시게오(鎌田茂雄)는 종밀이 그의 『圓覺經大疏抄』에서 北宗의 견해에 대하여 '별책'이라 부르는 자기의 다른 저술을 참고할 것을 권하고 있다는 사실을 지적하면서, 아마도 이 '별책'이 『법집별행록』을 가리키는 것이 아닌가 추측하고 있다. 우리의 결론은 지눌이 종밀의 『법집별행록』이라는 저술을 직접 보고서 그 내용을 절요하였으며, 이 절요가 위에 언급한 이유로 인해, 그리고 요점을 추출해 내는 지눌의 능숙한 작업에 의해, 결과적으로 종밀의 또다른 저술인 『승습도』와 매우 유사하게 되었다고 본다.

같이 말하고 있다.

　　하택荷澤 신회神會는 지해知解의 종사宗師로서 비록 조계曹溪(六祖 慧能)의 적자는 못 되지만 그가 깨달아 아는 것이 높고 밝아서 그의 판단과 분별이 명료하다. 종밀선사는 그의 뜻을 계승했기에 이 녹錄에서[81] 그 뜻을 부연하여 밝힘으로써 환히 볼 수 있게 하고 있다. 이제 교教에 의거해서 마음을 깨달으려는 사람(因教悟心之者)들을 위해 번거로운 말들을 제거하고 그 요강만을 추려내어 관행觀行의 귀감으로 삼고자 한다. 내가 오늘날 마음을 닦는 사람들을 보니, 문자가 가리키고 돌아가는 바에 의거하지 않고 곧바로 비밀리에 서로 전하는 경지로써 도道를 삼는다. 그런즉 캄캄한 가운데 헛되이 수고하고 앉아서 졸기도 하며 혹은 관행觀行을 하다가 정신을 잃고 착란을 일으키기도 한다. 그러므로 모름지기 참된 말의 가르침(如實言教)에 의거해서 깨달음과 닦음의 본말本末을 판단하고 분별하여 자기 마음을 비추어 보면 항시 관조에 그릇된 노력을 하지 않게 될 것이다(『節要』, 680).

　　이 저술의 정신과 의도는 명확하다. 곧 문자를 무시하는 치선痴禪에 대한 날카로운 비판이다. 지눌은 지해병知解病의 위험을 알고 있으면서도 선 공부는 일단 여실언교如實言教에 의거해야 함을 주장한다. 문자 그 자체에 걸리지 않고 문자가 '가리키고 돌아가는' 곳을 알면 얼마든지 관행의 귀감으로 삼을 수 있다는 것이다.

　　지눌이 입적한 뒤 그를 이어 수선사의 지도자가 된 혜심慧諶은 한 나무 상자에서 지눌의 저서 두 권, 곧 『원돈성불론圓頓成佛論』과 『간화결의론看話決疑論』을 발견하여 1215년에 간행했다.[82] 『원돈성불론』

---

81) 『법집별행록』이라는 별도의 책을 가리키는 것이 분명하다.
82) 이 사실은 이 두 저술의 초판본에 함께 간행된 혜심의 발문에 의해 알게 되었

은 이통현의 화엄 사상에 기초하여 선禪의 돈오頓悟 사상에 대한 화엄적 해석, 더 정확히 말해서 화엄 사상에 대한 선적 해석을 명쾌하게 제시하고 있다. 『간화결의론』은 간화선看話禪, 특히 대혜大慧선사의 간화선의 특성과 효력을 여러 가지 회의적 비판에 대하여 옹호하고 있다. 『원돈성불론』이 선과 교, 특히 선과 화엄 사이의 근본적인 일치를 사상적 배경으로 하여 쓴 것이라면, 『간화결의론』은 화두를 통한 깨달음 체험의 독특성과 선의 교외별전적敎外別傳的 성격을 강조하고 있다.

지눌은 아미타불의 명호를 암송하는 정토淨土 신앙의 실천, 곧 염불念佛에도 관심을 갖고 있었다. 그는 『염불요문念佛要門』을 저술하여 도덕적 행위와 수행을 무시하고 정토에 환생하려는 맹목적 신앙을 경계하면서, 삼매三昧(samādhi)에 이르는 수단으로서 열 가지 염불을 권하고 있다.83) 지눌은 또한 새로이 간행되는 『육조단경六祖壇經』을 위해 발문跋文을 써 주었는데, 1207년에 쓰여진 이 발문에는 『단경』의 가치에 대한 그의 견해가 나타나 있다.84)

다. 이 발문은 『韓國高僧集』: 高麗時代 II(서울, 1974), 627~28쪽에 있음.
83) 이 책의 제목에 대하여는 약간의 혼란이 있으나, 지눌의 저술이라는 것은 확실한 것 같다. 이종익, 『韓國佛敎の 硏究』 98~104쪽의 논의를 참조할 것. 『念佛要門』은 震虛 捌開에 의해 편집된 『三門直指』(隱寂寺, 평안남도, 1769)에 들어 있으며, 忽滑谷快天의 『朝鮮禪敎史』, 191~92쪽에도 그 일부분이 실려 있다. 『韓國佛敎全書』는 『念佛要門』을 싣고 있지 않은 반면, 『普照全書』(普照思想硏究院 編. 佛日出版社, 1989)는 싣고 있다.
84) 『壇經』의 여러 판본 가운데서 지눌이 발문을 써 준 것이 어느 판본이었는지는 알 수 없다. 그의 제자 湛默이 1207년 어느 날 『壇經』 한 권을 가지고 와서 '최근에 입수한 것'이라고 말하면서 발문을 써 주기를 요청하여 쓰여진 것이다. 아마도 1153년의 北宋本일 가능성이 크다(Yampolsky, *The Platform Sutra of the Sixth Patriarch*, pp. 98~104 참조). 한국에 전해진 판본 가운데서 가장 오래된 것은 1290년의 德異本으로서, 1316년에 간행되었다. 오야 도쿠조(大屋德城), 『禪學硏究』 23(1935)와 Yampolsky, p. 107과 각주 52 참조. 한국에 있어

I. 지눌의 생애 87

　우리는 지금까지 수선사에서의 지눌의 저술 활동을 간략하게 살펴보았다. 확실히 지눌은 수행에 열중한 선사였을 뿐만 아니라 저술에도 열중한 선사였다. 지눌이 만약 철저히 문자를 거부한 선사였다면 우리는 그의 선을 논할 아무런 근거도 가지지 못했을 것이다. 다행스럽게도 그는 후학들을 위해 보살의 자비행으로서 번거로운 저술 활동을 마다하지 않았기에 선에 관한 풍부한 문헌들을 남길 수 있었던 것이다.

　비문에서는 위에 언급된 저서들 외에, 지눌의 설법이나 선문답禪問答을 기록한 것으로 추정되는 『상당록上堂錄』과, 그의 선시禪詩를 모은 것으로 추정되는 『가송歌頌』을 언급하고 있다.[85] 이것들이 현존한다면 우리는 지눌의 선풍에 대해서 좀더 많은 것을 알 수 있었을 것이다. 아마도 그의 선풍은 오늘날 남아 있는 그의 논술적 저술들을 통하여 보는 것보다는 훨씬 더 자유롭고 활달한 것이었으리라 추측해 볼 수 있다.[86] 그러나 선에 대하여 불가피하게 지적 이해를 추구할 수밖에 없는 우리들로서는 위에 언급된 저술들이 남아 있다는 사실만으로도 매우 다행스럽고 감사하게 여기지 않을 수 없다. 비문에는 『法語』라는 것도 언급하고 있는데, 아마도 『수심결』이나 『진심직설』 같은 것을 가리키는 말일 것이다.

　　서 『단경』의 여러 판본의 간행에 관하여는, 구로다 아키라(黑田亮), 『朝鮮舊書攷』(東京, 1940), 93~111쪽 참조. 지눌의 발문은 구로다, 104~105쪽에 실려 있으며 『韓國佛敎全書』 4책과 『普照全書』에도 실려 있다.
85) 이종익은 현존하지는 않지만 여러 목록에 근거하여 『高麗普照禪師語錄』, 『牧牛者詩集』 『牧牛者上堂錄』 『語錄歌頌』의 서명을 지눌의 것으로 언급하고 있으나, 비문에 언급하고 있는 것 이외의 것은 아닐 것으로 생각된다. 이종익, 104쪽.
86) 지눌 선문답의 片鱗을 우리는 그가 임종 직전 문인들과 나눈 대화에서 어느 정도나마 엿볼 수 있다. 비문의 끝머리에 소개되어 있다.

4) 인용문의 마지막 부분은 지눌 선의 수행 체계를 서술하고 있다. 이 체계에 대한 상세한 연구는 다음 장에서 이루어질 것이다. 여기서는 단지 비문에 언급하고 있는 삼문三門이 지눌의 선禪 수행론修行論 혹은 실천론을 총괄하고 있다는 점만을 언급하고자 한다. 따라서 나는 다음 장에서 바로 이 세 가지 길, 즉 원돈신해문圓頓信解門, 성적등지문惺寂等持門, 경절문徑截門을 기본 틀로 해서 지눌의 선 수행론을 다룰 것이다. 이와 아울러, 지눌 사상의 또 하나의 축인 심성론心性論, 곧 그가 깨달음의 세계인 진심眞心을 어떻게 밝히고 있는지를 고찰할 것이다. 지눌의 선 사상은 이 심성론과 수행론으로 이루어져 있다.

위의 세 가지 길은 지눌 자신의 체험에서 비롯된다. 지눌은 후학들에게 자신이 직접 접해서 그 효능을 체험한 책들을 읽도록 권장한 것과 마찬가지로, 자신이 몸소 지나온 수행의 길을 따르도록 가르쳤다. 그는 자신이 직접 체험적으로 확인한 것을 가르친 선사였다. 즉 그는 『단경』과 『화엄론』을 통해 돈오頓悟의 길, 곧 원돈신해문圓頓信解門에 대한 확신을 갖게 되었으며, 성적등지문惺寂等持門, 곧 정定과 혜慧를 끊임없이 닦아 가는 점수漸修의 길은 정혜결사定慧結社를 창도한 이래 그의 필생의 과업이었으며,『대혜어록』을 통해서는 간화선看話禪의 위력을 발견하여 경절문徑截門을 세우게 된 것이다. 구도자 지눌에게는 이론과 실천, 가르침과 체험 사이에 간격이 존재하지 않았다. 그의 사상이 지니는 바로 이러한 체험적·실존적 성격이야말로 오늘의 우리들에게도 여전히 강한 호소력을 지니게 하는 요인일 것이다.

1210년 2월(음력), 돌아가신 모친을 천도薦度하기 위한 법연法筵을 베푼 지 수십 일 후 지눌은 사람들에게, "내가 세상에 머물며 법을 말하는 것이 오래지 않을 것이니 각자 마땅히 노력하라"고 말했다 (『法語』, 141). 3월 20일 병이 들고, 8일 뒤 제자들과 법에 대한 문답을 주고받은 뒤 석장을 짚고 평상에 걸터앉은 채 조용히 입적했다. 아마도 그의 병은 수선사에서 맡았던 과도한 일 때문이 아니었나 추측된다. 저술 활동만 보더라도, 비교적 짧은 기간에 — 대략 1205~1210년 사이 — 그렇게 많은 저술을 하기에는 건강에 많은 무리가 따랐을 가능성이 크다.

53년의 생애가 그리 긴 것은 아니었으나 그는 여한 없는 일생을 마친 셈이다. 그가 젊은 시절 꿈꾸었던 이상적인 수도 공동체를 실현했을 뿐만 아니라 탄탄한 사상적 토대까지 마련하고 삶을 마쳤기 때문이다. 그리고 이 사상적 토대는 오늘날까지 면면히 이어져 오면서 독특한 한국 선 전통으로 자리잡게 된 것이다. 고려 불교의 또다른 위대한 지도자 의천도 47세를 일기로 짧은 생(1055~1101)을 마감했다. 하지만 그들의 생애는 현격하게 달랐다.

의천과는 달리 지눌은 수도 개경의 땅을 다시 밟지 않았다. 그의 관심은 분산되어 있지 않았고 오로지 해탈이라는 불교 본연의 목표만을 추구하는 일이었다. 그는 중국 땅이 아니라 한적한 산림을 찾았으며, 학식 있는 고명한 스님들이 아니라 자기 자신의 마음을 찾았다. 몸소 자신이 깨친 바를 후학들을 위해 문자에 담기는 했지만 수천 권의 불교 전적들을 모아 목록을 만드는 일을 하지는 않았다. 그는 간경도감刊經都監을 두고 속장경續藏經을 간행하는 대신 정혜결사定慧結社를 맺었으며, 국가권력을 등에 업고서 새로운 종파를 개창하는 대신 새로운 정신으로 옛 전통을 살리고자 했다. 그는 선과 교를 인위적으로 통합하려 하지 않고, 자기 자신의 치열한 정신적 고투 끝에 그 둘이 궁극적으로 하나임을 터득했다. 의천의 화려한 삶과 비교하면, 지눌의 삶은 지극히 소박했다. 그러나 결코 단조로운 삶은 아니었다. 그것은 진리를 향한 끊임없는 정열(上求菩提)과 중생을 향한 한 없는 자비(下化衆生)로 충만한 삶이었기 때문이다.

지눌의 입적 후, 그의 문인들은 향과 등으로 공양하였는데, 이레 동안 그의 안색이 변하지 않았고 수염과 머리카락은 계속해서 자랐다고 한다. 화장 후 유골을 수습하니 큰 사리 30과가 나왔다고 한다. 그들은 수선사의 북쪽에 스승을 위한 탑을 세웠다. 희종은 그의 죽음을 애도하면서 그 탑에 감로甘露라는 이름을 하사하고 지눌에게는 불일보조국사佛日普照國師라는 시호諡號를 내렸다. 이 연구의 첫 부분에서 언급한 바 있지만, 혜심의 주도 아래 지눌의 문인들은 스승의 행장行狀, 곧 그의 생애에 관한 자료를 갖추어 왕에게 바치면서 비석의 건립을 주청했다. 우리는 바로 그 비석의 비문에 의거하여 한국 불교 사상 가장 위대한 인물 가운데 한 사람의 삶을 살펴본 것이다.

II. 지눌知訥 선禪의 성격과 구조

1. 지눌 선의 지적 성격

불립문자不立文字와 교외별전敎外別傳을 표방하는 선이라 해도 사상이 있고 이론이 있기 마련이다. 물론 선적 깨달음 자체는 언어와 문자를 뛰어넘는 신비적 경험임에 틀림없다. 이것은 유독 선에서만 그런 것이 아니라 모든 불교의 가르침이 통상적으로 증언하는 바이다. 불타의 전기에 따르면 석가모니불은 깨달음의 체험 후 과연 이 자증自證의 세계를 타인에게 설할 것인가 말 것인가 주저했다고 한다. 그러나 결국 그의 자비심이 중생을 위한 교화 활동을 펴도록 만들었으며, 이로 인해 불교라는 종교가 역사적 운동으로 전개되었던 것이다. 그가 설법을 주저한 것은 무엇보다도 그가 깊은 선정에 들어 깨달은 열반의 경지가 도저히 언어로는 표현할 수 없는 문자 그대로 언어도단言語道斷, 심행처멸心行處滅의 경지였기 때문이었다. 우리가 사용하는 언어와 개념은 모두 분별심分別心(vikalpa)의 소산으로서 상대성을 면치 못하기 때문에 그것으로서는 결코 반야지般若智로 깨달은 진여

眞如의 세계를 나타낼 수 없는 것이다. 그럼에도 불타는 중생을 위해 방편적 진리, 혹은 속제俗諦의 차원으로 내려와서 중생의 언어로써 교화 활동을 편 것이다.

선사들의 경우도 마찬가지다. 비록 선사들이 체험한 견성見性의 세계가 언어를 매개로 하지 않은 순수한 경험의 세계라 하더라도 일단 체험의 순간이 지나 타인에게 그것에 대해 말하고자 한다면 불가피하게 자신의 체험을 대상화할 수밖에 없으며, 경전의 언어는 물론이요 일상적 언설에 의존해서 얘기할 수밖에 없는 것이다. 그러나 선사들에 따라서 사용하는 언어의 형식은 다양하다. 일상적 언어를 선호하는 선사가 있는가 하면 『화엄경』이나 『유마경』 같은 경전적 언어를 선호하는 선사도 있으며, 시詩나 게송偈頌으로 자신이 증득한 세계를 나타내는 사람이 있는가 하면 논리적이고 체계적으로 서술하는 사람도 있다. 대화나 문답을 사용하는가 하면 논술의 형식으로 자신이 깨달은 바를 나타내고자 하는 선사도 있다. 만일 우리가 시와 게송, 혹은 문답과 같은 것을 종교적 체험을 표현하는 일차적 언어라 부른다면 논술을 통한 체계적 표현은 이차적 언어라고 부를 수 있을 것이다.

이미 언급하였듯이, 비문에 따르면 지눌에게는 『상당록上堂錄』과 『법어가송法語歌頌』 각 한 권이 있었다고 하나 불행하게도 지금은 전해지지 않고 있다. 아마도 『상당록』은 지눌의 선문답이나 설법 같은 것을 담았을 것이며, 『법어가송』은 산문적인 법어뿐만 아니라 운문적인 시나 게송 같은 것을 모아 놓은 것이 아니었겠는가 추측된다. 여하튼 이 두 권에 사용된 언어는 위의 구별을 사용한다면 일차적 언어에 속할 것이며, 지눌에게 그러한 선풍禪風이 있었다는 사실은

II. 지눌 선의 성격과 구조 93

유의해야 할 점이다. 왜냐하면 오늘날 남아 있는 지눌의 저술로만 보아서는 그의 선이 매우 지적 성격이 강한 것처럼 보이는 것이 사실이기 때문이다. 그러나 설령 이것이 사실이다 하더라도, 적어도 오늘날 우리들의 관점에서 볼 때 지눌 선이 가지고 있는 지적 성격은 결코 변호되어야 할 단점은 아니다. 지눌 선의 지적 성격은 그의 선 체험 자체가 지적 성격을 띠었다는 것을 의미하지는 않기 때문이다.

지눌은 선적 깨달음이 순수하지 못하고 지적 이해를 매개로 하여 이루어지는 것을 해오解悟라 부른다. 지눌은 일단 이 해오 자체를 무가치한 것으로 배척하지는 않는다. 그는 당시의 선 수행자들이 불법佛法에 대해 아무런 이해도 없이 무조건 좌선만을 일삼는 '치선痴禪'의 폐단을 심각하게 여겼으며, 또한 이심전심以心傳心의 밀전密傳만을 추구하다가 끝내 아무런 소득도 없이 허송 세월 하는 선가의 한심한 모습도 개탄했다. 따라서 지눌은 선 수행자는 먼저 여실언교如實言敎에 입각하여 선에서 추구하고 있는 진리와 그것에 이르는 수행법에 대한 명확한 지적 이해를 가지는 일이 중요하다고 생각했던 것이다. 『수심결修心訣』 『진심직설眞心直說』 『법집별행록절요병입사기法集別行錄節要幷入私記』 『화엄론절요華嚴論節要』 『원돈성불론圓頓成佛論』 『간화결의론看話決疑論』 등 현존하는 지눌의 모든 저술들은 이러한 그의 신념을 반영하는 것으로서, 지눌 자신의 표현을 빌자면 선 수행자들의 관행觀行에 도움을 주기 위한 '관행의 귀감'으로서 지은 것이다. 이러한 저술에 소요된 엄청난 시간과 노력은 그가 얼마나 선 수행의 지적 기반을 중시했는가를 간접적으로 알려 주고 있다.

이러한 이유에서 지눌은 중국 선사들 가운데서 특히 하택荷澤 신회神會(685~760)와 그의 법을 이었다고 자처하는 규봉圭峯 종밀宗密(780~

841)을 좋아했다. 지눌은 신회가 비록 후세의 선 역사에서 한낱 '지해종사知解宗師'에 불과한 자라는 평을 받고 있다는 사실을 잘 알고 있었음에도 불구하고 몇 가지 중요한 이유로 인해 신회의 하택종荷澤宗을 선의 정맥으로 간주하는 종밀의 『법집별행록法集別行錄』을 간추리고 자신의 사기私記를 달았다.

첫째, 신회의 "깨달음이 높고 밝으며 판단과 선택이 명쾌하다(悟解高明決擇了然)." 둘째, 이 책에서 제시하고 있는 종밀의 사상은 '교敎를 통해서 마음을 깨달으려는(因敎悟宗)' 사람들에게 훌륭한 '관행觀行의 귀감'이 된다. 셋째, 선 수행자가 치선痴禪에 떨어지지 않고 결실 있는 수행을 하려면 여실언교如實言敎에 의지하되 문자 그 자체에 잡히지 말고 '문자가 가리키고 돌아가는(文字指歸)' 바에 토대를 두는 것이 매우 중요하다.1) 지눌은 수행자들이 무조건 '비밀리에 서로 전하는 바를 도道라고 여기는' 풍조를 개탄했다.2) 그는 선 수행자들이 우선 선에 대한 확실한 지적 이해를 가지는 것이 긴요하다고 생각했다. 이것이 그가 종밀의 저술을 간추리기로 마음먹었던 까닭이며, 이것이 또한 중국 화엄 사상가 이통현李通玄의 방대한 『화엄론』을 간추린 이유이다. 그의 다른 모든 저술들도 같은 이유와 동기에서 찬술된 것이다.

이런 면에서 보면, 지눌의 선은 확실히 교敎 지향적이며 지적 성격이 강하다. 지눌이 선사이면서도 '교를 통해서 마음을 깨달으려는 사람들'을 인정했다는 사실은 매우 파격적이다. 그는 이것을 통해 교학자들을 선적 관행으로 끌어들이고자 했으며 동시에 선 수행자들에게 관행을 위한 지적 지침을 제공해 주고자 했던 것이다. 이러한 의미에

---

1) 『節要』, 680쪽.
2) 같은 곳.

서 지눌에 있어 교는 선에 대립되는 의미의 교학적 불교라는 좁은 뜻으로 이해되어서는 안 된다. 불법佛法에 대한 참된 언어적 가르침 (如實言敎)이면 모두 교인 것이다. 지눌은 종밀의 설에 따라 교에 두 가지가 있다고 한다. 하나는 (좁은 의미에서의) 교로서 자세히 '열어 펼치는(開張)' 말이며, 다른 하나는 선에서 사용하는 교로서 요점을 '간략하게 추려 주는(撮略)' 말이다.3) 선이든 교이든 상관없이, 언어로 된 참된 가르침은 모두 넓은 의미에서 교인 것이다.

지눌은 물론 선사였기에 간략한 여실언교를 선호했다. 그러기에 그의 저술들의 제목을 보면 '결訣', '직설直說', '절요節要'와 같은 표현들이 사용되고 있는 것이다. 언어적 표현에 대한 지눌의 생각은 다분히 기능주의적이었다. 언어는 단지 '달을 가리키는 손가락'일 뿐이고 방편 이상은 아니었다.4) 하지만 그에게 이 손가락은 매우 중요했다. 왜냐하면 그는 『육조단경六祖壇經』이나 『화엄론華嚴論』, 그리고 『대혜어록大慧語錄』과 같은 여실언교와의 만남을 통하여 몸소 큰 깨달음의 체험을 했기 때문이다. 따라서 지눌은 선에서도 여실언교라면 언제든지 자유롭게 사용할 수 있어야 한다고 믿었다. '말로 인해 도를 깨닫고 교敎를 빌려 종지宗旨를 밝히는(因言悟道 藉敎明宗)' 일이 가능했기 때문이었다.5) 지눌은 선에 대하여 언어적·이론적 논의를 하는 행위에 대해 아무런 거리낌이 없었다. 문제는 '개념을 인식하여 상에 집착하는 생각(認名執相之念)'에 있지 개념 자체에 있는 것은 아니기 때문이다. 언어의 한계를 알면서 언어를 사용하며, 언어에 휘둘림을 당하

---
3) 『節要』, 694쪽.
4) 『法語』, 23쪽.
5) 같은 곳.

지 않고 언어를 부리는 이러한 자유로움 속에서 지눌은 그의 선 사상과 이론을 전개했으며 저술 활동을 했던 것이다. 우리가 흔히 신비적이라고 일컫는 선의 세계에 대하여 지적 분석을 시도할 수 있는 것도 바로 이러한 지눌 선의 지적이고 공개적인 성격에 기인하는 것이다.

지눌은 물론 선에는 교외별전敎外別傳의 세계가 있음을 알고 있었다. 그는 자유롭게 선에 관한 지적 논의를 하면서도 그 위험성을 분명히 인식하고 있었다. '원수'처럼 오랫동안 그의 마음을 어지럽혔던 것도 다름 아닌 '지적 알음알이의 병통(知解病)'이었으며, 그가 마침내 그것을 극복할 수 있었던 것은 대혜선사大慧禪師의 간화선看話禪을 통해서였다. 그래서 지눌은 선의 교외별전敎外別傳을 이야기할 때는 무엇보다도 이 간화선을 염두에 두고 있었다.

그에 따르면 화두話頭를 간看해 깨달음에 이르는 길은 어떠한 지적 훈련이나 언어적 매개를 통해서도 도달할 수 없는 영성적 세계를 열어 준다. 이 점에서 선과 교는 뚜렷이 구분된다. 그러나 지눌에 따르면, 이러한 화두선은 선 수행자 누구나 할 수 있는 것은 아니고 오직 뛰어난 근기를 갖춘 자만이 감당할 수 있는 특별한 수행법이다. 더군다나 그것도, 몇몇 탁월한 능력을 갖춘 사람들을 제외하고는 선 수행의 마지막 단계에서나 시도해야 할 관문이지 처음부터 할 수 있는 수행법은 아니다. 그래서 그는 『절요節要』의 말미에서 선 공부하는 사람은 우선 진리에 관한 '참된 지견(如實知見)'을 얻어야 하며, 그 다음에 지적 이해의 병폐를 제거하기 위해 화두를 들어야 한다는 지침을 주고 있는 것이다.[6] 지눌은 화두선을 덮어놓고 지지한 사람은 아니었다. 그는 그것이 지닌 가치와 문제점을 동시에 의식하고 있었다.

뿐만 아니라, 지눌은 본질적으로 어떠한 지적 접근도 거부하는 화두선에 대해서조차 지적 반성을 피하지 않았다. 그의 『간화결의론看話決疑論』은 화두선에 대한 의구심을 풀어 주려는 일종의 변증론인 것이다.

지눌은 선 수행에 도움이 된다고 생각되는 여실언교에 관한 한 선과 교를 가리지 않았다. 조사들의 어록이나 부처의 설법을 담은 경전이나 그것이 여실언교인 한 모두 관행의 귀감이 될 수 있다고 생각했던 것이다. 선과 교의 여실언교에 차이가 있다면 그것은 진리의 내용상의 차이라기보다는 형식과 분량의 차이였을 뿐이다. 지눌은 규봉 종밀의 설을 따라 선의 여실언교는 간단명료한 '촬략'이고 교는 진리를 부연해서 설명하는 '개장'이라고 부른다. 그러나 지눌은 이보다 한걸음 더 나아가서 적어도 해오解悟의 차원에서는 선과 교의 깨달음이 일치한다고 생각했다. 이러한 지눌의 선교 일치 사상은 물론 종밀의 사상에 영향을 받은 것이 사실이지만, 종밀이 선교 일치를 다분히 사상적 차원에서 이론적으로 정립하고자 한 반면 지눌은 화엄의 진리에도 선적 돈오의 길이 있음을 체험적으로 확인한 후 화엄을 선으로 포섭하는 길을 제시했다. 그의 『원돈성불론圓頓成佛論』은 이러한 선 사상禪思想을 제시하고 있는 저술이다.

지눌의 선 사상은 결코 그 자신의 증험證驗 없이 전개된 단순한 이론적 사변이 아니었다. 지눌은 무사독오無師獨悟한 선사였기에 그의 구도 역정을 통해 많은 정신적 방황을 해야만 했다. 그가 선에 관한 이론적 저술을 통해서 후학들의 선 수행에 지침을 마련해 주고자 한

---

6) 『節要』, 814쪽.

것도 바로 이러한 자신의 경험을 반영한 것이라 할 수 있다. 사실 그가 제시한 선 수행의 길은 모두 자기 자신의 체험에 근거한 것이었으며, 그가 중히 여기는 경전들이나 조사 어록들, 가령『육조단경』이나『대혜어록』, 이통현의『화엄론』같은 것들은 모두 자신에게 큰 감명을 주거나 깨침의 계기를 제공했던 것들이었다. 그에게 있어 이론과 실천, 사상과 체험은 결코 분리될 수 없었던 것이다. 그는 어디까지나 선사였지 교학자나 철학자가 아니었으며 현대적 의미의 불교학자는 더더욱 아니었다. 그의 선 사상은 한마디로 말해 그로 하여금 선적 진리로 이끌어 준 여실언교에 근거하며 동시에 그 자신이 터득한 진리의 표출인 것이다.

2. 지눌 선 사상의 구조 문제

사상이 단순히 그때그때의 단편적인 생각들의 모음이 아니라면 반드시 체계가 있으며, 체계가 있으면 구조가 있기 마련이다. 지눌은 물론 의도적으로 자신의 선 사상을 구축하려고 한 사람은 아니었다. 그의 관심은 어디까지나 선적 진리와 그 진리를 증득하게 하는 수행의 길을 향해 있었다. 지눌은 자신의 구도 역정을 통해 선에 관한 확고한 이해를 얻게 될 때까지 선과 교를 막론하고 많은 전적들과 씨름해야 했으며 여러 사상가들의 영향을 받게 되었다. 그의 선 사상은 그런 과정 속에서 자연스럽게, 그리고 점차적으로 형성된 것이다.

지눌은 팔공산 거조암居祖庵에서 정혜결사定慧結社의 뜻을 이룬 후 더 넓은 장소를 물색하기 위해서 현재 순천 송광사松廣寺 — 지눌 당시 길상사吉祥寺라고 불렸던 — 로 옮기던 중 지리산 상무주암上無住庵에서 『대혜어록』을 읽다가 간화선의 위력을 발견하게 되었다. 그 전까지 많은 수행의 체험들이 있었으나 지눌이 본격적인 선사로서 면모를 갖추게 된 것은 아마도 이때부터였을 것이며, 그의 선 사상에 오늘 우리가 볼 수 있는 것과 같은 전체적인 윤곽이 잡힌 것도 이 무렵이라 생각된다. 왜냐하면 지눌의 교화 활동이 이 상무주암에서의 체험 이후 수선사修禪社(송광사)에서 본격적으로 시작되었기 때문이다.

지눌 선은 지적일 뿐만 아니라 포용적이고 포괄적이었다. 오늘날 한국 선 불교에서 보는 것과 같은 화두 일변도의 치우친 선이 아니었다. 그는 처음부터 정혜결사 운동을 통해서 당시의 타락한 불교계를 정화하여 불교 본연의 길로 돌아가게 하고자 하는 웅대한 포부를 가지고 있었기에 그의 생각의 폭은 단지 선에만 국한되지 않았다. 그가 펼친 정혜결사 운동은 초종파적인 것이었고 심지어 불교 밖의 인사들로부터도 상당한 호응을 얻었다. 따라서 지눌의 선은 매우 포괄적 성격을 띠고 있었으며, 다양한 근기를 지닌 사람들에게 알맞는 수행법들을 제시함으로써 할 수 있는 한 많은 사람을 선의 세계로 인도하고자 했던 것이다.

이처럼 다양한 측면들을 지니고 있는 지눌의 선 사상 속에서 하나의 일관된 체계를 발견하기란 쉬운 일이 아니다. 지눌 선 사상에 있어서 체계란 결과적으로 생겨난 것이지 의도된 것이 아니었다. 지눌은 종밀과 같은 체계적인 선 사상가는 아니었다. 이것은 물론 지눌의 사상이 일관성이 결여되었다거나 모순적인 면이 있다는 것을 뜻하지는 않는다. 어느 사상가이건 자기 사상 내에 모순을 허용하는 사람은 없을 것이며 지눌 역시 마찬가지다. 더군다나 그는 수선사에서 많은 대중을 거느리고 지도해야만 했기에 자신의 다양한 선 접근 방식에 대하여 어느 정도 체계적인 생각을 할 수밖에 없었을 것이며 그렇게 하도록 자극과 압력도 받았을 것이다. 그러나 지눌은 그의 저술 어느 곳에서든 자신의 선 사상 전체를 체계적으로 서술하고 있지는 않으며, 그의 사상을 구성하고 있는 다양한 측면들의 상관 관계를 밝히는 종합적인 성찰도 보이고 있지 않다. 어느 사상가의 경우에나 마찬가지이겠지만 지눌도 자신의 선 사상 전체를 대상적으로 숙고하는 일은 하지 않았으며 할 필요도 느끼지 않았던 것이다. 그는 의도적으로 선 사상 체계를 구축하고자 한 사람이 아니었기 때문이다. 따라서 우리가 지눌 선 사상의 체계와 구조를 논한다면 이것은 어디까지나 지눌의 저술에 암묵적으로 내재하고 있는 체계를 말하는 것이지 지눌 자신이 명시적으로 밝히거나 인정하는 체계는 아니다. 지눌 선의 체계란 결국 그의 저술 전체를 어느 정도 역사적 거리를 두고 객체화해서 조망하고 분석할 수 있는 위치에 서 있는 우리들에게만 드러나는 현상이다. 달리 말하면, 지눌 선의 체계란 우리가 발견해야 하는, 혹은 '구성'하는 체계일 수밖에 없는 것이며, 이러한 작업은 불가피하게 지눌 선의 전체적 성격을 이해하고 파악하는 하나의 해석학적 작업일 수밖에 없다.

현대의 철학적 해석학이 잘 밝혀 주고 있듯이, 모든 해석은 불가피하게 이른바 '해석학적 순환'이라는 것을 수반한다. 해석자의 주관과 문제 의식이 해석의 내용에 영향을 주며 후자는 또 전자를 수정함으로써 새로운 질문을 하게 하며 지금과는 다른 새로운 이해를 가능하게 한다. 해석이란 이러한 과정의 끊임없는 연속이다. 특히 우리가 지금 논하려는 지눌 선 사상의 구조에 관한 한 우리는 전체와 부분이라는 또 하나의 해석학적 순환을 피하기 어렵다. 다시 말해서, 우리는 지눌 사상의 개별적 측면 하나하나에 대한 이해를 전제로 해서만 지눌 사상의 전체적 구도를 파악할 수 있다. 하지만 동시에 전체적 구도에 대한 이해 없이 지눌 사상을 구성하고 있는 개별적 측면에 대한 이해에 제대로 도달하기도 어려운 것이다. 그러나 이러한 불가피한 순환적 상황을 염두에 두면서도 우리가 시도하고자 하는 것은 지눌 선 사상의 전체적 구도를 발견하는 일이다.

하나의 체계나 구도란 부분들 상호간의 논리적 연결이나 함축 혹은 상호 지향성이 존재할 때 성립되는 현상이다. 지금까지 지눌에 관한 많은 연구 논문들이 쓰여졌으나 지눌 사상의 체계성 자체를 문제로 삼는 경우는 드물었다. 지눌 선 사상의 전체를 다루는 경우 이 체계의 문제가 불가피하게 제기됨에도 불구하고 지금까지 나온 지눌 연구들은 대체로 지눌 사상의 구조에는 별다른 관심을 쏟지 않았다.[7]

그렇다면 우리는 지눌 사상의 구도를 무엇에 근거하여 어떻게 파악할 수 있을까? 우리는 여기서도 역시 해석학적 순환을 무릅쓰고 다음과 같은 두 가지 사항에 유의하여 지눌 사상의 구도를 논해 보고자 한다. 하나는 지눌 선을 전체적으로 이해하려는 시도가 이미 지눌 당시, 아니면 그의 입적 후 얼마 지나지 않은 시점에서 이루어지고 있었다는 점이며, 다른 하나는 지눌의 저술 가운데서 그의 사상 전체의 구도를 엿볼 수 있게 하는 부분들이 없지 않다는 사실이다.

---

7) 현재 지눌에 관한 가장 포괄적인 연구서인 李鍾益의 『韓國佛敎の 硏究』도 유감스럽지만 이 점에서는 마찬가지다. 그는 지눌 사상의 '체계'를 말하고 있으나 단지 그 여러 측면들 — 頓悟漸修論, 心性論, 定慧雙修論, 圓頓觀行門, 活句徑截門, 無心合道門, 念佛三昧門, 戒律觀 — 을 단지 병렬적으로 고찰할 뿐 그 상호 연관성이나 구조성에는 별다른 주의를 기울이지 않고 있다.

전자는 우리가 지눌의 삶을 고찰할 때 많이 의존했던 그의 비문「승평부조계산수선사불일보조국사비명병서昇平府曹溪山修禪社佛日普照國師碑銘幷序」로서, 여기서 김군수는 지눌의 선 지도 방법에 대하여 다음과 같이 말하고 있다.

> 사람들에게 권하여 암송하는 것은 늘 『금강경金剛經』으로 했고 법을 세우고 뜻을 설명한즉 반드시 『육조단경六祖壇經』에 마음을 두었으며 거듭 이통현의 『화엄론華嚴論』과 『대혜어록大慧語錄』으로 양 날개를 삼았다. 문을 열매 삼종三種이 있었으니 곧 성적등지문惺寂等持門, 원돈신해문圓頓信解門, 경절문徑截門이다. 이에 의거하여 수행하여 믿어 들어가는 자가 많았으니 선학의 융성함이 옛날이나 근래에나 이에 비함이 없었다(『法語』, 141).

이것은 지눌이 학인들을 가르칠 때 애용했던 경전들을 일러주며 동시에 그가 제시한 수행법에 세 가지 문, 즉 불법에 들어가는 세 가지 길이 있었음을 말해 주고 있다. 이것은 지눌 선 수행론의 전모를 삼문三門으로 요약하고 있는 매우 귀중한 자료이다. 이 삼문이 지눌 자신이 명시적으로 제시한 것인지 아니면 그의 제자들이 그의 가르침을 그렇게 세 가지로 정리해서 이해한 것인지는 단언하기 어려우나, 지눌의 저술을 살펴보면 확실히 그의 수행론은 이 세 가지로 요약되는 것이 사실이다. 그러나 여기에는 두 가지 결함이 있다. 하나는 삼문을 단지 병렬적으로 열거했을 뿐 삼문의 상호 관계는 전혀 언급되지 않고 있다. 따라서 삼문이 지눌이 제시한 선 수행의 길을 잘 대표하고 있는 것은 사실이나 그것 자체로서는 아직 수행 '체계'라 말할 수 없다. 두 번째 문제점은 삼문은 어디까지나 지눌 선 사상의 수행론修行論만을 포섭할 뿐 그의 선 사상의 또 한 측면이라 할 수 있는 심성론心性論 내지 존재론은 포함하지 않는다는 사실이다. 앞으로 언급되겠지만, 지눌은 선 수행의 길을 제시했을 뿐만 아니라 수행을 통해 도달하는 진심眞心의 세계, 곧 깨달음을 통해 드러나는 진여眞如 혹은 실재實在에 대해서도 수행자들을 위해 미리 자상하게 설명해 주었다. 따라서 지눌 선 사상은 크게 보아 수행론과 심성론의 두 부분을 갖고 있다.

이 점은 우리가 지눌 자신의 저술 가운데서 그의 사상 전모에 대한 암시를 주는 구절들을 눈여겨보면 분명해진다. 지눌의 저술 가운데서 가장 포괄적이며 그의 선 수행론과 심성론을 두루 다루고 있는 것은 그의 말년의 저서 『법집별행록절요병입사기法集別行錄節要幷入私記』이다. 이 책의 거의 끝 부분에 가서 우리는 다음과 같은 구절을 발견할 수 있다. 종밀의 말을 빌려 지눌은 다음과 같이 말한다.

> 지금까지 열거한 법문은 모두 언어에 의해 이해를 함으로써 깨달음에 들어가려는 사람들을 위하여, 진리(法)에는 불변不變과 수연隨緣의 두 면이 있고 사람(人)에게는 돈오頓悟와 점수漸修의 두 문이 있다는 것을 상세히 변별해 주고 있다. [불변不變과 수연隨緣] 두 면으로써 우리는 모든 경經과 논論의 취지가 곧 자기 마음의 성性과 상相이라는 것을 알며, [돈오와 점수] 두 문으로써 우리는 모든 성현들이 따른 길이 다름 아닌 우리 자신의 수행의 시작과 끝이라는 것을 본다. [위의 법문은] 이와 같이 본말本末을 분명히 가리고 분별하여 사람들로 하여금 헤매지 않고 방편적인 것을 떠나 참다운 것으로 나아가 속히 깨달음을 증득證得하게 한다.[8]

---

8) 『節要』, 804쪽.

이 구절은 지눌 선 사상의 구조를 가작 정확하면서도 포괄적으로 나타내고 있으며, 지눌의 사상이 적어도 그 형식적 구조에서는 종밀의 영향을 많이 받고 있음을 말해 주고 있다. 지눌 선 사상의 구조를 밝히고자 하는 우리의 연구는 기본적으로 이 구절이 제시하고 있는 틀에 바탕을 둔다. 그러나 우리가 먼저 고려해야 하는 문제는 이것과 앞의 비문에서 언급된 수행의 삼문三門과의 관계이다. 우선 양자의 현저한 차이점은 이미 지적했듯이 삼문은 다만 선 수행에만 관계된 것인 반면에 위 구절은 돈오와 점수로 된 수행론뿐만 아니라 심성론, 즉 마음의 성性과 상相 혹은 법의 불변不變과 수연隨緣이라는 두 측면까지 언급하고 있다는 점이다. 그렇다면 문제는 양자의 수행론이 일치하는지, 만약 다르다면 어떠한 점에서 차이가 나는지 하는 것이다.

지눌의 저술을 고찰한 결과 우리는 양자의 수행론이 근본적으로 일치한다는 결론에 도달한다. 다만 지눌과 종밀이 접하고 전수받은 불교 전통에 불가피하게 시대적·사상적 거리가 있었기 때문에 양자의 수행론은 근본적 일치에도 불구하고 다음과 같은 두 가지 차이점이 존재한다는 사실을 지적하지 않을 수 없다. 첫째는 용어와 표현상의 차이로서, 종밀이 돈오頓悟라 부르는 것은 삼문의 원돈신해문圓頓信解門에 해당된다. 원돈신해문은 앞으로 보겠지만 곧 화엄적 돈오문으로서, 지눌은 돈오가 — 적어도 해오解悟로서의 돈오 — 선만의 고유한 것이 아님을 주장함으로써 교가敎家도 선禪의 세계로 유도하고자 한다. 달리 말하면, 돈오는 형식적인 개념이며 원돈신해는 돈오의

上來所舉法門 竝是爲依言生解悟入者 委辨法有隨緣不變二義 人有頓悟漸修兩門 以二義知一藏經論之旨歸是自心之性相 以兩門見一切賢聖之軌轍是自行之始終 如是揀辨本末了然 令人不迷 遷權就實 速證菩提

화엄적 성격과 내용을 담고 있는 개념이라고 할 수 있다. 다음으로, 점수漸修 역시 형식적 개념으로서 삼문의 성적등지문惺寂等持門은 그 내용이다. 즉 점수의 과정은 성惺과 적寂, 혹은 정定과 혜慧를 고르게 닦는 데에 있다는 것이다. 그런데 삼문은 돈오와 점수의 길 외에 경절문徑截門이라는 간화선의 길을 제시하고 있다. 여기서 우리는 종밀이 생각했던 수행 구도와 지눌의 수행론 사이에 두 번째 큰 차이를 발견한다. 이 차이는 용어뿐만 아니라 형식과 내용의 차이도 넘어선다.

 지눌에 있어서 간화선은 또 하나의 돈오문으로서, 화두를 통한 돈오는 지눌에 따르면 오직 선만의 고유한 교외별전적敎外別傳的 세계이다. 종밀의 시대에는 아직 간화선이라는 것이 꽃피지 않았으므로 종밀에게는 이 제3의 문은 존재하지 않았다. 따라서 우리는 지눌의 수행론에 관한 한 비문이 언급하는 삼문이 좀더 포괄적인 것임을 인정해야 하며, 돈오점수론과 삼문을 함께 염두에 두면서 지눌의 수행론을 다루어야 한다. 이제 위에 인용된 『節要』의 구절과 비문의 삼문을 종합하면서 지눌 선 사상의 구조를 밝혀 보도록 하자.

 먼저 법法의 두 측면, 즉 불변不變과 수연隨緣은 지눌의 심성론心性論으로서, 여기서 법法이란 인人에 대비되는 개념으로 사람이 깨달아야 할 진리, 곧 선의 존재론적 측면을 가리킨다. 그리고 이 법의 두 측면으로서의 불변과 수연은 선에서 추구하는 궁극적 실재인 진심眞心, 혹은 단순히 심心의 두 측면인 성性과 상相을 가리킨다. 종밀은 이 진심, 즉 모든 중생이 가지고 있는 불성佛性 혹은 본각진성本覺眞性을 '선원禪源' 혹은 '선리禪理'라 하여 '선행禪行' 즉 선을 닦는 수행과 구별한다.[9]

 돈오와 점수는 선행, 즉 선 수행의 두 길로서, 선의 주체적(subjective)

측면이며 말하자면 그 객체적(objective) 측면인 법法과 구별되는 인人의 세계에 속한다. 여기서 돈오문頓悟門은 내용적으로는 비문의 원돈신해문圓頓信解門에 해당하며, 점수문漸修門은 내용적으로 성적등지문性寂等持門이다. 지눌에 있어서 돈오가 '선의 시작'이라면 점수는 '선의 과정'이다. 진심眞心으로서의 선원禪源이 심성론心性論의 대상이라면 돈오점수론頓悟漸修論은 선행禪行 곧 수행론修行論의 내용인 것이다.

앞에서 언급한 대로, 지눌은 종밀과 달리 선행에서 또 하나의 길을 제시하고 있다. 곧 비문에서 말하는 경절문徑截門(지름길)으로서, 화두話頭를 간看하는 간화선看話禪이다. 이것은 지눌에 있어서 '선의 완성'을 기하는 길이며, 돈오점수문의 돈오가 해오적解悟的 성격을 띤 것이라면 간화선은 불법에 대한 문자적·개념적 이해의 자취를 말끔히 씻어버린 증오證悟를 성취하는 선 특유의 길이다. 지눌은 또한 선 수행의 최고 경지로서 무심합도문無心合道門이라는 것을 언급하고 있는데, 앞으로 고찰하겠지만 이것 역시 간화선을 통해 들어가는 길이라고 한다. 따라서 우리는 무심합도문을 지눌 선 사상 체계에서 또 하나의 독자적인 문으로 간주할 필요는 없다. 결국 지눌에 있어서 선행禪行은 종밀과 달리 이문二門이 아니라 삼문三門으로 구성된다. 지눌은 비범한 역량을 소유한 수행자의 경우는 예외적으로 돈오점수의 과정을 거치지 않고 직접 경절문徑截門으로 들어가는 것을 허용한다. 이 경우에는 선행禪行이 경절문 일문一門뿐이다. 지눌은 『節要』에서 이 세 번째 길에 대하여 다음과 같이 말하고 있다.

그러나 만약 한결같이 말에 의해서만 이해하여 몸을 굴리는 길을 알

---

9) 『禪源諸詮集都序』, 『大正藏』 48, 399a.

지 못하면, 비록 온종일 관행을 해도 갈수록 알음알이(知解)에 속박되어 쉴 때가 없을 것이다. 그러므로 다시 오늘의 선문 납자들 가운데서 말을 떠나서 [깨달음에] 들어가 대번에 알음알이를 없이 하려는 자를 위해, 비록 종밀 스님이 숭상하는 바는 아니지만, 조사와 선지식善知識들이 지름길(徑截)이 되는 방편으로 학인들을 지도할 때 쓰던 언구言句들을 간략히 인용하여 이 책 뒤에 붙여, 참선하는 뛰어난 이들로 하여금 [삶과 죽음의 늪에서] 몸을 빼어나가는 한 가닥 활로活路가 있음을 알게 하려는 것이다.[10]

지금까지 우리는 지눌 선 사상의 구조를 살펴보았다. 이것은 이미 언급한 대로 일종의 해석학적 순환을 수반하는 일이다. 즉 위와 같은 지눌 사상의 구조는 그의 저술들을 숙독하는 가운데서 얻어지는 결론이기도 하지만 동시에 그러한 구조를 통해서 우리는 그의 저술들을 더 잘 이해할 수 있는 것이다. 이러한 구조를 염두에 두고서 지눌의 저술을 대할 때 비로소 우리는 지눌 사상에 대한 단편적이고 왜곡된 이해를 벗어날 수 있는 것이다.

구조란 한 사상이 지니고 있는 다양한 측면의 유기적 연관 관계를 가리키는 것으로서 다분히 형식적인 것이다. 이제 우리는 이러한 구조에 따라 지눌의 선 사상을 그 내용적 측면에서 자세히 고찰하지 않으면 안 된다. 그래야만 이러한 구조가 실제로 지눌 선 사상의 다양한 측면들을 모두 아우르면서 전체를 체계적으로 파악하게 하는 것이라는 사실이 구체적으로 드러날 것이기 때문이다.

---

10) 『節要』, 804~05쪽.
然若一向依言生解 不知轉身之路 雖終日觀察 轉爲知解所縛 未有休歇時 故更爲今 時衲僧門下離言得入頓亡知解之者 雖非密師所尙 略引祖師善知識以徑截方便提接 學者所有言句 係於此後 令參禪峻流 知有出身一條活路耳

III. 심성론心性論

　심즉불心卽佛, 심즉성心卽性을 말하는 선에서 심心과 성性은 가장 중요한 개념에 속한다. 이 두 개념은 종종 한 단어로 묶어서 심성心性이라고 하기도 한다. 이 개념들의 중요성은 선 불교의 정신을 요약하여 말해 주는 직지인심直指人心이나 견성성불見性成佛 같은 문구에 잘 나타나 있다. 선 불교를 심종心宗이라 부르는 이유도 여기에 있다. 종밀宗密은 그의 『선원제전집도서禪源諸詮集都序』의 첫머리에서 선원禪源이란 '모든 중생의 본래적 깨달음의 참된 본성(一切衆生本覺眞性)'을 말하며, 이를 불성佛性 혹은 심지心地라고도 부른다고 말한다.[1] 종밀은 이 선원禪源을 선리禪理라고 부르며 '정情을 잊음으로써 그것과 합치하는(忘情契之)' 행위인 선행禪行, 즉 선의 수행과 구별하고 있다.[2] 앞에서 이미 언급한 대로, 선원 혹은 선리는 선의 객체적 측면으로서 법法

---

1) 『大正藏』 48, 399a.
2) 같은 곳.

혹은 심心을 가리키며,3) 선행은 선리를 사람이(人) 주체적으로 실현하는 행위를 말한다. 우리가 선을 이렇게 객체적 · 주체적으로 구분하여 논하는 것은 종밀이 법法과 인人을 구별하는 것에 따른 것이지만, 이는 어디까지나 지눌 선 사상을 분석적으로 고찰하기 위한 하나의 방편에 지나지 않는다. 따라서 양자를 개념적으로 구별할 수 있을지는 몰라도 실제로는 동전의 양면처럼 분리될 수 없는 것이다.

그러므로 우리가 지눌의 선 사상을 논할 때에도, 인식의 순서(the order of knowing)에 따라서는 선의 객체적 측면을 논하기 전에 그 주체적 측면, 즉 삼문三門으로 구성된 선행禪行을 먼저 논해야 하지만, 존재의 순서(the order of being)에 따라서는 법法이 인人보다 선행하며 선의 객체적 측면이 주체적 인식에 앞선다. 인식의 순서와 존재의 순서는 이처럼 선후를 따지기 어렵다는 점을 인정하지만, 그래도 우리는 후자의 순서에 따라 지눌 선의 존재론적 측면, 즉 심성론을 먼저 고찰하고자 한다. 다시 한 번 강조하지만, 법法과 인人의 주객대치적主客對峙的 구별은 어디까지나 아직 진리의 세계에 들어가지 못한 사람의 시각에서 보는 이해를 위한 하나의 방편일 뿐 일단 선원禪源을 깨닫고 난 사람에게는 그러한 구별은 더 이상 존재하지도 않으며 필요하

---

3) 앞으로 보게 되듯이 '心'은 여기서 육체에 대립되는 마음을 의미하는 것이 아니다. 심은 선에 있어서 궁극적 실재를 가리키는 말이다. 종밀은 心의 의미를 네 가지로 구분한다 : 1. 육체적인 心, 즉 心藏의 뜻 2. 여덟 가지 識을 모두 일컫는 말로서 우리의 일상 생활에서 여러 가지 사물들을 인식하고 구별하는 緣慮心 3. 제8식, 즉 모든 識의 種子를 간직하고 있는 阿賴耶識(集起心) 4. 眞實心(堅實心 혹은 如來藏).『大正藏』48. 401c. 이 가운데서 우리가 뜻하는 心의 의미는 네 번째 것이다. 지눌은『起信論』의 유명한 문구를 인용하여 다음과 같이 말한다 : "法이라고 하는 것은 衆生心을 말함이니 이 마음은 世間法과 出世間法을 포괄하며, 이 마음에 의거하여 대승의 뜻을 나타내 보인다(所言法者謂衆生心 是心卽攝一切世間法出世間法 依於此心 顯示摩訶衍義)."

지도 않을 것이라는 점이다.

　지눌은 그의 『진심직설眞心直說』에서 선이 추구하는 실재의 세계를 진심眞心이라고 부른다. 그는 선禪과 교敎에서 사용하는 진심의 여러 가지 다른 이름들을 열거하고 있다 : 교에서는 그것을 심지心地라고 부르니 온갖 선善을 내기 때문이요, 보리菩提(bodhi)라고 하니 깨달음을 본체(體)로 하기 때문이요, 법계法界(dharmadhātu)라 하니 사물들이 서로 침투하고 포섭하기 때문이요, 여래如來(tathāgata)라고 하니 온 곳이 없기 때문이며, 열반涅槃(nirvāṇa)이라 하니 뭇 성인들이 돌아가는 곳이기 때문이요, 여여如如(tathatā)라고 하니 참되고 항구하여 변하지 않기 때문이요, 법신法身(dharmakāya)이라 하니 보신報身(sambhogakāya) 화신化身(nirmāṇakāya)이 의지하는 바이기 때문이요, 진여眞如(tathatā)라고 하니 생멸生滅이 없기 때문이요, 불성佛性(buddhadhātu)이라 하니 삼신三身의 본체이기 때문이요,[4] 총지總持(dhāraṇī)라 하니 그로부터 공덕이 흘러 나오기 때문이요, 여래장如來藏(tathāgatagarbha)이라 하니 여래를 감추고 덮고 포함하고 있기 때문이요, 원각圓覺이라 하였으니 어둠을 부수고 홀로 비추기 때문이다.

　지눌은 계속해서 다음과 같이 말한다.

　　조사祖師의 문에는 이름과 말이 끊어져서 하나의 이름도 짓지 않거늘 어찌 많은 이름이 있겠는가? [그러나] 사람의 근기根機에 부응하여 그 이름 또한 많으니, 어떤 때는 자기自己라 부르니 중생의 본성이기 때문이요, 때로는 정안正眼이라 이름하니 온갖 상相을 비추기 때문이며, 때로는 묘심妙心이라 하니 비어 있지만 신령스러우며 고요하지만 비

---

4) 三身이란 불의 삼신을 가리키는 것으로서, 법신과 보신, 화신을 말한다.

추기 때문이요, 때로는 주인옹主人翁이라 하니 예로부터 짐을 져 왔기 때문이다.5)

위에 주어진 이름들은 모두 불교에서 궁극적 실재를 가리키는 상징어들이다. 이 많은 상징어들 가운데서 지눌은 『진심직설眞心直說』에서 진심眞心이라는 한 상징어를 선택했을 뿐이다. '진眞'은 '거짓이 없음(離妄)'을 뜻하고 '심心'은 '신령한 거울(靈鑑)'을 뜻한다고 지눌은 말한다(『法語』, 63). 진심眞心은 망심妄心의 반대로서 사물을 대할 때 망심과는 다르게 반응한다.

어떤 이가 물었다 : "진심과 망심이 대상을 대했을 때 그것이 진심인지 망심인지를 어떻게 분별하는가?" 답했다 : "망심은 대상을 대하면 앎이 있게 알아서 순경과 역경에 대해 탐하고 성내는 마음을 일으키고 또 그 중간 경계에 대해서는 어리석은 마음을 일으킨다. 그 대상에 대해 탐욕과 분노와 우치愚癡의 삼독三毒을 일으키면 그것은 망심임을 알 수 있다." 어떤 조사는 "역경과 순경이 서로 다투는 것은 마음의 병 때문이다"라고 했다. 그러므로 옳고 그름을 대립시키는 것이 바로 망심임을 알 것이다. 진심의 경우는 앎이 없이 알아서 공평하고 원만히 비추므로 초목과 다르고, 미워하거나 사랑하는 마음을 내지 않기 때문에 망심과 다르다. 대상을 대하여도 마음이 비고 맑아 미워하거나 사랑하지 않고, 앎이 없이 아는 것이 진심이다.6)

---

5) 『法語』, 64쪽.
　祖師門下 杜絶名言 一名不立 何更多名 應感隨機 其名亦衆 有時呼爲自己 衆生本性故 有時名爲正眼 鑑諸有相故 有時號曰妙心 虛靈寂照故 有時名曰主人翁 從來荷負故
　그밖에 '밑바닥 없는 발우(無底鉢)' '뿌리 없는 나무(無根樹)' '줄 없는 가야금(沒絃琴)' '꺼지지 않는 등불(無盡燈)' 등과 같은 다른 이름들을 들고 있다.
6) 『法語』, 85쪽. 眞心과 妄心의 개념은 『大乘起信論』에 나온다 (『大正藏』 32, 576b).

III. 심성론 113

　이상에서 우리는 지눌이 말하고자 하는 진심이 과연 무엇을 가리키는 것인지 어느 정도 짐작할 수 있다. 사실 이 구절에 지눌이 밝히고자 하는 진심의 모습이 언어로 표현할 수 있는 한 다 드러나 있다 해도 과언이 아니다. 이것은 앞으로의 고찰을 통해 좀더 명확하게 드러날 것이다.

　위에 열거한 진심의 여러 이름에서 알 수 있듯이 심心은 신身에 대립된 것이거나 객체와 대립된 주체를 가리키는 말이 아님은 분명하다. 오히려 그것은 사물이 있는 그대로의 모습, 즉 실재(reality) 자체를 가리키는 말이며, 따라서 여여如如 혹은 진여眞如(tathatā, Suchness)와 같은 개념들이 사용되는 것이다. 중관 철학中觀哲學에서 사용하는 용어로는 공空(śūnyatā, Emptiness)을 의미하는 것으로서, 현상 세계의 근저에 있는 어떤 불변의 형이상학적 실재가 아니라 존재하는 모든 것들諸法(dharma)의 본성과 존재 양식을 가리킨다. 심心이란 심리학적 개념이 아니라 존재론적 개념이다. 만법萬法의 법성法性(dharmatā)으로서, 만법을 초월하면서 동시에 만법을 떠나서 별도로 존재하지 않는 그 무엇을 뜻하는 말이다. 그것은 범부 중생들과 관련해서는 모두가 부처가 될 가능성을 보장해 주는 불성佛性 혹은 여래장如來藏(tathāgatagarbha)이라 부르며, 모든 부처로 하여금 부처가 되게 하는 부처의 본체 혹은 근거이기에 법신法身(dharmakāya)이라고도 부른다.[7]

---

[7] 이러한 궁극적 실재를 禪에서 心이라고 하는 것은 선 사상이 화엄의 唯心 사상 ― 有識학파의 유식이 아니라 ― 에 깊이 뿌리 박고 있음을 뜻한다. 唯心의 가르침이 나타나는 고전적 전거는 三界가 唯心(cittamātra)임을 말하는 『화엄경』 十地品으로서, 여기서 심(citta)은 본래 중생의 일상적인 마음 혹은 생각을 의미하는 것이었으나 나중에 世親(Vasubandhu), 그리고 중국 地論宗에서는 眞心을 가리키는 것으로 이해되었다. 이는 중국 불교 사상사에 있어서 하나의 중요한 변화이다. 이 점에 관해서는 가마다 시게오(謙田武雄), 『中國 華嚴思想史の 硏

진심眞心의 여러 가지 이름들을 열거한 후 지눌은 체體와 용用이라
는 두 측면에서 진심을 밝힌다. 진심의 이러한 두 측면은 종밀 — 그
리고 지눌 — 이 법法의 두 측면, 즉 불변不變과 수연隨緣이라고 부르
는 것에 해당한다. 또다른 말로는 심心의 성性과 상相(諸法의 理와 事에
해당하는) 개념이다. 종밀과 지눌이 진심을 이렇게 두 측면으로 구별하
여 보는 시각은 기본적으로 『대승기신론大乘起信論』에 근거한 것으로
서,8) 『기신론起信論』은 중생심衆生心의 법法이 체體 상相 용用 세 측면
을 지닌다고 하며, 일심一心을 진여眞如(體, 性)와 생멸生滅(用, 相)의 이문
二門으로 구별하여 설명하고 있다. 종밀은 이 두 측면의 관계를 설명
하기 위해서 다양한 비유를 든다. 예를 들면 금은 금으로서의 변하지
않는 측면과 금으로 만든 여러 가지 물건에 따라 나타나는 변하는
측면을 가진다.9) 이와 관련하여 나중에 우리는 또다른 비유, 즉 맑고
투명한 마니구슬(摩尼珠)의 비유를 상세하게 고찰할 것이다.

진심眞心의 이러한 두 측면에 관해 우선 지눌의 말을 들어 보자. 첫
째 진심의 묘체妙體에 대해서 지눌은 다음과 같이 말한다.

> 『방광반야경放光般若經』에 이르기를 "반야는 아무런 모습(相)이 없기
> 때문에 생멸의 모습이 없다"고 하며, 또 『기신론起信論』에 이르기를
> "진여 자체는 모든 범부, 성문, 연각, 보살, 부처에 있어 늘거나 주는

究』, 502〜09쪽을 참조할 것.
8) 지눌이 『起信論』 사상에 정통했다는 것은 그의 저서를 통해 분명히 알 수 있다.
지눌은 一心의 眞如, 生滅 二門에 관한 『起信論』의 말을 직접 인용하고 있다
(『法語』 16, 103, 104, 그리고 『節要』 107쪽). 지눌이 말하는 眞心의 體用 개념과
는 의미가 좀 다르지만 실제로 『起信論』은 眞如의 體用이라는 개념을 사용하고
있다 (『大正藏』 32, 579ab). 종밀의 사상에서 『起信論』이 차지하는 중심적 위치에
관해서는 아라키 겐고(荒木見悟), 『佛敎와 儒敎』(京都: 1963), 98쪽 참조.
9) 『大正藏』 401b.

일이 없으며, 과거에 생긴 것도 아니며 미래에 사라질 것도 아니며 필
경 항상 있는 것으로서 본래부터 그 본성이 일체 공덕을 가득 갖추고
있다"고 한다. 이들 경론經論에 따르면 진심의 본체는 원인과 결과를
초월하고 과거와 현재를 관통하며 범부와 성현을 구별하지 않고 모든
상대적 대립을 떠나 있다. 마치 큰 허공과 같이 모든 곳에 편재한다.
[진심의] 묘체는 움직이지 않고 고요해서 모든 부질없는 말들을 끊어
버리니, 나지도 않고 멸하지도 않으며 있는 것도 아니고 없는 것도 아
니며 움직이지 않고 흔들리지도 않아 고요히 상주한다10)

진심에 대한 위와 같은 말은 주로 부정적 언사들로서 진심이 무엇
인지 적극적인 표현을 담고 있지는 않다. 선 전통에 관한 종밀宗密의
해석에 따르면, 진심은 중국에서 조사들 가운데서 마음에서 마음으
로 밀전密傳되어 오다가 하택荷澤 신회神會에 이르러 비로소 양성적으
로 드러나게 되었다고 한다. 신회의 "지知라는 한 글자는 모든 묘함
의 문이다(知之一字衆妙之門)"라는 말은 밀전의 전통을 깨고 심心의 본
성을 말로써 분명히 표현하는 결정적인 계기를 제공했다는 것이
다.11) 이에 대한 종밀의 이야기를 들어 보자.

다만 이곳(중국)에서는 [사람들이] 마음에는 미혹되고 문자에만 집착하
여 이름을 가지고 본체로 삼기 때문에 달마達摩는 훌륭한 방편으로서

---

10) 『法語』, 65쪽.
　　放光般若經云 般若無所有相 無生滅相 起信論云 眞如自體者 一切凡夫聲聞緣覺
　　菩薩諸佛 無有增減 非前際生 非後際滅 畢竟常恒 從本已來 性自滿足 一切功德
　　據此經論 眞心本體 超出因果 通貫古今 不立凡聖 無諸對待 如大虛空 遍一切處
　　妙體凝寂 絶諸戱論 不生不滅 非有非無 不動不搖 湛然常住
11) '衆妙之門'이라는 표현은 유명한 『老子』 첫머리에 道의 신비함에 관하여 사용
　　되는 말이다.

문자를 배제하고 마음을 전하기를 그 이름만은 들되(心이 그 이름) 그 체體는 암묵적으로 보여 주셨으니(知가 그 체), [단지] 벽관壁觀으로 가르치시면서 그 밖의 모든 연緣을 끊도록 하였다. 모든 연을 끊었을 때 묻기를, "단멸斷滅인가 아닌가?" 하니 답하기를 "비록 모든 연이 끊어졌으나 그렇다고 단멸도 아닙니다"라고 했다. [계속해서] 묻기를, "어떻게 그것을 증험證驗하기에 단멸이 아니라고 하느냐"라고 하니 답하기를, "분명히 스스로 알지언정 말로는 미치지 못합니다"라고 했다. 스승은 곧 [이것을] 인가해 주시면서 말하기를 "바로 이것이 자성청정심自性清淨心이니 다시는 의심하지 말라"고 하셨다. 만약 그 답이 합당하지 않으면 [스승은] 단지 그 잘못된 것을 막아 주고 다시 [자기 마음을] 관찰하게 하셨을 뿐 끝내 다른 사람에게 먼저 지知라는 말을 발설하시지 않고 곧바로 그가 스스로 깨닫기만을 기다렸다가 비로소 그것이 참된 것인지를 검증해 주셨으니, 친히 그 체體를 검증하신 후에 인가해 주시고 다른 의심들을 끊게 하셨기 때문에 이를 일러 묵전심인默傳心印이라 하는 것이다. 이른바 침묵이라는 것은 다만 지知라는 말을 하지 않았다는 말이지 전혀 아무 말도 하지 않았다는 뜻은 아니다. [달마 이래] 여섯 세대에 걸친 상전相傳이 모두 이러했다. [그러나] 하택荷澤의 때에 이르러 다른 종파들이 다투어 전파되니 [하택 역시] 밀계密契할 사람을 구하고자 했으나 그 기연機緣을 만나지 못하였고 …… 그 종지宗旨가 절멸될까 두려워하여 마침내 "지知라는 한 글자는 모든 묘함의 문이다(知之一字 衆妙之門)"라고 말씀하셔서 …….12)

종밀에 따르면 신회의 특별한 공헌은 '무위無爲' '무상無相' '공空' 등 종전의 부정적인 언사(遮過之辭)들을 넘어서 심心의 체體를 지知라는 한마디로 그 핵심을 드러냈다는 데에 있다(現示心體). 마치 물의 체體가 그 습성濕性에 있는 것처럼 심心의 체體는 그 지知에 있다는 것

---

12) 『節要』, 801~02쪽. 본래 종밀의 『禪源諸詮集都序』에 나온다. 『大正藏』 48, 405b.

이다.13) 신회神會의 견해를 종밀宗密은 다음과 같이 설명하고 있다.

> 하택荷澤의 견해는, 제법諸法이 꿈과 같다는 것은 모든 성인들이 한결같이 설하는 바이다. 그러므로 망념忘念은 본래 고요하고(寂) 티끌 세계는 본래 비어 있다(空). 이 공적空寂한 마음은 영묘한 앎(靈知)이 있어 어둡지 않다. 이 공적한 마음이 곧 옛날 보리달마에 의하여 전해진 청정한 마음이다. 미혹되었거나 깨닫거나 마음은 본래 스스로 안다(自知). [이 앎은] 연緣에 따라 생기지도 않고 외부 경계 때문에 일어나지도 않는다. 미혹되었을 때는 번뇌가 있으나 앎 [자체]는 번뇌가 아니며 깨달은 때는 신통神通한 변화變化가 있으나 앎은 신변神變이 아니다. 그렇지만 '지知'라는 한 글자는 모든 묘함의 근원根源이다.14)

지눌도 기본적으로 같은 것을 말하고 있다.

> 제법諸法은 꿈과 같고 허깨비와도 같다. 그러므로 망념妄念은 본래 고요하고(寂) 티끌 세계는 본래 비어 있다(空). 제법諸法이 비어 있는 곳에 신령한 앎이 있어 어둡지 않다. 이 비고 고요하며 신령스럽게 아는 마음(空寂靈知之心)이 바로 그대의 본래면목本來面目이며 또한 삼세三世의 모든 부처님과 역대 조사들과 천하 선지식들이 서로 비밀스럽게 전한 법인法印이다.15)

---

13) 『大正藏』 48, 406c. '知'는 직접적으로 心體를 드러내는 반면 '無爲' '無相' 등과 같은 말들은 단순히 부정적인 기술이라는 생각이다.
14) 『節要』, 683쪽. 종밀은 '空'이란 모든 相을 비워낸다는 뜻이고 '寂'은 불변하는 實性을 의미하며 '知'는 직접적으로 體 자체를 드러낸다고 설명한다. 같은 책 704쪽.
荷澤意者謂 諸法如夢 諸聖同說 故妄念本寂 塵境本空 空寂之心 靈知不昧 卽此空寂之心 是前達磨所傳淸淨心也 任迷任悟 心本自知 不藉緣生 不因境起 迷時煩惱 知非煩惱 悟時神變 知非神變 然知之一字 是衆妙之源
15) 『法語』, 45쪽.
諸法如夢 亦如幻化 故妄念本寂 塵境本空 諸法皆空之處 靈知不昧 卽此空寂靈知

혹은 말하기를,

> 제법諸法이 모두 공空한 곳에 영지靈知가 있어 어둡지 않아 지각이 없는 사물들과 같지 않고 그 본성이 스스로 신기한 앎이 있다. 이것이 너의 공적空寂하고 영지靈知스러운 청정淸淨한 마음의 체體이다. 그리고 이 청정하고 공적한 마음이 삼세三世의 모든 부처의 뛰어난 깨끗하고 맑은 마음이며 그것이 중생衆生의 본원적本源的 깨달음의 성품이다.16)

이상과 같은 말들은 선의 궁극적 실재인 진심眞心의 체體는 공空하고 적寂할 뿐만 아니라 신비스러운 지知(靈知)라는 적극적인 측면도 가지고 있어서 심心은 무정無情의 상태와는 다르다는 것이다.17) 그것

之心 是汝本來面目 亦是三世諸佛歷代祖師天下善知識密密相傳底法印也
16) 『法語』, 47쪽.
諸法皆空之處 靈知不昧 不同無情 性自神解 此是汝空寂靈知淸淨心體 而此淸淨空寂
之心 是三世諸佛勝淨明心 亦是衆生本源覺性
17) 스즈키 다이세츠(鈴木大拙)은 다음과 같은 흥미로운 이야기를 전하고 있다.

> 어떤 화엄학자가 懷海에게 와서 묻기를, "스님, 無情이 부처라고 생각하십니까?"라고 하였다. 스님은 대답하기를 "아니오, 나는 그렇게 생각하지 않소. 만약 무정이 부처라면 중생들은 죽은 것들만도 못할 것이오. 죽은 당나귀나 개가 살아 있는 사람들보다 훨씬 좋은 것이오 …… 만약 무정이 부처라면, 당신은 지금 바로 죽어서 부처가 되는 것이 좋겠소. Suzuki Daisetsu, *Essays on Zen Buddhism*, Second Series(New York: 1971; 본래 London, 1933), pp. 85~86.

하택 신회는 『涅槃經』을 인용하면서 無情은 佛性이 없다고 분명히 말하고 있다. J. Gernet, trans., *Entretiens du Maître Dhyāna Chen-Houei du Ho-Tsö*(Hanoi, 1949), pp. 66을 볼 것. 중국 불교에서는 無情도 佛性이 있다는 설이 제기되기도 했다. 이에 관해서는 가마다 시게오(鎌田茂雄), 『中國華嚴思想史の 硏究』(東京, 1965), 440~65쪽을 참조할 것. 결정적인 것은 만약 眞如 혹은 佛性이 단순히 空이라면 그것은 결국 無情의 상태와 마찬가지일 것이라는 생각이다. 그러나 『기신론』에 따르면 眞如 혹은 如來藏은 본래부터 "일체 法의 差別相을 떠나 있고 허망한 생각이 없기 때문에"(離一切法差別之相 以無虛妄心念故)

은 공空 혹은 적寂이자 지知라고 하는 어떤 밝은 비춤과 환한 앎의 측면을 동시에 지니고 있다는 것이다. 지눌은 이를 뒷받침하기 위해서 경전을 인용하고 있다 : "『화엄경』 회향품에 이르기를 진여眞如는 조명照明으로 체體를 삼는다고 하였고, 『기신론起信論』에는 이르기를 진여眞如의 체體의 모습은 진실한 식지識知라고 한다(『節要』, 768~69)." 이 앎은 범부나 성인, 어리석은 마음이나 지혜로운 마음을 가리지 않고 모든 사람의 마음의 본성으로 존재하는 각성覺性으로서18) 원초적인 지知, '절대지絶對知'라고 부를 수 있다.19)

지눌은 진심眞心의 체體를 구성하고 있는 공적空寂과 영지靈知의 두 측면을 다시 체體와 용用의 관계로 해석한다. 다시 말해서 체 안의 체와 용이라는 것이다. 지눌에 따르면 진심의 공적한 측면은 인간의 본래적 성품, 즉 자성自性에 내재하는 정정定(samādhi)이며 영지는 자성의 혜慧(prajñā)에 해당한다. 그리고 이 정정定과 혜慧 사이의 관계는 불가분적 체용體用의 관계이다.

如實空이지만 동시에 "항상 불변하는 淨法으로 가득 차 있기 때문에" (眞心常恒不變淨法滿足) 如實不空의 측면이 동시에 존재한다(『大正藏』 32, 576ab). 후자에 대하여 『기신론』은 다음과 같이 말하고 있다.

  [眞如의 體]는 본래부터 그 性이 스스로 일체의 공덕으로 가득 차 있으니, 이른바 그 自體에 大智慧光明의 면, 法界를 두루 비추는 면, 진실되게 아는 면, 自性淸淨心의 면, 常樂我淨의 면, 서늘하고 불변하며 自在로운 면이 있기 때문이다.
    從本已來 性自滿足一切功德 所謂自體有大智慧光明義故 遍照法界義故 眞實識知義故 自性淸淨心義故 常樂我淨義故 淸凉不變自在義故
  (『大正藏』 32, 579a)

18) 『起信論』에서 말하는 本覺에 해당되는 말로서 始覺과 구별된다. 종밀은 그것을 本覺眞性 혹은 圓覺이라고 부른다.
19) 아라키 겐고(荒木見悟), "宗密의 絶對知論 ─ 知之一字衆妙之門에 대하여 ─", 『南都佛敎』 3(1957)은 종밀의 이 핵심적 개념에 대한 훌륭한 논문이다.

만일 법法과 그 의義를 베푼다면 진리에 들어가는 천 가지 길이 정정과 혜慧 아님이 없다. 우리가 그 강요綱要를 취한다면 이 둘은 다만 [우리들의] 자성自性이 지닌 체體와 용用이라는 두 측면이다. 우리가 전에 이른바 공적영지空寂靈知라 부른 것이 이것이다. 정定은 체體요, 혜慧는 용用이다. 체에 즉한 용이기에 혜는 정으로부터 떨어져 있지 않다. 정定이 곧 혜慧이기에 적寂하되 항상 지知하고, 혜慧가 곧 정定이기에 지知하나 항상 적寂하다. 마치 조계曹溪(慧能)가 "혼란이 없는 심지心地가 자성自性의 정定이요 어리석음이 없는 심지가 자성自性의 혜慧이다"라고 함과 같다.20)

위의 인용문이 암시하듯이, 지눌은 적寂과 지知, 혹은 정定과 혜慧가 진심眞心의 체體 안에서 또다시 체와 용의 불가분적 관계를 형성하고 있다는 견해를 그가 즐겨 읽던 『육조단경六祖壇經』에서 취했을 가능성이 많다. 『단경』의 다음과 같은 구절은 주목할 만하다.

선지식이여, 나의 이 법문은 정혜定慧를 근본으로 삼는다. 무엇보다도 결단코 정定과 혜慧가 별개라고 그릇되게 말하지 말라. 정과 혜는 체體가 하나요 둘이 아니니, 곧 정은 혜의 체요 혜는 정의 용이다. 혜慧에 즉卽해 있을 때 정定이 혜慧에 있고, 정定에 즉卽해 있을 때 혜慧가 정定에 있다.21)

---

20) 『法語』, 51쪽.
若說法義 入理千門 莫非定慧 取其綱要 則但自性上體用二義 前所謂空寂靈知是也 定是體 慧是用 卽體之用故 慧不離定 卽用之體故 定不離慧 定則慧故 寂而常知 慧則定故 知而常寂 如曹溪云 心地無亂自性定 心地無癡自性慧
21) Philip B. Yampolsky, trans., *The Platform Sutra of the Sixth Patriarch*(New York: Columbia University Press, 1967)에 실린 원문, p. 5에서 인용.
善知識 我此法門 以定慧爲本 第一勿迷言慧定別 定慧體一不二 卽定是慧體 卽慧是定用 卽慧之時定在慧 卽定之時慧在定

그러나 『단경』이 하택 신회의 사상과 밀접하게 연결되어 있다는 사실, 아니 어쩌면 그것이 혜능보다는 신회 자신의 사상을 담고 있을지도 모른다는 사실에 비추어 볼 때[22] 신회에게서 정定과 혜慧에 관하여 유사한 생각이 발견되는 것은 이상할 게 없다. 신회는 다음과 같이 말한다 : "무주無住는 적寂으로서 정적靜寂한 체體를 이름하여 정定이라 한다. 체상體上에 자연적인 지혜가 생겨 본래 정적한 체를 아니 혜慧라 부른다."[23] 또 말하기를 : "이 체는 본래 정적하고 이 정적한 체로부터 앎이 일어나서 파랑, 노랑, 빨강 그리고 하얀색 등 세상의 각종 색을 구별하니, 이름하여 혜慧라 한다."[24]

이상의 논의에서, 공적空寂의 개념은 바로 공空 사상에 바탕을 두고 있기에 우리가 비교적 쉽게 이해할 수 있다. 그러나 진심의 체體의

---

[22] 이 문제에 관해서는 Yampolsky, 위의 책, "Introduction: Ch'an in the Eighth Century"를 참조할 것.
[23] 가마다 시게오(鎌田茂雄), 『宗密敎學の 思想史的 硏究』(東京, 1975), 376쪽에서 인용.
[24] 같은 곳. D. T. Suzuki, *Zen Doctrine of No Mind: The Significance of the Sutra of Hui-neng*(New York, 1972; 본래 London, 1949)은 『六祖壇經』을 중심으로 한 慧能의 사상 연구로서, 定의 상태 — 그가 무의식(Unconscious)이라고 부르는 — 에서 慧가 일어나는 신비한 현상에 관한 문제를 다루고 있다. 그는 다음과 같이 말한다 :

이 自性상에 어떤 움직임, 어떤 깨달음이 있어서 무의식이 자신을 의식하게 된다. 이것은 '왜' 혹은 '어떻게'라는 질문이 있을 수 없는 세계이다. 이 깨달음 혹은 움직임 — 무엇이라 부르든 — 은 논박할 수 없는 사실로서 받아들여져야만 한다. 종이 울리면 나는 공기를 타고 전파되는 그 울림을 듣는다. 이것은 평범한 지각적 사실이다. 마찬가지로, 무의식에서 의식이 일어남은 경험상의 문제이다. 그것은 무슨 신비와 관련된 것이 아니다. 그러나 논리적으로 말하면 분명히 모순이 있다. 이 모순은 일단 시작되면 끝없이 모순을 일으킨다. 그것이 무엇이든, 이제 우리는 자기를 의식하는 무의식 혹은 자기 반성적 마음이라는 것을 가지게 된다. 自性에 이러한 변화가 일어나는 것을 慧(般若, prajñā)라 부른다.

용用적 측면인 지知는 더욱 세심한 주의와 고찰을 필요로 한다. 종밀이 '중묘지문衆妙之門'이라고 부르는 이 지知란 과연 무엇을 가리키는 말인가? 좀더 추상적인 논의를 계속하기 전에, 자기 마음을 반조返照하여 공적영지지심空寂靈知之心을 깨닫게 하는 구체적인 수행상의 예를 지눌로부터 들어 보자. 다음의 대화는 자못 흥미롭다.

진리에 들어가는 길이 많으나 그대에게 하나의 문을 지시하여 그대로 하여금 [그대의] 본원本源으로 돌아가게 하겠노라. "그대는 [지금] 까마귀가 울고 까치가 지저귀는 소리를 듣는가?" "듣습니다." 그대는 그대가 듣는 성性을 다시 들어 보라. 그래도 허다한 소리들이 있는가? "그 안에 이르러서는 모든 소리와 분별이 다 사라졌습니다." 놀랍고 놀랍도다, 이것이 관음觀音이 진리에 든 문이니 나는 다시 그대에게 묻노라. 그대가 말하기를 그 안에 이르러서는 모든 소리와 분별이 다 사라졌다 하니, 그런 때를 당하여 그것은 허공이 아닌가? "원래 공空하지 않고 밝고 밝아 어둡지 않습니다." 어떤 것이 이 불공지체不空之體인가? "모양이 없으니 말해도 미치지 못합니다." 그것이 바로 모든 부처와 조사들의 수명이니, 다시 의심하지 말아라.25)

전에 들었던 달마達摩와 혜가慧可의 대화 혹은 우파니샤드에 나오는 대화들을 연상시키는 이 이야기는 지눌이 회광반조廻光返照라 부르는 행위의 전형적인 예로서, 진리를 밖에서 구하지 않고 바로 자기 자신의 마음속에서 찾는 행위이다. 우리는 이미 진심이 심리학적 개념이기보다는 존재론적 개념에 가깝다는 것을 지적했지만, 선 불교

---

25) 『法語』, 45~46쪽. 듣는 성(聞性)을 다시 들어 진리에 들어가는 관음보살의 수행법은 『능엄경』에 나온다.

에서는 실재를 어디까지나 인간 내면 세계에서 찾지 결코 바깥 세계에 대한 대상적 인식을 통해 도달하지 않는다. 위에서 말하는 온갖 소리들이란 우리들이 일상적 경험을 통해서 접하는 외부 세계를 가리키며, 들음을 다시 듣는 반조의 행위는 공적한 내면의 세계, 곧 정定의 상태를 말한다. 그런데 이 대화는 거기서 한걸음 더 나아가서 이 공적한 상태가 단순히 공空한 세계가 아니라 어떤 '밝고 밝아 어둡지 않은(明明不昧)' 불공不空의 세계임을 말하고 있다. 곧 혜慧 혹은 지知를 가지고 있다는 것이다.

여기서 우리는 상식에 입각한, 그러나 매우 심각한 하나의 물음을 접하게 된다. 즉, 소리를 듣는 행위이든 듣는 성을 다시 반조하는 행위이든 결국 이 모든 행위는 우리의 어떤 정신적 실체(mental substance) 혹은 영혼(soul) 같은 것을 전제로 하고 있는 것이 아닌가 하는 의문이다. 지눌이 말하는 듣는 성(聞性), 그리고 공적空寂하지만 명명불매明明不昧한 실재는 결국 영혼과 같은 것이 아닌가? 그렇다면 지눌은 그러한 항구불변의 정신적 실체를 부정하는 불교의 기본 입장인 무아설無我說에 반하는 어떤 견해를 펼치고 있는 셈이 된다. 실제로 지눌은 『수심결修心訣』에서 본심本心과 색신色身을 대립시키면서 우리가 하는 모든 행위의 주체로서 본심을 말하고 있기 때문에, 이러한 의심을 더욱 짙게 하고 있다. 그러나 속단은 금물이다. 우리가 곧 보겠지만 지눌은 우리가 하는 일체의 정신적 작용을 진심眞心의 묘용妙用으로 간주하면서 말하기를, 진심을 아는 자는 정신 활동의 주체를 불성이라고 부르는 반면에 모르는 자는 그것을 정혼精魂이라 부른다고 했다.26) 뿐만 아니라, 지눌은 몸과 마음, 신체와 영혼을 이원적 대립으로 보는 견해는 불교의 가르침이 아님을 분명히 인식하고 있다. 『단경』에 붙인 발문에서 지눌은 『단경』이 인간의 몸은 무상無常하나 마음은 영원하다는 이원적 견해로부터 자유롭지 않다고 지적하고 있다. 그러나 그는 이러한 이원적 관점은 몸과 마음을 분별하지 않는 높은 진리로 사람들을 인도하기 위한 하나의 방편에 지나지 않음을 말하고 있다. 다음과 같은 지눌의 말은 이 점을 분명히 하고 있다.

> 단적으로 말해, 『단경』은 도를 공부하는 사람들이나 속인들로 하여금 자기 몸의 듣고 보는 성품을 반조하여 진여를 깨닫게 한다. 그런 연후에 비로소 신심일여身心一如의 비밀을 알게 한다. 만약 『단경』이 이러한 좋은 방편이 없이 곧바로 몸과 마음이 하나라고 한다면, 출가하여 도를 닦는 사람들조차도 의심을 품게 될 것이다. 왜냐하면 자기 눈으로 몸의 무상함을 보기 때문이다. 하물며 수많은 속인들이 비밀을 믿고 받아들이겠는가? 이러한 이유로 해서 조사(육조 혜능)께서는 사람들을 근기에 따라 유인하기 위해서 그렇게 말씀하신 것이다.[27]

따라서 우리는 지눌이 진심眞心의 체體인 공적영지空寂靈知를 영혼 혹은 어떤 정신 작용의 주체나 중심이 되는 실체로 생각했다고 속단해서는 안 된다. 그러면 다시 지知에 관한 논의를 계속해 보자.

지눌은 지知에 대하여 다음과 같이 말하고 있다.

> 지금 우리가 말하고 있는 바는, 어리석고 지혜롭고 선하고 악함의 구별 없이 모든 중생은 금수에 이르기까지 가진 심성心性이 다 자연히

---

26) 『法語』, 40쪽. 다시 말해서, 우리가 정신 혹은 영혼이라고 부르는 것은 진심을 깨달은 자가 볼 때는 佛性의 묘한 작용이지만, 그 역, 즉 불성이 곧 영혼이라는 말은 성립되지 않는다.
27) 金呑虛 譯, 『懸吐飜譯 六祖壇經』(서울, 1960), 6쪽(부록: 六祖大師法寶壇經跋).

언제나 밝게 알아 목석木石과는 다르다. 또한 그것은 대상을 접하여 분별하는 인식이 아니며 [깨달음을] 깨닫는 지혜도 아니다. 그것은 곧 진여眞如의 자성自性으로서, 완고한 허공과는 달리 그 성性이 항시 스스로 안다는 것이다.28)

여기서 지눌은 이 진심의 앎(知)은 진여眞如의 본성에 속하는 것으로서, 우리가 사물을 대할 때 생기는 일상적인 인식(分別之識)이 아님은 물론이요, 깨달음을 얻게 하는 지혜(證悟之智)와 혼동해서도 안 된다고 말한다.29) 그렇지만 그것은 분명히 앎(知)이다. 그것은 앎이 아닌 앎이다.

망심妄心은 대상과 접할 때 앎을 가지고 안다. 마음에 들거나 거슬리

---

28) 『節要』, 766쪽.
今所論 一切衆生 不揀愚知善惡乃至禽獸 所有心性 皆自然了常知 異於木石者 且不是緣境分別之識 亦非證悟之智 直是眞如自性 不同頑虛 性自常知
29) 여기서 우리는 般若(prajñā)에 두 종류가 있음을 구별해야 한다. 하나는 지금 우리가 고찰하고 있는 진여 혹은 불성 고유의 知, 즉 自性之慧로서의 般若이고, 다른 하나는 깨달음을 얻게 하는 지혜, 즉 證悟之智로서의 般若이다. 『起信論』의 용어로 표현하면, 전자는 本覺이고 후자는 始覺이다. 아라키 겐고(荒木見悟)는 원초적 知와 깨달음의 智를 구별하여 종밀의 『都序』로부터 다음과 같이 인용하고 있다.

> 종밀은 그것을(澄觀의 說) 받아서 말하기를, 智는 '證悟之智'깨닫는 자만이 지니고 있는 對境智로서 三世의 일을 了達하지 않음이 없는 것이지만, 知는 '本有之眞心'(깨달은 자도 아직 깨닫지 못한 자도 본래 갖추고 있는 心體)으로서, 分別識이 능히 알 수 있는 바가 아니며 또 마음의 境界(대상)도 아니며 (細註에 이르기를, 知는 智로써 알 수 없다. 왜냐하면 만약 智로써 그것을 깨닫는다면 所證之境에 속하기 때문이다. 그러나 眞如는 경계가 아니기 때문에 智로써 깨달을 수 없다. 비추는 마음을 갑자기 일으키면 眞知는 아니다) 그 성품이 본래부터 청정한 것이다. 智과 知는 본래부터 體를 달리하는 것은 아니지만, 智의 작용이 聖人에 국한되고 理와 대응하여 主客關係에 있는 반면에, 知의 본체는 범부와 성인에 통하며 理와 智에 통하는 가장 근원적 靈性이다(앞의 논문, 2쪽).

는 대상을 대할 때 탐욕과 노여움의 마음을 내며 그 중간적 대상을 대할 때는 바보와 같은 마음을 낸다. 대상에 접하여 탐욕과 노여움과 무지의 삼독이 일어나면 그것은 망심임을 알기에 족하다. 한 조사祖師가 이르기를 거슬리는 것과 마음에 드는 것이 서로 싸움이 마음의 병이라 했다. 그런고로 가可하고 가하지 못한 것을 대하는 것이 망심임을 알라. 반면에 진심은 앎이 없이 안다. 생각이 평온한 가운데 둥글게 비춰 초목과 다르고 미움과 애착을 내지 않아 망심과 다르다. 대상에 접할 때 비고 밝아 미움과 애착이 없으며 앎 없이 아는 것이 진심이다.30)

지눌은 유명한 구마라습의 제자이자 『조론肇論』의 저자인 승조僧肇 (383~414)의 말을 빌려 또다른 표현을 한다.

대저 성인의 마음은 미묘하고 상相이 없어 유有로 간주될 수 없다. 그러나 그것을 사용할수록 더욱더 부지런하기에 무無로 간주할 수도 없다. 유有가 아님으로 알되 알지 않고 무無가 아니기에 앎이 없이 안다. 이러한 이유로 이 무지로서의 지는 성인의 마음과 다르다고 말할 수 없다.31)

한마디로 말해 지눌은 진심의 체體는 적적하면서도 신령스러운 앎

---

30) 『法語』, 85쪽.
妄心對境 有知而知 於順違境 起貪嗔心 又於中容境 起癡心也 既於境上 起貪嗔痴三毒 足見是妄心也 祖師云 逆順相爭 是爲心病 故知 對於可不可者 是妄心也 若眞心者 無知而知 平懷圓照故 異於草木 不生憎愛故 異於妄心 即對境虛明 不憎不愛 無知而知者 眞心.

31) 僧肇의 『般若無知論』은 바로 知 아닌 知로서의 慧(般若, prajñā)에 관한 논서이다. 夫聖心者 微妙無相 不可爲有 用之彌勤 不可爲無 乃至非有故 知而無知 非無故 無知而知 是以無知即知 無以言異於聖人心也.

이 있는 공적영지지심空寂靈知之心으로서, 한편으로는 앎은 있으나 고요하지는 않은 중생들의 마음과 다르며 다른 한편으로는 고요하기는 하나 앎은 없는 무정無情의 세계와도 다르다는 것이다.

그런데 신비한 것은 지눌에 따르면 이 지知가 우리들의 일상적 의식과도 다르고 깨달음을 얻는 지혜와도 다르지만 우리의 모든 분별적 사고와 지식의 바탕이 되고 근거가 되며 깨달음을 얻는 지혜의 근거가 된다고 한다. 여기서 우리는 진심眞心의 묘체妙體를 넘어서서 진심의 묘용妙用에 관한 지눌의 이론에 접하게 된다.

> 지금 밝힌 바 공적영지空寂靈知는 비록 분별分別하는 식識도 아니고 깨달음을 증득證得하는 지혜智慧도 아니지만 식識과 지혜智慧를 능히 산출해 낼 수 있다. 범부도 되고 성인도 되며 선도 짓고 악도 짓는다. 마음에 들거나 거슬리거나 하는 작용의 힘이 만 가지로 변한다. 그 이유인즉 그 체體가 지知이기 때문이다. 여러 연緣을 대할 때 모든 옳고 그름, 좋고 싫음 등을 능히 구별한다.[32]

이 핵심적인 구절이 우리에게 말해 주는 것은 고요하고 변함이 없는(不變) 진심의 체體가 동시에 우리가 일상 생활에서 경험하는 모든 특수성과 차별성에 따라 역동적으로 변하는(隨緣) 측면을 동시에 가지고 있다는 것이다. 이러한 관점의 배후에는 심진여心眞如와 심생멸心生滅을 체용體用의 관계로 파악하는『기신론起信論』의 사상이 깔려 있다. 다시 말해 생멸심生滅心이 진여심眞如心을 바탕으로 하여 일어난다

---

32)『節要』, 768쪽.
今之所明 空寂靈知 雖非分別之識 亦非證悟之智 然亦能生識之與智 或凡或聖 造善造惡 違順之用 勢變萬端 所以然者 以體知故 對諸緣時 能分別一切是非好惡等

는 진여수연眞如隨緣 혹은 여래장연기如來藏緣起 사상을 전제로 하고 있는 것이다.[33]

　문제의 핵심은 우리가 살고 있는 이 생사유전의 세계, 우리가 일상적으로 접하고 사는 고통스럽고 무상한 현상 세계를 어떻게 보느냐이다. 무지한 마음으로 보면 우리는 그것을 진여眞如와 무관한 독립된 실체로 보아 생사윤회生死輪廻의 고해苦海에 빠지게 되며, 깨달은 마음으로 보면 이 세계 자체가 곧 진여의 역동적인(隨緣) 묘용妙用의 세계가 된다. 생사 그 자체가 곧 열반이 되며, 중생과 부처, 시간과 영원이 대립적 세계가 아니라 완전히 하나가 되어 버린다. 화엄 철학의 술어로 말하면 이理와 사事 사이에 막힘이 없는 이사무애理事無碍의 세계가 열리는 것이다. 그러나 문제는 어떻게 일견 모순되는 듯한 진여수연眞如隨緣이 가능한가라는 의문이다. 지눌에 따르면, 불변하는 진심의 체體가 그 자체는 전혀 변하지 않으면서도 다양하게 변하는 수연적隨緣的 용用의 세계를 산출할 수 있는 이유는 바로 진심의 체體 자체가 가지고 있는 지知 때문이라고 한다. 즉, 진심의 밝게 아는 성품 때문이다: "그 체體가 지知이기 때문이다"라는 것이다. 그러나 이 면을 좀더 면밀히 검토하기 전에 먼저 지눌이 진심의 묘용妙用을 어떻게 묘사하는지를 보자.

---

[33] 또한 이러한 사상이 가능하게 된 것은 여래장 사상과 생멸의 세계를 설명하는 아뢰야식(ālayavijñāna)연기 사상이 『起信論』에 와서 합쳐졌기 때문이다. 이 중요한 불교 사상사적 전개에 대해서는 가츠마타 슌쿄(勝又俊敎),『佛敎における 心識說의 硏究』, 513~637쪽을 참조할 것. 여기에는 그 이전에 地論宗의 淨影寺 慧遠(523~592) 같은 스님의 사상이 많은 영향을 미쳤다. 중국 사상에 있어서 體用의 개념에 대해서는 시마다 겐지(島田虔次), "體用의 歷史에 寄せて",『塚本博士頌壽記念 佛敎史學論叢』(京都, 1961), 416~30쪽을 참고할 것.

진심眞心의 묘체妙體는 본래 움직이지 않는다. 그것은 편안하고 조용하며 참되고 항구적이다. [그러나] 이 참되고 항구적인 체體 위에 묘용이 나타나서 흐름에 따라 묘妙함을 얻는 것을 방해하지 않는다. 그러므로 어떤 조사祖師의 송頌에 이르기를 "마음이 수많은 대상을 따라 굴러가되 가는 곳마다 참으로 그윽할 수 있다. 흐름을 따르된 성性을 인식認識할 수 있으면 기쁨도 슬픔도 없다"고 하였다. 그러므로 어느 때이든 움직이거나 베풀거나, 동으로 가나 서로 가나, 음식을 먹거나 옷을 입거나, 숟갈을 들 때나 젓가락을 놀릴 때나, 우를 보거나 좌를 보거나, 이 모든 것이 진심의 묘용이 나타남이다. 범부들은 미迷하고 전도顚倒되어 옷을 입을 때 단지 옷 입는 것만 알고 밥을 먹을 때는 단지 밥 먹는 것만 안다. 모든 일에서 단지 상相에 따라 굴러간다. 그런 까닭에 [진심이] 일상 속에 있음에도 깨닫지 못하며 목전에 있음에도 알지 못한다. 만약 성性을 아는 사람이라면 움직이고 베풂에 있어서 결코 어둡지 않을 것이다.[34]

여기서 지눌이 말하는 것은, 우리가 만약 "흐름에 따라 성性을 인식할 수 있다면(隨流認得性)" 우리의 일상 생활 자체가 모두 진심의 묘용妙用일 뿐이라는 것이다. 여기서 '흐름'이란 물론 끊임없이 변하는 우리의 일상 생활과 무상한 세계를 가리키고 '성性'은 진심의 체體, 즉 고요하되 앎의 작용을 가진 우리들의 본 마음 그 자체를 가리킨다. 달리 말하면, 만약 우리가 진심의 체體와 관련하여 우리의 일상사를 수행한다면 우리의 모든 삶과 행동이 신비로운 진심(불성, 여래장)의

---

[34] 『法語』, 67~68쪽.
眞心妙體 本來不動 安靜眞常 眞常體上 妙用現前 不防隨流得妙 故祖師頌云 心隨萬境轉轉處 實能幽 隨流認得性 無喜亦無憂 故一切時中 動用施爲 東行西往 喫飯着衣 拈匙弄筋 左顧右眄 皆是眞心妙用現前 凡夫迷倒於着衣時 只作着衣會 喫飯時 只作喫飯會 一切事業 但隨相轉 所以在日用而不覺 在目前而不知 若是識性底人 動用施爲 不曾昧却

용用으로 화하여 승화된다는 것이다. 이와는 반대로 '단지 상相만을 따르는' 생활은 '성性을 아는 사람'이 아닌 일상인들이 살아가는 방식이다. 끊임없이 변하는 상에 이끌려 다니거나 수시로 변하는 주위 환경에 무반성적으로 자신을 내맡기지 않고 자기의 참 본성(自性), 즉 공적영지空寂靈知의 진심을 놓치지 않는 삶이 바로 "흐름을 따라 성性을 인식하는" 삶이다. 그렇게 하기만 하면 '흐름' 그 자체를 떠나거나 거부할 필요가 없다는 것이다.

일상적인 삶에서 도피할 필요가 없으며 현실 세계와 역사를 부정할 필요도 없다는 것이다. 왜냐하면 끊임없이 변하는 생사의 세계 자체가 차원을 달리하여 진심眞心의 묘용妙用으로 승화되기 때문이다. 흐름에 따라 성性을 인식하는 일 ─『반야심경般若心經』의 유명한 표현을 빌리면 색즉시공色卽是空을 인식하며 사는 삶 ─ 은 다양한 현실 세계를 공허하고 추상적인 성性의 원리로 환원시키는 것을 의미하지 않는다. 오히려 먹고 자고 옷 입고 말하는 잡다한 경험 세계의 일들을 그 환원될 수 없는 구체적 특수성 속에서 순수하게 긍정하며 사는 공즉시색空卽是色의 삶을 의미한다. 이것을 지눌은 진심의 묘용이라고 부르는 것이다.

그런데 이와 같이 삶의 흐름을 따르면서 성性을 인식하는 것이 가능한 이유는 ─ 바로 이 점이 결정적이다 ─ 존재론적으로 성性(진심의 妙體) 자체가 변하는 다양성의 세계, 즉 진심의 묘용을 일으키기 때문이다. 진여眞如 자체가 변화의 세계와 단절된 공허한 세계가 아니라 오히려 변화하는 현상계의 다양성을 그대로 연출하는 역동성을 지니고 있기 때문이라는 것이다. 색즉시공色卽是空이자 곧 공즉시색空卽是色이며, 진공眞空이자 곧 묘유妙有이다. 화엄 사상에서는 성性이 상

相(현상계, 用)을 일으키는 것을 진성연기眞性緣起, 여래장연기如來藏緣起
라 부르며, 상호 의존적으로 발생하는 사물들의 연기緣起와 구별하여
성기性起라고 부른다.35) 성기의 관점에서 어떤 현상을 본다는 것은
그 현상성이나 상대성 혹은 조건성, 그리고 공성空性 가운데서 그것
을 본다는 것을 의미한다. 모든 연기적 사물은 동시에 성기이다.

지눌에게 성기의 논리는 진심묘용眞心妙用의 기초가 된다. 성기性起
는 곧 진심眞心의 체體에 즉卽한 용用이다. 성기와 묘용의 관점에서 보
면 어떤 사물이든 더 이상 인간의 영적 자유에 장애가 되지 않는다.
모든 것이 있는 그대로 순수하게 긍정되기 때문이다. 진眞과 망妄, 진
眞과 속俗이 따로 존재하는 것이 아니며, 속俗은 더 이상 진眞을 방해
하지 않는다. 바로 이 진리를 지눌은 일찍이 『단경壇經』과의 만남에
서 깨달았던 것이다 : "진여자성眞如自性이 생각을 일으키니, 비록 육
근六根이 보고 듣고 지각하고 인식하나 만상萬像에 의해 더러워지지
않고 진성眞性은 항시 자재自在롭다."36)

성기性起는 역설적인 실재이다. 그것은 생기生起 아닌 생기生起 혹
은 시간을 초월한 시간의 세계이다. 성기를 인식하는 순간 일상적 삶
은 진심의 묘용으로 전환되어 그 순간 이미 우리는 생멸生滅의 피안
에 있게 된다. 왜냐하면 용用은 영원한 체體에 즉卽한 용用이며 생기生
起는 불변하는 성性에 바탕을 둔 생기이기 때문이다.

이제 우리는 진심眞心에 통달通達하여 생멸生滅 없는 각성覺性에 계합

---

35) 性起 개념에 관한 간단한 설명으로는 가메카와 교신(龜川敎信), 『華嚴學』(京都, 1949), 103~27쪽을 참고할 것.
36) 이 구절 직전에 있는 『壇經』의 말은 이 진리를 바로 體用의 논리로 설하고 있다 : "眞如는 생각들의 體요, 생각들은 眞如의 用이다(眞如是念之體 念是眞如之用)."

契合하고 생멸 없는 묘용妙用을 일으키니, 묘체妙體는 참되고 항구해서 본래 생멸이 없지만 묘용은 연緣을 따라서 생멸이 있는 것처럼 보인다. 그러나 체體로부터 생긴 용用이므로 용이 곧 체이니 어찌 생멸이 있을 수 있겠는가? [진심에] 통달한 자는 참된 체體를 깨달았으니 어찌 생멸이 간섭할 수 있겠는가? 물로 말하자면, 습성濕性이 체體요 물결이 용用이라, 습성이 본래 생멸이 없으니 물결의 습성이라 한들 어찌 생멸이 있겠는가? 그러나 습성을 떠나 물결이 따로 없으니 물결 또한 생멸이 없다.37)

그러나 우리는 아직도 가장 핵심적인 문제를 밝히지 못했다. 즉 어떻게 진심의 체體가 동적인 용用의 세계를 산출할 수 있는가 하는 문제이다. 어떻게 불변不變의 성性이 수연隨緣의 상相의 세계를 일으킨다는 말인가? 지눌에 따르면, 그것은 체體 자체가 지니고 있는 밝게 아는 지知의 성품 때문이다. 경험 세계의 온갖 차별상과 다양성을 공적空寂한 진심眞心 속에 밝고 투명하게 비추어 나타나게 하는 것은 진심의 체가 지닌 이러한 앎의 측면이다. 이 신비를 우리에게 가장 알기 쉽게 이해시키는 것은 종밀이 사용하고 있는 마니구슬(摩尼珠, mani)의 비유이다.

이 비유의 핵심은 마니구슬이 깨끗할(淨) 뿐만 아니라 맑기도(明) 하다(眞心의 體가 寂할 뿐만 아니라 知이기도 하다)는 사실이다. 왜냐하면 바로 이 투명한 밝음이 있기 때문에 구슬이 바깥 대상들과 접할 때 여러

---

37) 『法語』, 89쪽.
今達眞心 契無生滅之覺性 起無生滅之妙用 妙體眞常 本無生滅之妙用 隨緣似有生滅 然從體生用 用卽是體 何生滅之可有 達人卽證眞體 其生滅何干涉耶 如水以濕性爲體 波浪爲用 濕性元無生滅故 波中濕性 何生滅耶 然波離濕性別無故 波亦無生滅

색상들을 취하여 반영할 수 있기 때문이다. 그러나 물론 그 구슬 자체가 대상에 따라 변하는 것은 아니다.38) 이미 고찰한 바와 같이, 지눌은 신회神會와 『단경壇經』의 사상을 좇아 적寂과 지知(구슬의 깨끗함과 맑음)의 관계를 진심의 체體 상의 체體와 용用으로 해석하고 있다. 따라서 진심의 체體 안에 있는 불변하는 용用으로서의 지知(구슬의 맑음)가 진심의 변하는 묘용의 세계(구슬 위에 나타나는 여러 색상들)를 일으키는 것이다. 지知는 말하자면 진심의 체와 용 사이의 매개적 실재로서 그 자체는 불변이나 변화하는 세계의 근원이다. 바로 이 때문에 진심이 지닌 이 지知의 성품을 인식하는 것이 결정적으로 중요하다. 지知는 그야말로 '중묘지문衆妙之門'인 것이다.

종밀은 그 특유한 지적 예리함을 가지고서 위에서 논한 두 가지 용用을 명확히 구별하고 있다. 하나는 변하지 않는 자성自性의 용用이요, 다른 하나는 변하는 수연隨緣의 용用이다.

> 진심의 본체本體에는 두 가지 용用이 있다. 하나는 자성自性의 본래적本來的 용用(自性本用)이요 다른 하나는 [外的] 연緣에 응하는 용用(隨緣應用)이다. 동경銅鏡에 비유한다면 동銅의 질質은 자성自性의 체體요, 경鏡의 명明은 자성自性의 용用이며, 그 명明이 나타내는 영상影像들은 연緣에 따른 용用이다 …… 마찬가지로 마음의 상적常寂함은 자성自性의 체體요, 마음의 상지常知는 자성自性의 용用이며, 이 지知가 능히 말을 하고 능히 분별分別을 하는 것은 연緣에 따른 용用이다.39)

---

38) 『起信論』에서는 구슬 대신 깨끗하고 맑은 淨鏡의 비유를 사용한다. 『大正藏』 32, 576c.
39) 『節要』, 706쪽.
　　眞心本體 有二種用 一者自性本用 二者隨緣應用 猶如銅鏡 銅之質是自性體 銅之明是自性用 明所現影是隨緣用 以喩心常寂是自性體 心常知是自性用 此知能語言

종밀宗密에 따르면 홍주종洪州宗(馬祖道一, 709~788)은 연연緣에 따라 변하는 용用의 면은 잘 알고 있었다.[40] 그리하여 홍주종은 우리 일상 생활의 모든 활동을 참된 것으로 간주한다. 모든 것이 진심의 용用(맑은 구슬에 나타나는 색상들)이기 때문이다. 그러나 홍주종은 자성自性의 불변하는 용用, 즉 진심의 체體 가운데 있는 지知의 측면을 잘 모르고 있다. 수연용隨緣用은 잘 알지만 자성용自性用을 분명하게 인식하지 못하고 있다는 것이다. 따라서 그들은 색깔 있는 구슬에만 친숙하기 때문에 색깔 있는 구슬과 색깔 없는 맑은 구슬을 잘 구별할 줄 모른다. 지눌은 종밀의 이러한 견해에 전적으로 동의하지는 않지만 지知의 측면을 가장 분명하게 드러낸 사람은 역시 신회였다는 데는 동의한다.[41]

반면에 신수神秀의 북종北宗은 상황에 따라 변하는 용用의 측면을 전혀 알지 못하기 때문에 맑은 구슬 위에 나타나는 다양한 색깔들을 보고서 구슬이 정말로 그러한 색깔들을 띠고 있다고 잘못 생각한다. 따라서 그들은 깨끗한 구슬을 드러내기 위해 열심히 구슬을 닦아낸다. 이것이 곧 점수漸修의 수고로움이다. 그런가 하면 우두종牛頭宗은 공空의 측면에 너무 집착한 나머지 구슬 위에 나타나는 여러 색깔을 공空이라고 생각할 뿐만 아니라 깨끗하고 맑은 구슬 자체까지도 공空이라고 말한다. 따라서 우두종의 견해는 북종과는 달리 색상의 공空은 깨닫고 있지만 진심眞心 자체를 부정하기 때문에 진리를 절반밖에는 모른다고 평한다. 지눌은 이러한 평가 역시 전적으로 받아들이지

能分別等 是隨緣用
40) 홍주종에 대한 종밀의 이러한 평가, 그리고 다른 선가들에 대한 평가는 『節要』, 694~707쪽에 나온다. 지눌이 종밀의 평가를 어떻게 받아들이고 있는지는 나중에 우리가 지눌의 頓悟論을 고찰할 때 다루어질 것이다.
41) 지눌이 선의 여러 종파들에 대한 종밀의 평을 어떻게 해석하는지는 지눌의 頓悟論을 다룰 때 더 자세히 고찰할 것이다.

는 않는다. 그러나 진심의 여러 측면들을 명확하게 파악하고 조화롭게 이해하는 데는 신회의 견해가 가장 뛰어남을 인정하여 다음과 같이 결론을 내린다.

> 그런고로 이 말법 시대末法時代에 마음을 닦는 사람은 먼저 하택荷澤이 보여 주는 말의 가르침에 따라 자기 마음의 성性과 상相, 체體와 용用을 간택揀擇하여 공적空寂에도 빠지지 말고(牛頭宗의 위험) 수연隨緣에도 걸리지 말지라(洪州宗의 위험).[42]

지금까지 우리는 선의 존재론적 근원이 되는 진심眞心에 관한 지눌의 견해를 체體와 용用의 두 측면에서 살펴보았다. 지눌에 따르면 진심의 체와 용 양면 가운데 어느 것을 강조하는가에 따라 진심에 대한 두 가지 표현 방식이 존재한다. 즉, 모든 것을 부정하고 배제하는 전간문全揀門과 모든 것을 긍정하고 수용하는 전수문全收門이다. 그는 다음과 같이 말한다.

> 이 깨달은 바 생각을 여윈 심체心體는 곧 제법諸法의 성性이다. 그것은

---

42) 『節要』, 693쪽.
是故而今末法修心之人 先以荷澤所示言教 決澤自心性相體用 不墮空寂不滯隨緣
지금까지의 논의를 통해 분명해진 점은, 존재론적으로 보아 眞心의 知는 體와 用 사이에 매개적인 역할을 하는 중간적 실재라는 사실이다. 중국 불교 사상에서 이 점이 지니는 의의는 매우 크다. 知는 말하자면 空과 有를 초월하면서 양자를 매개해 주는 개념으로서, 종밀은 이에 입각해서 三論宗에 의해 대표되는 空의 입장과 法相宗(唯識)에 의해 대표되는 有의 입장을 넘어서는 제3의 입장을 최고의 진리로 내세우고 있다. 말하자면 그는 二諦보다는 三諦說을 수립한 것이다. 종밀은 『都序』에서 禪의 三宗을 三教에 배대하고 있는데, 후자의 相宗, 空宗, 性宗 가운데서 性宗이 禪宗 가운데서 自性知를 명확히 하는 하택 신회 계의 이른바 直顯心性宗에 해당한다. 종밀 자신이 인정하고 있듯, 이러한 그의 불교관은 천태종의 空假中 三諦說과 유사하다. 『大正藏』 48, 407a를 볼 것.

온갖 묘한 것들을 포함하고 있되 또한 언사言詞를 초월한다. 언사를 초월하기 때문에 마음을 잊어 갑자기 깨닫는 문에 합치한다. 온간 묘한 것들을 포함하고 있기 때문에 상相과 용用이 번창하여 일어나는 면을 갖고 있다. 그런고로 이 심성心性에는 전간문全揀門과 전수문全收門이 있으니 마음을 닦는 자는 모름지기 잘 살펴야 한다. 종밀선사宗密禪師가 말하는 것처럼, "하나의 참된 심성心性으로써 깨끗하거나 더러운 제법諸法을 상대하면 전간문과 전수문이 있다. 전간全揀이란 단지 체體를 밝혀 영지靈知가 곧 마음의 본성임을 곧바로 가리키고 그 외의 모든 것은 허망한 것으로 여기는 것이다 …… 전수全收는 깨끗하거나 더러운 제법諸法이 곧 이 마음 아닌 것이 없다는 것이다.43)

달리 표현하면, 전간문全揀門은 잡다한 현상계의 망념들이 말끔히 사라지고 오직 영지로서의 심성의 묘체妙體만을 뚜렷하게 부각하는 부정의 길(via negativa)이고, 전수문全收門은 시시각각 변하는 수연隨緣의 세계를 진심의 묘용妙用으로 포용하는 긍정의 길이다. 그러나 여기서 긍정은 피상적이고 일차원적인 현실 긍정을 의미하는 것은 아니다. 왜냐하면 사事가 이理(空)의 빛 아래서 긍정되기 때문이다. 그러기에 지눌은 말하기를 연기緣起가 성기性起로서 이해되는 한에서만 전수문이 가능하다고 한다. 이것은 우리들에게 매우 가까이 있으나 이해하기 어려운 진리라고 지눌은 말한다.44) 부정 또한 단순한 현실 도피를

---

43) 『節要』, 778~79쪽. 종밀의 『都序』 — 지눌이 인용하고 있는 — 에 따르면 性宗은 全揀門을 통해 空宗을 포용하고 全收門을 통해 相宗을 포용한다. 『大正藏』, 48, 405c. 此所悟離念心體卽 諸法之性 包含衆妙 亦超言詞 超言詞故 合忘心頓證之門 含衆妙故 有相用繁興之義 故此心性 有全揀門 全收門 修心者切須審詳 如密禪師 云 以一眞心性對染淨諸法 全揀全收 全揀者 但剋體直指靈知卽是心性 餘皆虛妄 …… 全收者 染淨諸法無不是心
44) 『節要』, 782쪽.

의미하는 것이 아니다. 왜냐하면 진심의 묘체妙體는 그것에 의해 모든 차별적 현상들이 되살아 나오는 묘용妙用을 머금고 있기 때문이다.

지눌은 종밀을 좇아 법法을 설하는 방식에서 선禪은 전간문에 가깝고 교敎는 전수문에 가깝다고 말한다.45) 그러나 선이든 교이든 다른 문이 없는 것은 아니며, 어느 문을 택하든지 방법 자체에 사로잡히지 않고 전수全收와 전간全揀에 자유로워야 하고 성性과 상相에 막힘이 없어야 한다. 그러기 위해서는 진심眞心을 지적知的으로만 이해하는 의해意解에 빠지지 말고 몸소 자기 마음을 반조返照하여 한 마음을 문득 깨닫는 체험이 필요하다고 지눌은 강조한다.46) 이것은 곧 선의 수행禪行과 관련된 문제로서, 우리가 다음 장에서 다룰 주제이다.

이상으로써 우리는 깨달은 자의 눈으로 본 세계, 즉 진심(禪源)에 관한 논의를 종결 짓고, 이제는 깨닫지 못한 범부들이 직면한 세계 — 그들의 문제가 무엇이며 어떻게 수행을 통해 그것들을 극복할 수 있는가 — 에 대한 지눌의 생각을 고찰할 차례이다.

---

45) 『節要』, 783~84쪽.
46) 『節要』, 781쪽.

IV. 돈오론頓悟論

 앞장에서의 선禪의 근원(禪源)에 대한 논의는 결코 우리들 자신으로 하여금 그 실재를 직접 경험하도록 하는 역동적 선禪 수행(禪行)을 대신하게 하려는 것이 아니다. 그것은 어디까지나 수행 자체가 아니라 '관행觀行을 위한 거울'일 뿐이다. 스스로의 관행 없이 진심을 안다고 주장하는 것은 남의 재산을 헤아리는 것만큼이나 어리석은 짓이라고 지눌은 말한다.1) 지눌은 또 경고하기를, "만일 자신의 마음을 잘 반조返照해 보지 않고 마음의 공능功能을 안다고 한다면 그런 사람을 일컬어 명성과 이익만을 좇는 문자법사文字法師라 한다"고 말한다.2)

 특히 신회神會가 진심을 이해하는 열쇠로서 '지知'라는 개념을 발설함으로써 이루어진 선禪의 현교화顯敎化 이후, 지눌은 우리들이 언어로써 직접적 경험을 대치하려는 유혹에 빠지기 쉽다고 생각했다. 그리하여 신회의 현교화 이후의 깨달음이 아직도 순수한 것인지를 묻

---

1) 『節要』, 747쪽.
2) 『華嚴論節要』, 451쪽. 不善返照自心 知其功能 是謂求名聞利養文字法師

는 한 가상적 질문에 대하여 지눌은 다음과 같이 대답한다.

> 내가 이미 말하지 않았는가? 만약 몸소 반조返照의 공功 없이 다만 고 개만 끄덕이면서, "현재 [나의 이] 아는 주체가 곧 부처의 마음이다"라 고 말하는 사람은 심히 잘못된 사람이다 …… 내가 소위 마음을 깨달 은 사람이라고 말하는 자는 단지 언설로 의심을 제거할 뿐만 아니라 직접 이 공적영지空寂靈知라는 말을 붙들고 반조의 공이 있어, 이 반조 의 공으로 인해 생각을 여읜 마음의 본체를 얻은 사람을 말한다.3)

여기서 핵심적인 것은 관행에 대해 지눌이 즐겨 쓰는 단어인 '반조 返照'라는 말이다. 좀더 정확히 말하면, "빛을 되돌려서 [자기 마음을] 비춘다(廻光返照)"는 말이다. 여기서 '빛'은 우리의 시선이며 우리들의 관심의 방향을 가리키는 메타포이다. "그대의 관심을 내면으로 돌려 라" : 이것은 바깥 세계와 명리의 추구에 사로잡혔던 고려 불교계를 향한 지눌의 외침이었다. 그것은 끊임없이 바깥 사물에서 만족을 얻 으려는 천박한 삶을 탈피하여 궁극적 실재를 찾아 내면의 세계로 파 고들라는 외침이었으며, 진리를 남의 말이나 문자에서 구하지 말고 바로 자기 자신의 마음에서 구하라는 촉구였다.

반조返照란 외적 상相과 색色에 휘둘리지 말라는 것, 단지 상相만을 좇아 외부 세계를 향해 치닫지 말라는 것을 뜻한다. 반조의 관점에서 볼 때는 비단 세속적 행위들뿐만 아니라 종교적 행위들마저도 피상 적이고 부차적인 일이 되어 버린다:

---

3) 『節要』, 803~804쪽.
　前不云乎 若無親切返照之功 徒自點頭道 現今能知是佛心者 甚非得意…吾所謂悟心 之士者 非但言說除疑 直是將空寂靈知之言 有返照之功 因返照功 得離念心體者也

염불하고 경을 읽고 만 가지 행을 하는 일은 승려가 행해야 할 일상적 도리이니 무슨 방해가 되겠는가? 그러나 그 근본을 캐 들어가지 못하고 상相에 집착하여 밖으로 구한다면, 그러한 사람은 지혜로운 자의 비웃음을 사지 않을까 걱정하는 바이다.4)

마음 밖에서 정토淨土를 구하는 것 역시 지눌에게는 하나의 외적 추구로서, 그는 이러한 피상적 정토 신앙, 실재론적으로 이해된 정토 신앙도 거부한다.

최근 [문자의] 뜻을 공부하는 많은 승려들이 목숨을 던져 도道를 구하고 있으나 모두 외적 상相에 집착하고 있다. 그들은 얼굴을 서쪽으로 향하여 목소리를 높여 부처를 부르면서 그것을 도 닦는 행위라 여긴다. 그들은 부처와 조사들이 [자기 자신의] 심지心地를 배워 익히고 밝힌 비결을 명리를 추구하는 학문이라 여기어 자신의 분수를 넘는 영역이라 생각하여 끝내 마음에 두지 않고 일시에 포기해 버리니, 이미 마음 닦는 비결을 포기한 것이다. 반조返照의 공능功能을 알지 못하고 헛되이 [자신의] 총명한 지혜의 마음을 붙잡고 평생의 힘을 허비해 버리고 [자신의] 마음은 등지고 [바깥] 상相을 취하면서 성인의 가르침에 의거하는 것이라고 말하니, 어찌 지혜 있는 자가 이것을 마음 아파하지 않겠는가?5)

지눌에게는 심지어 법계法界(dharmadhātu)를 관觀하는 행위라 할지라

---

4) 『法語』, 3쪽.
   念佛轉經 萬行施爲 是沙門主持常法 豈有妨碍 然不窮根本 執相外求 恐被智人之所矣
5) 『法語』, 28쪽.
   近世多有義學沙門 捨命求道 皆着外相 面向西方 揚聲喚佛 以爲道行 前來學習發明心地佛祖秘訣 以爲名利之學 亦謂非分境界 終不掛懷 一時棄去 旣棄修心之秘訣 不識返照之功能 徒將聰慧之心 虛用平生之力 背心取相 謂依聖敎 諸有智者 豈不痛傷

도 그것이 자기 자신의 마음과 무관한 외적 행위인 한 반조는 아니다. 아무리 심오한 진리라 할지라도 반조의 행위에 의해 자기 자신의 마음(心)과 관련되지 않으면 자기와는 무관한 쓸데없는 진리일 뿐이다. 지눌은 말한다.

> 다만 언어적 설명만 익힌 사람은 비록 법계法界의 무애연기無碍緣起를 한참 논한다 해도, 애당초 자신의 마음이 가진 힘(德)과 작용(用)을 돌이켜 보지 못한다. 이미 그는 법계法界의 성상性相이 자기 마음의 체용體用임을 관觀하지 않으니, 언제 자기 마음의 번뇌의 티끌을 열어 대천경권大千經卷을 끄집어 낼 수 있겠는가?6)

요컨데 반조返照라는 것은 무엇보다도 자신의 마음을 향한 추구이어야 하며, 지눌에 따르면 자신의 마음이야말로 곧 진리를 만나는 장소이다.

그러나 빛을 되돌려 내면을 향하게 하는 목적은 무엇이며 반조의 행위를 통해 얻는 이득은 무엇인가? 지눌에 따르면 그것은 곧 마음을 깨닫는 것(悟心), 즉 돈오頓悟의 체험이다. 자기 자신의 본 마음이 바로 부처의 마음이며 자신의 본래적 성품이 곧 부처의 성품(佛性)임을 깨닫는 일이다. 지눌에 따르면 이 돈오야말로 선禪의 출발이며, 그

---

6) 『法語』, 21쪽.
唯習言說者 雖廣談法界無碍緣起 初不返觀自心之德用 既不觀法界性相是自心之體用 何時開自心情塵 出大千經卷
'大千經卷'에 대해서는 이 책 55~56쪽을 볼 것. '大千'이란 말은 인도 우주론에서 '大千世界'를 가리키는 말로서 수미산을 중심으로 형성되어 현 인류가 거주하고 있는 세계 10억 개로 구성된 방대한 세계를 가리킨다. '대천경권'은 『화엄경』에 언급된 이러한 어마어마한 크기의 경전을 지칭한다. 나카무라 하지메(中村元), 『佛教語大辭典』, '大千世界'; 혹은 耘虛, 『佛教辭典』, '일대삼천세계' 참조.

것에 의하여 우리는 진심眞心의 세계에 들어가고 '선의 근원'(禪源)으로 되돌아간다. 지눌뿐 아니라 모든 선사禪師들이 전하는 메시지의 파격성이 바로 여기에 있다. 깨달음은 오랜 수행 끝에 얻어지는 결과가 바로 선행禪行의 출발점에서부터 가지고 시작해야 하는 경험이라는 것이다. 그러면 돈오라는 것은 무엇이며, 과연 그것은 언어로 논의되고 설명될 수 있는 것인가?

　지눌은 돈오頓悟에 대한 언어적 논의와 설명을 피하지 않는다. 오히려 바로 선의 파격적 메시지, 곧 깨달음이 긴 수행 후에 얻어지는 것이 아니라 바로 선의 출발점이라는 사실 때문에 언어적 논의는 필수적이라고 여긴다. 지눌은 선 수행자들이 깨달음이라는 높은 이상을 추구하며 일생을 보내되 결국 아무것도 얻지 못하고 방황만 하다 끝나 버리는 당시 현실에 깊은 우려를 나타내고 있다. 특히 법法의 교외별전적敎外別傳的 비전秘傳만을 깨달음이라고 여겨 아무런 구체적 방편도 없이 막연히 그러한 경지만을 추구하다가 결국 좌절해 버리고 마는 선 수행자들의 병폐를 지눌은 개탄했다. 바로 그러한 위험을 막기 위해서라도 지눌은 깨달음에 대한 분명하고 확고한 지적 안내가 필요하다고 믿었다. 그리고 이러한 지적 기반에 근거하여 반조 행위를 통해서 자신의 마음이 곧 부처의 마음임을 깨닫는 돈오의 경험으로써 선은 출발해야 한다고 확신했다. 물론 지눌은 이러한 최초의 깨달음이 깨달음의 전부이거나 최종적인 것이라고는 생각하지 않았다. 그는 화엄 사상가 징관澄觀의 견해에 따라 깨달음에는 해오解悟와 증오證悟의 두 종류가 있다고 한다. 징관을 인용하면서 지눌은 다음과 같이 그 차이를 지적한다.

깨달음의 양상를 살펴보면 단 두 가지가 있다. 하나는 해오로서 성상性相을 분명히 이해하는 것이고, 다른 하나는 증오로서 마음이 신비의 극치를 이룸을 말한다.7)

지눌에 따르면 해오解悟는 수행修行 이전 혹은 수행 없이도 얻어지는 깨달음이며, 반면에 증오證悟는 수행 끝에 얻어지는 깨달음이다.8) 따라서 지눌이 돈오頓悟를 선의 출발점으로 제시할 때 이는 물론 점차적 수행(漸修)이 뒤따라야 하는 해오解悟를 의미한다. 이러한 의미에서 돈오는 선의 시작일 뿐이다. 재차 강조하지만, 그렇다고 해서 지눌에 있어서 해오로서의 돈오가 순전히 문자적 이해, 지적 깨달음이라고 생각해서는 안 된다. 그것은 여실언교에 의거하되 반드시 자신의 마음을 반조하는 노력을 수반해야만 한다.

돈오가 이렇게 불완전한 깨달음이고 점수를 통해 증오로 완성되어야 한다면, 문제는 왜 지눌이 돈오 대신 점수漸修를 선의 시작으로 제시하지 않았는가 하는 의문이다. 이에 대한 대답은 지눌이 이해하는 수修의 의미를 다루는 다음 장에서 주어질 것이다. 일단 여기서는 돈오가 선의 시작이어야 한다는 것이 지눌 선의 확고부동한 원칙이라는 점만 확인해 둘 필요가 있다. 이제 이러한 돈오에 관한 지눌의 설명을 들어 보자.

돈오의 내용은 이미 우리가 전장에서 살펴보았던 진심의 체용體用이다. 그러나 중요한 것은 돈오란 그러한 진심의 세계를 단순히 어떤

---

7) 『節要』, 724~25쪽.
若明悟相 不出二種 一者解悟 謂明了性相 二者證悟 謂心造玄極
8) 『法語』, 119쪽, 『節要』, 726, 742, 755쪽. 앞으로 우리가 보겠지만, 解悟는 顯敎의 깨달음, 즉 如實言敎에 의거한 것인 반면에 證悟는 지눌에 따르면 화두를 참구하는 看話禪을 통해 도달하는 敎外別傳의 깨달음의 세계이다.

객관적 진리로서 이해하는 지적 행위가 아니라 그것을 바로 자기 자신의 존재, 자기 자신의 마음 바탕과 깊숙히 연관해서 터득하는 실존적 각성이라는 사실이다. 해오解悟로서의 돈오는 기본적으로 자기 이해요, 자기 자신에 관한 깨달음이다. 지눌은 종밀의 말을 빌려 돈오를 다음과 같이 설명하고 있다.

> 시작도 없이 전도되어 이 사대四大(지, 수, 화, 풍)를 몸으로, 망상妄想을 마음으로 인식하며 통틀어 '나'라고 인식하다가, 만약 좋은 벗을 만나서 위에 말한 바 불변不變과 수연隨緣, 성性과 상相, 체體와 용用의 이치를 듣고는, 영묘하고 밝은 지견知見이 자기 자신의 진심眞心이며 마음은 본래 언제나 공적空寂해서 성性도 상相도 없으니 이것이 곧 법신法身이며, 몸과 마음이 둘이 아니니 이것이 곧 진아眞我로서 모든 부처와 털끝만치도 다르지 않음을 홀연히 깨닫기 때문에 '돈頓'이라고 한다. 마치 어떤 대신大臣이 꿈에 감옥에 갇혀 몸에 형틀을 쓰고 갖가지로 괴로워하면서 백방으로 벗어날 길을 찾다가 어떤 사람이 그를 불러일으키면 홀연히 깨어나 자신이 본래 자기 집에 있고 안락함과 부귀가 조정의 여러 동료 대신들과 조금도 다르지 않음을 비로소 보는 것과 마찬가지이다.9)

돈오는 자신의 참 자아(眞我), 즉 꿈과 같은 미혹으로 인해 인지하지 못했던 자신의 참 마음(眞心)을 홀연히 발견하게 됨을 의미한다. 미망에서 깨달음으로의 변화, 꿈에서 깨어남이 즉석에서 일어나기

---

9) 『節要』, 708~09쪽.
　無始迷倒 認此四大爲身 妄想爲心 通認爲我 若遇善友 爲說如上不變隨緣性相體用之義 忽悟靈明知見是自眞心 心本恒寂 無邊無相 卽是法身 心身不二 是爲眞我 卽與諸佛 分毫不殊 故云頓也 如有大官 夢在牢獄 身着枷鎖 種種憂苦 百計救出 遇人喚起 忽然覺悟 方見自身 元在自家 安樂富貴 與諸朝僚 都無別異也

때문에 '갑자기(頓)'라는 것이다. 그것은 점차적으로 진행되는 과정이 아니라 자기 자신의 참 모습을 문득 깨닫게 되는 자각의 행위 혹은 사건으로서, 일종의 정신적 혁명과도 같다. 한마디로 말해 돈오는 갑작스러운 자신의 본성本性의 발견으로서, 곧 '성性을 봄으로 부처가 되는(見性成佛)' 경험이다.10) 지눌은 여기서 '성性'이란 상相에 대립되는 개념이 아니라 그러한 대립을 초월하는 ('性도 相도 없다'고 하는) 성性, 즉 성性(空, 寂)도 아니고 상相(色, 用)도 아니면서 동시에 양자를 아우르는 절대적 성性을 의미한다고 한다.11)

깨달음이 뜻하는 것을 좀더 명확히 하기 위해서 우리는 지눌에 있어서 무엇이 그 반대인 무지와 미망인가를 살펴볼 필요가 있다.

> 진심眞心은 성인聖人이나 범부凡夫나 본래 똑같다. 그러나 범부는 망심妄心으로 사물을 인식하여 자신의 깨끗한 본성을 잃어버리기 때문에 [성인과] 이러한 간격이 생기는 것이다. 그런 까닭에 진심이 나타날 수 없는 것이다. 어둠 속에 있는 나무의 그림자나 땅 속에 흐르는 샘물처럼 실제로 존재하지만 다만 알지 못할 뿐이다. 경經에 이르기를, "선남자여, 비유하자면 맑고 깨끗한 마니구슬(摩尼珠)이 오색을 반영하여 각 방향에 따라 [색상을] 나타내면 어리석은 자들은 그 마니구슬이 실제로 오색이 있다고 생각한다. 선남자여, 원각圓覺의 깨끗한 성품이 몸과 마음에 나타나기를 종류에 따라 각각 응하는데 저 어리석은 자들은 깨끗한 원각이 실제로 그와 같은 심신心身의 자성自性이 있다고 말함도 이와 같다."12)

---

10) 『節要』, 711, 787쪽
11) 『節要』, 787쪽.
12) 『法語』, 70쪽.
眞心聖凡本同 凡夫妄心認物 失自淨性 爲此所隔 所以眞心不得現前 但如暗中樹影 地下流泉 有而不識耳 故經云 善男子 譬如淸淨摩尼寶珠 映於五色 隨方各現

이 비유에 따르면, 미혹의 핵심은 투명한 구슬에 반영된 색깔들의 참된 성격, 즉 진심의 용用을 오해하는 데에 있다. 미혹된 마음은 어리석게도 구슬에 반사된 오색五色이 실제로 구슬에 존재한다고 믿어, 구슬이 본래 공적하고 투명한 것이라고 일러주는 자를 믿으려 하지 않는다는 것이다.

종밀宗密에 따르면, 선의 각 종파들은 맑은 구슬(眞心)이 존재한다는 데는 동의하지만 구슬과 거기에 나타나는 영상들과의 관계를 파악하는 데에 있어서는 종파마다 차이를 보인다.[13] 첫째로 북종北宗은 맑은 구슬의 숨겨진 존재를 인정하지만, 가령 검은색이 실제로 구슬의 맑음을 가리우고 있다고 생각한다. 따라서 맑음이 다시 나타나기 위해서는 검은 색깔을 지워버려야만 한다. 북종은 구슬에 나타나는 영상들의 성격, 즉 그것이 진심의 용用임을 전혀 깨닫지 못한다는 것이다. 따라서 북종은 돈오라는 것을 전혀 알지 못하고 구슬에 붙어 있는 색깔들만을 부지런히 닦아 내려는 점수漸修의 행만을 힘쓴다. 나타나는 영상들이 정말로 구슬의 맑음을 가리는 것이 아니며, 따라서 제거될 것도 없다는 사실을 전혀 알지 못하기 때문이다.

한편 홍주종洪州宗은 북종과는 정반대다. 검은 구슬이 곧 맑은 구슬이기 때문에 번뇌와 망상이 모두 옳은 생각이라 여기고 참과 거짓 사이에 구분을 두지 않는다. 일상 생활에서의 분별적 생각이 모두 진여眞如와 다름 아니다. 그리고 홍주종은 사람들이 맑은 구슬에 집착하지 않게 하기 위하여 맑은 구슬과 색깔을 띤 구슬을 구별하지 않

諸愚痴者 見彼摩尼 實有五色. 善男子 圓覺淨性 現於心身 隨類各應 彼愚痴者 說淨圓覺 實有如是 心身自性 亦復如是
13) 禪의 대표적인 네 종파에 대한 기술은 『節要』 694~707쪽에 의거한 것이다.

고 맑은 구슬의 체體를 영원히 얻을 수 없는 것으로 본다. 종밀은 이 종파가 진심眞心의 체體 대신에 용用에 지나치게 큰 비중을 두고 있다고 본다. 따라서 색깔이 없는 구슬을 대할 때에는, '구슬을 인식할 색깔이 없으므로' 맑은 구슬 자체를 알아보지 못하는 폐단을 낳기도 하며 종종 다른 구슬을 마니구슬로 착각하기도 한다. 종밀은 다른 말로 비판하기를, 모든 것이 불성이라고 말하는 홍주종은 마치 물이 어느 물이든 습성을 본성으로 하되 어떤 물은 배를 뜨게 하는가 하면 어떤 물은 배를 전복시키기도 한다는 사실을 무시하는 위험이 있다는 것이다.14)

또 이와는 대조적으로 우두종牛頭宗에서는 모든 것이, 즉 구슬에 나타난 색깔뿐 아니라 맑은 구슬 자체까지도 공空임을 말한다. 상相과 용用이 공空일 뿐 아니라, 진심의 성性과 체體마저도 공空임을 강조한다. 종밀은 평하기를 이 종파는 오류를 제거하는 데는 능하나 진리를 적극적으로 드러내지는 못한다고 비판한다. 제거되어야 할 더러움의 존재를 인정하지 않는다는 점에서는 옳지만, 드러나야 할 진심의 체體가 공이 아님을 인식하지 못하는 점에서는 문제가 있다는 비판이다. 따라서 우두종은 오직 절반뿐인 돈오를 알고 있을 뿐이라고 한다.

마지막으로 종밀 자신이 숭상했던 하택종荷澤宗을 보자. 우리는 전장에서 이미 신회神會의 견해를 검토했다. 이제 그것을 다른 종파들과 비교하여 보자.

---

14) 아라키 겐고(荒木見悟), "宗密の 絶對知論", 4쪽. 아라키는 이 논문에서 종밀이 知 개념을 중시하는 이유 가운데 하나가 바로 홍주종이 보이는 이와 같은 반도덕주의 내지 무규범주의의 위험성을 경계하기 위함임을 강조하고 있다. 自性用과 隨緣用을 명확히 구별하지 않고 隨緣用에 입각해서 一切皆眞, 隨處作主의 자유를 구가하는 홍주종의 위험성에 대하여 종밀은 투명하고 냉철한 自性用으로서의 知에 입각하여 행동을 규제하는 원리를 찾고 있다는 것이다.

다만 구슬에 대해 미혹되지 않는다면, 검은색은 검은색이 아니다; 검은색은 곧 구슬이며, 다른 모든 색깔도 마찬가지이다. 이것이 곧 있음과 없음에 자유로움이다. 맑음과 검음이 융통하니 다시 무슨 장애가 있겠는가?15)

이에 대해 종밀宗密은 다음과 같이 말한다.

검은 것이 검은 것이 아니라고 말하는 것은 우두종牛頭宗과 같고(無), 검은 것이 곧 구슬이라고 하는 것은 홍주종洪州宗과 같다(有). 만약 맑은 구슬을 직접 보게 되면, 깊은 것(神會)은 반드시 얕은 것(洪州宗, 牛頭宗)을 아우르기 때문이다.16)

그리고 종밀은 다음과 같이 결론 짓는다.

만약 맑음이 [여러 색깔을] 나타낼 수 있는 체體로서 영구히 변하지 않음을 알지 못하고, 단지 검은색 등이 구슬이라고 말하거나(洪州宗), 혹은 검은 것을 떠나서 구슬을 찾으려 하거나(北宗), 혹은 맑음과 검음 모두가 공空이라고 말한다면(牛頭宗), 이러한 사람들은 모두 아직 구슬을 보지 못한 것이다.17)

선의 여러 종파들에 대한 종밀의 이러한 평가에 대해 지눌은 한편

---

15) 『節要』, 702쪽.
    但於珠不惑則 黑則無黑 黑卽是珠 諸色皆爾 卽是無有自在 明黑融通 復何碍哉
16) 『節要』, 702쪽.
    黑卽無黑 同牛頭 黑卽是珠 同洪州 若親見明珠 深必該淺故也
17) 『節要』, 703쪽.
    若不認得 明是能現之體 永無變易 但云黑等是珠 或擬離黑覓珠 或明黑都無者 皆是未見珠也

으로는 공감하면서도 다른 한편으로는 유보적 태도를 취한다. 신회神
會와 종밀이 보인 사고의 명석함에 지눌은 감탄하며, 이것이 자기가
신회의 "깨달은 바가 고명하며 의심을 결단하고 이치를 분별함이 분
명하다"고 말한 이유라고 고백한다(『節要』, 703). 지눌도 역시 북종北宗
은 돈오의 본질을 놓쳤다고 보는 종밀의 견해에 동의한다. 특히 그는
북종이 성기性起, 즉 진심의 용用에 무지하여 진망대립적眞妄對立的 견
해에 빠졌음을 지적한다(『節要』, 698). 그러나 지눌은 나머지 두 종파에
대한 종밀의 평가에 대해서는 유보적 태도를 보이고 있다. 종밀에 따
르면 홍주종은 돈오에 가까우나 꼭 적중하지는 못하며, 우두종은 돈
오를 절반만 이해했을 뿐이다. 지눌은 종밀이 그의 다른 저서 『선원
제전집도서禪源諸全集都序』에서 말한 것을 참고로 하여 종파주의적 견
해가 그의 참뜻이 아님을 변호해 주고 있다.18)

---

18) 『節要』, 691~708쪽을 볼 것. 도처에 知訥의 변호조 언급이 보인다. 『禪源諸詮
集都序』는 禪의 여러 종파들 사이뿐 아니라 禪과 敎의 一致를 드러내고자 하
는 목적에서 쓰여진 책이다. 반면에 『法集別行錄』— 宗密의 견해에 대한 우
리의 논의가 기초하고 있는 — 은 『禪門師資承襲圖』와 마찬가지로 『都序』와
는 입장이 다르다. 그러나 『承襲圖』에서조차 종밀은 다음과 같은 흥미로운 언
급을 하고 있다:

> 이상의 세 견해 사이의 차이는 다음과 같다. 첫 번째는 모든 것이
> 거짓이라고 말하며(北宗), 두 번째는 모든 것이 참이라고 말하며(洪
> 州宗), 마지막 것은 모든 것이 없다고 말한다(牛頭宗) …… 나, 종밀
> 은 천성이 확인하는 것을 좋아하여 일찍이 그들을 하나하나 방문하
> 여 그 뜻이 이러하다는 것을 알아 내게 되었다. 그러나 만일 이런
> 말을 가지고서 그 [각 종파의] 학인들에게 물어보면 그들은 하나 같
> 이 동의하지 않을 것이다. 만일 有냐고 물으면 空이라고 대답할 것
> 이고, 空을 구하면 有를 가리킬 것이다. 어떤 자들은 둘 다 아니라고
> 할 것이며 어떤 자들은 아무것도 얻을 수 없다고 말할 것이다. 닦아
> 야 한다느니 닦지 않는다느니 하는 것 등이 모두 이런 식이다. 그들
> 의 뜻인즉, [배우는 자들이] 문자에 빠지거나 얻은 것에 걸릴까봐 항
> 시 두려워하는 것이다. 그래서 그들은 무슨 말이든 털어 버리는 것

지눌은 종밀이 우두종의 다른 측면을 모르고 있었던 것이 아니라고 말한다. 다만 우두종의 추종자들이 '영지靈知'를 무시하고 '공적空寂'에 빠져들지 않게 하기 위하여 돈오의 절반만 이해한다고 평했다는 것이다. 마찬가지로, 지눌知訥은 하택종과 홍주종 모두 '직현심성종直顯心性宗'으로서, '상相을 모아 성성에 귀속시키는(會相歸性)' 기본적 입장에서는 일치한다는 종밀의 말을 환기시킨다. 그러나 지눌은 홍주종의 추종자들이 수연용隨緣用에 치우친 나머지 적지寂知, 즉 진심의 자성용自性用인 불변하는 체體를 제대로 인식하지 못할까 염려하여 종밀이 홍주종은 돈오에 가깝기는 하나 적중하지는 못했다는 평을 한 것이라고 변호한다.[19] 이러한 방식으로 종밀을 옹호하면서 지눌은 다음과 같이 결론을 맺는다.

그런고로 오늘날 말법 시대에 마음을 닦는 사람은 먼저 신회가 보여 준 말의 가르침으로써 자기 마음의 성상性相과 체용體用을 가리고 택하여 공적空寂에 빠지거나 수연隨緣에 걸리지 말아야 한다. [이렇게] 진정한 이해를 발한 후에 홍주, 우두 두 종파를 두루 살펴보면 [이 세 견해들이] 완벽히 서로 들어맞을 것이니 어찌 버리고 취하는 마음을 함부로 내겠는가?[20]

이다. 마음에 귀의하여 배우려는 사람이 있어야 비로소 자세히 가르쳐 주어 그로 하여금 [자기 마음을] 오래 관조하게 하여 그의 수행과 이해를 성숙하게 만드는 것이다.
又上三家見解異者 初一切皆妄(北宗) 次一切皆眞(洪州) 後一切皆無(牛頭) …… 且宗密性好勘會一一曾參 各搜得旨趣如是 若將此語問彼學人 卽皆且不招承 問有答空 徵空指有 或言俱非 或言皆不可得 修不修等 皆類此也 彼意者 常恐嚼於文字 常怕滯於所得 故隨言拂也 有歸心師學 方委細教授 令多時觀照 熟其行解矣
19) 『節要』, 691~693쪽.
20) 『節要』, 693쪽.

돈오에 관한 지금까지의 논의는 지눌에 있어서 돈오가 다분히 지적 이해에 가깝다는 생각을 갖게 할 소지가 많다. 실제로 지눌에게 해오解悟로서의 돈오는 어느 정도 지적 이해의 성격을 지닌 것으로 보인다. 지눌은 돈오를 오직 소수에게만 허용되는 밀전적密傳的 특권으로 이해하지 않았다. 선의 출발점으로서의 돈오는 지눌에 있어서 '대번에 깨달을 수 있는 근기' — 돈교頓教를 감당할 만한 능력 — 를 소유하고 있으며 그것을 무릅쓸 용기와 각오가 있는 한 누구에게나 열린 길이다.21) 그러나 누차 강조하였듯이, 이 현교적顯教的 돈오頓悟의 길도 자신의 마음을 반조返照하는 내적 성찰을 수반하지 않고는 불가능하다. 돈오는 결코 단순한 교리의 학습이나 문자 공부만으로

是故而今末法修心之人 先以荷澤所示言教 決擇自心性相體用 不墮空寂 不滯隨緣 開發眞正之解然後 歷覽洪州牛頭二宗之旨 若合符節 豈可妄生取捨之心耶
지눌이 종밀을 이렇게 변호해 주는 데는 그가 처했던 역사적 상황과 위치가 종밀과는 사뭇 달랐기 때문이다. 지눌은 종밀 이후에 전개된 중국 불교, 특히 선 불교의 흐름을 익히 알고 있다. 종밀의 사후 중국 선 불교계를 주도한 것은 하택종이 아니라 홍주종 계통, 그 가운데서도 특히 임제종 계통이었다. 지눌은 물론 이러한 사실을 알고 있었을 뿐만 아니라 '知解宗徒'라고 낙인찍힌 신회와 그의 법맥을 잇는다고 자처한 종밀에 대한 후세의 평가도 분명히 의식하고 있다. 그럼에도 불구하고 그가 신회와 종밀을 제한적으로나마 높이 평가하면서 수용한 것은 그들의 가르침이 지눌 당시 고려 불교계에 중요한 의미를 지닌다고 확신하였기 때문이며, 지눌의 이러한 초종파주의적 정신은 실로 높이 평가할 만하다. 아라키 겐고(荒木見悟)는 이미 언급한 바 있는 논문, "宗密の 絶對知論"에서 종밀의 선이 중국에서 제대로 맥을 잇지 못함으로 해서 후세에 올바른 이해와 평가를 받지 못하게 된 사실을 잘 보여 주고 있다. 그러나 유감스럽게도 그는 종밀의 사상이 지눌에 의해 한국 불교에서 계승되어 왔다는 중요한 사실은 언급하지 않고 있다.
21) 知訥이 여기서 사용하는 頓教라는 말은 華嚴의 五教判에서 네 번째 가르침을 말하는 것이 아니다. 宗密과 知訥에 따르면, 頓教에는 두 가지 종류 — 化儀頓에 의한 것과 逐機頓에 의한 것 — 가 있다. 전자는 『華嚴經』으로 대표되고 후자는 『圓覺經』으로 대표된다. 현재 문맥에서 知訥은 후자의 입장을 취하고 있다; 『節要』, 732~35쪽을 볼 것. 宗密의 견해에 대해서는 아라키 겐고(荒木見悟), 『佛教と 儒教』(京都: 1963), 91~109쪽을 볼 것.

이루어지진 않는다. 이론과 실천, 언어와 체험 사이에는 엄연한 차이가 존재하기 때문이다. 지눌에게 돈오란 여실언교如實言敎에 기초하여 자기 마음을 반조하는 관행觀行에 의해서 주어지는 깨달음의 경험이다. 지눌은 다음과 같이 경고하고 있다.

> 이에 (맑은 구슬에 대한 이야기를 듣고) 겁을 내거나 약한 마음을 내지 않고 자신의 마음을 확실히 믿어 조금이나마 비추어 보아 법法의 맛을 친히 맛보면, 이것이 마음을 닦는 사람의 해오解悟의 자리라고 할 것이다. 만일 친히 반조返照의 노력 없이 단순히 머리를 끄덕이며 말하기를 지금 환히 아는 이것이 곧 불심佛心이라고 한다면 매우 잘못 아는 자이다.[22]

지금까지 고찰한 바에 따르면, 돈오에 관한 지눌의 견해는 종밀과 크게 다르지 않다. 그러나 지눌의 돈오론에는 종밀을 벗어나는 전혀 새로운 측면이 있다. 여기서 우리는 지눌 자신이 돈오에 해당하는 큰 깨달음을 두 차례나 가졌었음을 상기해 볼 필요가 있다. 하나는 『단경壇經』과의 만남에서 일어난 것이었고, 다른 하나는 이통현의 『화엄론華嚴論』을 읽는 가운데서 얻은 큰 깨달음이었다. 여기서 이 후자의 경험이 지눌로 하여금 종밀을 벗어나는 새로운 돈오론의 배경을 형성하고 있다. 곧 화엄적華嚴的 돈오론頓悟論이다. 지눌은 자신이 선사였음임에도 불구하고 선禪과 교敎가 둘이 아닐 것이라는 확신 아래 화엄에서 돈오의 길을 찾기 위해 고심하였다. 그리고 마침내 통현 장

---

22) 『節要』, 697쪽.
於此不生怯弱 的信自心 略借廻光 親嘗法味者 是謂修心人解悟處也 若無親切返照之功 徒自點頭道 現今了了能知是佛心者 甚非得意者也

자의 『화엄론』에서 그 확증을 발견하게 되었던 것이다. 지눌에서 돈오는 더 이상 남종선南宗禪의 전유물이 아니었다 : "교敎에도 역시 이와 같이, 부처의 종자의 성품(佛種性)을 갖춘 중생이 생사의 땅에서 불승佛乘을 돈오하고 일제히 깨닫고 닦는 뜻이 있으니, 어찌 유독 남종南宗만 돈문頓門이 있겠는가?"(『法語』, 18)

종밀이 선과 교가 근본 가르침과 사상에서 일치한다는 것을 이론적으로 논증하고 있다면, 지눌은 이보다 한 걸음 더 깊숙이 들어가서 선禪의 핵인 돈오를 화엄의 가르침 속에서 체험적으로 확인했다. 그리고 지눌은 이러한 자신의 경험을 바탕으로 하여 원돈신해문圓頓信解門이라는 화엄적 돈오의 길을 제시하여 교학자들도 함께 선에 동참하도록 유도한 것이다. 지눌의 『화엄론절요華嚴論節要』와 『원돈성불론圓頓成佛論』은 이러한 목적하에서 저술된 것이다. 지눌은 원돈신해문을 통해서 돈오의 의미를 좀더 분명히 밝혔을 뿐 아니라 선적禪的 관점에서 화엄을 해석함으로써 화엄의 선화禪化 그리고 동시에 선의 화엄화華嚴化를 통해 고려 불교계를 괴롭히고 있던 선교 대립이라는 고질적 병폐에 돌파구를 마련했던 것이다.

이제 원돈신해문圓頓信解門의 '신信'과 '해解' 개념을 검토하기에 앞서, 먼저 '원돈圓頓'이 의미하는 바를 분명히 해두자. 본래 '원돈'은 천태종天台宗에서 자신들의 가르침이 가장 완벽한 것임을 나타내기 위해서 사용하는 말이다. 예를 들어 천태에서는 『법화경法華經』을 '원돈경圓頓經', 수행법을 '원돈지관圓頓止觀'이라고 불렀다.[23] 화엄오교판華嚴五敎判에서는 '돈頓'이란 『유마경維摩經』과 선禪과 같이 언어와 사

---

23) 나카무라 하지메(中村元), '圓頓', 『佛敎語大辭典』 참조.

유를 초월하는 진리를 말하는 네 번째 교敎를 가리킨다. '원圓'은 곧 화엄華嚴의 가르침으로서 가장 완벽한 가르침이라는 뜻이다. 지눌은 '원돈'이라는 말을 삼승교三乘敎에 대조되는 일승교一乘敎를 지시하는 일반적인 뜻으로 사용한다.24) 그러나 좀더 제한된 의미로는 이통현李通玄의 해석에 따른 화엄의 가르침을 가리키는 말이다. 이 점은 무엇보다도 이통현의 화엄 사상을 논술하고 있는 지눌의 『원돈성불론圓頓成佛論』에서 가장 분명하게 드러난다.

그러나 '원돈'의 참 의미는 그것이 수식하고 있는 두 개념, 즉 '신信'과 '해解'가 무엇을 의미하는지를 살펴볼 때 비로소 드러난다. 특히 선사禪師로서의 지눌이 더욱 강조하고 있는 '돈頓'의 의미는 지눌의 '신信' 개념을 탐구해야 드러나는 것이다. 지눌은 "신信은 도道의 근원이며 모든 공덕功德의 어머니이다; 그것은 모든 선善의 뿌리를 길러 준다(信爲道源功德母, 長養一切諸善根)"라고 말한다.25) 지눌에 따르면 신信 개념은 선과 교가 다르다.

교문敎門은 사람들과 신神들로 하여금 인과因果를 믿게 한다. 복락을 사랑하는 자들은 십선十善을 묘인妙因으로 하여 인간과 신[으로 태어남]을 선과善果라고 믿는다. 공적空寂을 사랑하는 자들은 생멸生滅의 인연因緣을 정인正因으로 삼고 고집멸도苦集滅道(四聖諦)를 [깨닫는 것을] 성과聖果라고 믿는다. (부처가 되는) 불과佛果를 사랑하는 자들은 삼겁三劫 동안 [닦는] 육도六度(六波羅密多)를 대인大因으로 하여 보리菩提와 열반涅槃을 [얻는 것을] 정과正果라고 믿는다. [그러나] 조사祖師들의 문門에서는 정신正信이 위와 다르다. 일체의 유위인과有爲因果를 믿

---

24) 『法語』, 112~13, 118쪽.
25) 『法語』, 61쪽.

지 않고 다만 자기가 본래 부처라 천진天眞한 자성自性이 사람마다 갖추어져 있으며 열반涅槃의 묘체妙體가 각자마다 완벽하게 이루어져 있어 타他에서 찾을 필요가 없고 본래부터 스스로 갖추어져 있음을 믿는다.26)

신信의 이해에 있어서 선과 교의 근본적 차이는 교는 신을 수행의 인因을 통해 얻게 되는 과보果報에 대한 믿음으로 여기는 반면, 선에서는 중생이 곧 부처임을 믿는다. 다시 말해서, 선禪은 수행의 과정을 대담하게 뛰어넘어 인因과 과果의 동일성 내지 동시성을 믿는다. 불과佛果는 오랜 수행 끝에 비로소 얻어지는 결과가 아니라 처음부터 모든 중생에 이미 내재해 있음을 믿는 행위가 선에서의 신信인 것이다.

그러나 위에서 논한 교는 삼승교三乘敎만을 말하고 있으며 일승교一乘敎나 원돈교圓頓敎는 포함하지 않고 있다. 지눌에 따르면 일승교의 신은 인과를 초월하는 선문의 파격적인 신과 조금도 다르지 않다. 지눌은 이러한 사실을 이통현의 화엄 해석에서 깨달았다. 특히 수행의 52위 중 첫 번째 열 단계를 구성하고 있는 십신十信에 대한 이통현의 해석은 그에게 진한 감동을 불러일으켰음을 우리는 이미 전장에서 보았다. 그에게 큰 감격을 안겨 준 부분을 다시 한 번 들어 보자.

논(華嚴論)에 말하기를, 각수보살覺首菩薩은 세 가지를 깨닫는다. 첫째로 자신의 심신心身이 더러움 없이 희고 깨끗해서 곧 법계法界에 다름

---

26) 『法語』, 61~62쪽.
敎門 令人天信於因果 有愛福樂者 信於十善爲妙因 人天爲樂果 有樂空寂者 信生滅因緣爲正因 苦集滅道爲聖果 有樂佛果者 信三劫六度爲大因 菩提涅槃爲正果 祖門正信非同前也 不信一切有爲因果 只要信自己本來是佛 天眞自性人人具足 涅槃妙體個個圓成 不假他求 從來自備

아니라는 것 …… 둘째로 …… 셋째로 …… [바로] 십신十信의 초위初位에서 그는 이 세 가지를 깨달아 각수보살覺首菩薩이라고 불린다. 논論은 계속해서 말하기를, 범부들이 십신十信에 들기 어려운 까닭은 자신들을 범부라 여기고 자신들의 마음이 곧 부동지불不動智佛임을 인정하려 하지 않기 때문이다.27)

이 구절에 따르면 바로 십신의 시작에서 세 가지 점 — 자기와 부처가 다르지 않다는 — 을 깨달아야만 한다. 따라서 신信은 해解를 포함한다. '원돈圓頓'이라는 말이 수식하고 있는 신信과 해解는 지눌에 있어 명확히 구분할 수 없으며 해서도 안 된다. 그러나 일단 해解에 대한 논의는 잠시 보류해 두자. 우리가 여기서 주목해야 할 더 중요한 사항은 지눌의 신信 개념은 분명히 의지적 요소를 품고 있다는 점이다. 이 점은 위의 인용문에서 '인認'이라는 동사가 인지, 인식이라는 뜻만 아니라 의지적으로 인정한다(admit), 긍정한다라는 뜻을 함축하고 있다는 데서 분명히 드러난다. 신信은 자기가 곧 부처라는 자기 이해이지만, 이 자기 이해는 단순한 객관적 사실의 인식 혹은 확인을 넘어서서 자기를 긍정하는 용기, 즉 일종의 의지적 행위를 수반한다. 중생으로서의 자기 자신의 실존적 모습과 부처 사이에 존재하는 부정할 수 없는 엄청난 간격을 뛰어넘어야 하는 용기를 신은 요구하고 있는 것이다. 지눌은 다음과 같이 말한다.

다만 중생이 자신의 업業에 속아서 자기 스스로 범부와 성인, 자기와 남, 인因과 과果, 깨끗함과 더러움, 성性과 상相 등을 보며 스스로 분별

---

27) 이 책 57쪽을 볼 것.

하는 [마음]을 내고 퇴굴退屈[의 마음을] 내는 것이니, 이는 보광명지 普光明智로 말미암아 그러는 것이 아니다. 만약 그들이 용맹심勇猛心을 발할 수 있어서 자기의 무명無明이 본래 신묘하고 참되어 애씀 없는 대용大用의 항구한 법法임을 깨달으면, 이것이 곧 제불諸佛의 부동지 不動智인 것이다.28)

신信은 무엇보다도 자신을 중생이라고 비하하는 마음(退屈心)이 아 니라 자신이 곧 부처라는 사실을 알고 긍정하는 용기이다.
지눌에게 신信은 각자 자신의 존재로 향하는 행위이다. 다시 말해, 믿음은 자기 밖의 어떤 것 — 그것이 부처이든 보살이든 혹은 어떠 한 심오한 진리라 할지라도 — 에 관한 객관적 인식이나 그것에 관 한 믿음이 아니라, 오직 자기 자신의 마음으로 향한 행위요, 자신의 존재와의 연관 속에서 일어나는 행위이다. 그래야만 선에서 말하는 신信에 걸맞는다.

또 [논論에] 이르기를, 신인信因(信이라는 因) 가운데서 제불諸佛의 과덕 果德과 털끝만큼도 차이가 없어야 신심信心이라 일컫는다. 마음 밖에 부처가 있으며 신信이라 부르지 않고 대사견인大邪見人이라 부른다.29)

지눌은 이통현처럼 『화엄경』의 여래명호품如來名號品 — 이통현이

---

28) 『法語』, 101쪽.
但是衆生自業自証 自見是凡是聖 是自是他 是因是果 是染是淨 是性是相等 自生 分別 自生退屈 非由普光明智故作如是 若能發勇猛心 悟自無明 本神本眞 無功大 用恒然之法 則便是諸佛不動智
29) 『法語』, 116쪽.
又云 信因中 契諸佛果德 分毫不謬 方名信心 心外有佛 不名爲信 名爲大邪見人也

십신十信을 논하고 있는 곳인 — 에 나오는 수많은 부처의 이름들을 고유 명사로 받아들이지 않고 중생이 자기 자신과의 관련 속에 이해해야 할 보편적 진리를 가리키는 추상 명사로 받아들이고 있다. 예를 들어 '동방금색세계'는 '자기 자신의 희고 깨끗하고 더러움 없는 법신'이며 '부동지불不動智佛'은 '자신의 무명無明이 빚어내는 분별의 종자'이다(『法語』, 93). 마찬가지 이유로 지눌은 부처의 신통력에 의해 드러나는 열 가지 세계의 신비한 성질에 관한 법장의 해석을 비판한다.

> 법장대사法藏大師의 해석에 따르면, 십신十信 중에 인因(信)이 의지하는 바 과果(부처님과 그 세계들)는 중생으로부터 분리되어 있지 않음을 알 수 있다. 각종 업보의 차별, 각종 세계들과 그 거주자들의 차별이 법계法界와 마찬가지로 심히 심오하여 불가사의하다는 것을 족히 알 수 있다. 그러나 단순히 여래如來의 국토와 바다를 우러러보면서 묘하기 짝이 없고 상상조차 하기 어렵다고 믿는 것은 자기 마음이 본래 갖고 있는 지혜의 과덕果德(자신의 佛性)이 심히 깊고 상상하기 어렵다는 것을 알지 못하는 것인즉, 마음 밖에 부처가 있다는 것을 의미한다. 어떻게 그것이 신信이 되겠는가?30)

여기서 지눌이 말하는 것은 법장法藏의 신信 이해가 우리들과는 동떨어진 외부 세계 — 제아무리 신비한 세계라 할지라도 — 를 향하고 있는 문제점이 있다는 것이다. 지눌에게는 비단 신위信位에서 인因과 과果가 일치하여 부처의 놀라운 세계가 나의 세계가 될 뿐만 아니라

---

30) 『華嚴論節要』, 823쪽.
據此藏師所釋 足見十信位中 因所依果 不離衆生 種種業報依正差別 爲法界等 甚深不可思議 然但仰信如來土海 妙極難思 不知自心本智果德 甚深難思 卽心外有佛 豈成信也

— 이 점은 법장도 알고 있다 — 신의 주체와 대상이 일치한다. 왜냐하면 지눌에게는 신信이 곧 자기 자신의 마음을 향하고 있기 때문이다.

신信은 자기 마음 안에 있는 영원한 실재인 근본보광명지根本普光明智31)의 긍정을 의미하기 때문에, 신 가운데서는 수행이 요하는 모든 시간상의 차이는 사라진다. 이통현의 『화엄론』을 인용하면서 지눌은 다음과 같이 말한다.

> 이 『대방광불화엄경大方廣佛華嚴經』의 불과佛果인 보광명지경계普光明智境界 상에 옛날과 지금을 세우거나 멀고 가까운 때를 구별하여 전과 후, 그리고 과거와 미래, 그리고 삼세三世를 구분하고, 부처가 있는 곳과 없는 곳, 정법正法과 상법像法과 말법末法을 나누고, 심지어 시방삼세제불十方三世諸佛에서 옛 부처와 지금의 부처를 나누고, 정토淨土와 예토穢土를 구분하는 자는 신信을 이루지 못할 것임을 알라.32)

이와 같이 시간을 초월하는 신信이 지닌 실천적 의미를 지눌은 다음과 같이 보여 준다.

> 이 신信(十信) 이후로 정定과 혜慧를 [닦음으로써] 십주十住, 십행十行, 십회향十廻向, 십지十地, 그리고 십일지十一地(妙覺의 位)를 경과하는 동안 일월년겁日月年劫의 변화가 없으며 법계法界는 본래 그대로이고 부

---

31) '普光'은 『華嚴經』에 따르면 부처가 두 번째, 일곱 번째, 여덟 번째 설법을 행한 마가다(Magadha) 국에 있는 한 殿의 이름이다. 그러나 지눌과 이통현은 그것을 法界 혹은 眞心, 즉 根本智를 뜻하는 추상 명사로 취하고 있다. 不動智佛과 동일하다.
32) 『法語』, 116쪽.
若於此大方廣佛華嚴經佛果 普光明智境界之上 存古立今 作遠近時 分前後去來三世 有佛處無佛處 正法像法末法 及於十方三世諸佛 作舊佛新佛 淨土穢土等者 將知未能成信也

동지불不動智佛은 옛날과 마찬가지여서 일체 [善의] 씨앗을 [담고 있는] 지해智海를 이루어 중생을 교화한다 …… 만일 몸이 범부이고 범부와 성인의 길이 둘이며 시간과 겁劫이 변하고 마음 밖에 부처가 있다면 신심信心을 이루지 못할 것이다.33)

일단 이 신信에 들어가면 모든 순간이 영원이고 모든 수행의 계위가 최상의 위이며 모든 곳이 법계法界가 된다.34) 그러므로 '돈頓'이며 '원圓'인 것이다.35)

지금까지 우리는 원돈신해문圓頓信解門에서 신信의 개념을 살펴보았다. 신信은 기본적으로 자기 마음이 곧 부처임을 인정하는 용기임을 우리는 보았다. 그러나 신信은 동시에 '해解'를 수반하기 때문에 단순히 자기 긍정의 의지적 행위만이 아니라 자기 자신에 대한 이해를 포함하는 지적 행위이다. 지눌에 있어 신信과 해解는 불가분적이다.

일단 올바른 신이 생겨나면 반드시 해를 더해야 한다. 영명永明은 말하기를, "해解 없는 신信은 무명만을 키우고 신信 없는 해解는 사견만을 키운다." 오직 신과 해를 겸해야만 도道에 빨리 들 수 있음을 알아라.36)

---

33) 『華嚴論節要』, 269쪽.
　　從此信已 以定慧進修 經歷十住十行十廻向十地十一地 日月歲劫無遷 法界如本 不動智佛如舊 而成一切種智海 敎化衆生 …… 身是凡夫 凡聖二途 時劫移改 心外有佛 不成信心
34) 『法語』, 20, 110쪽.
35) 이제 '圓'과 '頓'은 信의 행위보다는 그 내용을 수식한다는 점이 분명해졌다. 바꾸어 말하면, 지눌은 '圓頓信'이라는 말로써 '圓頓敎'에서 이해된 信, 무엇보다도 李通玄의 華嚴 해석에 제시된 信을 가리키고 있는 것이다. 그리고 이것은 다음에 우리가 논할 '解'의 경우에도 마찬가지다.
36) 『法語』, 62쪽.
　　旣生正信 須要解滋 永明云 信而不解 增長無明 解而不信 增長邪見 故知信解相兼 得入道疾

이 말은 신信과 해解가 상보적이기는 해도 별개의 것이라는 인상을 주기 쉽다. 그러나 지눌은 때로는 신과 해를 엄격하게 구별하지 않는다. 예를 들어 그는 "신이 만약 극에 달하면 자연히 해가 열린다"라고 말한다(『節要』, 762). 우리는 지눌의 신이 해를 포함하고 있으며, 신이 자기 자신에 대한 믿음이듯이 해 또한 자신과는 무관한 어떤 객관적 사실이나 진리에 대한 이해가 아니라 바로 자기 이해라고 말할 수 있다.

지눌에 있어 신이 자기 자신을 향한 행위이듯, 해도 자기 자신에 대한 이해이며 깨달음이다. 해는 무엇보다도 진정한 자아에 대한 자각, 곧 자신이 다름 아닌 부처이며 중생과 부처가 하나라는 생불호융生佛互融의 진리를 주체적으로 깨닫는 행위이다. 지눌에 따르면 이 생불호융의 진리는 화엄의 성기性起 사상에 의거하고 있다.

위와 같은 논論의 뜻에 따라 나는 세 번이나 거듭 깊이 생각해 보았다. 이 논의 저자가 말하는 생불호융의 뜻은 [자신의] 마음을 관觀하여 깨달음에 들어가는 사람들로 하여금 자신의 몸과 말과 생각 및 외부 세계의 상相이 모두 여래의 몸과 말과 생각 및 그 세계로부터 생겨 모두 실체가 아니고 [자기 고유의] 성품이 없음을 스스로 믿게 하려는 것이다. [중생과 부처가] 본래 둘이 아닌 까닭이며 그 체體에 있어 아무런 차별도 없기 때문이며, 단지 법계法界의 만들어지지 않은 자성自性을 연緣으로 하여 생긴 것이므로 사물 하나하나마다 전적으로 성性으로부터 일어난 것이다. 성性 그 자체가 법계法界라 안과 밖 혹은 중간이 없다. [논論이] 응당 이렇게 알게 하고 이렇게 관찰하게 하니, 이는 곧 부처와 중생이 원래 근본보광명지根本普光明智라는 성해性海로부터 환상처럼 나타나는 것이기 때문에, 비록 중생과 부처의 상相과 용用이 다름이 있는 것처럼 보일지라도 그것들은 모두 근본보광명지根

本普光明智의 상과 용이다. 따라서 그것들은 본래 한 체體이나 용用을 일으킴이 다양한 것이니, 이는 성기문性起門에 해당하는 것이다.37)

"부처마다 본지本智로부터 생겨나지 않는 것이 없다(無有一佛不從本智而起.『法語』, 99)"고 지눌은 말한다. 중생과 부처가 차이가 있고 부처마다 그 이름과 세계가 차이가 있을지 몰라도 이것들은 모두 우리의 마음에 자리잡고 있는 근본보광명지根本普光明智의 상相과 용用일 뿐이다. 중생과 부처가 이렇게 성기性起 혹은 진심眞心의 용用인즉 그 차별상은 의미를 상실한다. 모두가 한결같이 '성해性海'에서 일어난 상相에 지나지 않기 때문이다. 경험 세계의 모든 차별은 공통적으로 성性에 바탕을 두고 일어난 것이니, 결국 일어난 것도 아니다.

지눌은 중생과 부처가 하나가 되는 생불호융生佛互融의 이치가 연기문緣起門 — 성기문性起門과 구별되는 — 에 근거한 사사무애事事無碍의 화엄 교리로도 이해될 수 있다고 여긴다.38) 그러나 비록 성기性起와 연기緣起, 이사무애理事無碍와 사사무애事事無碍가 생불융합이라는 동일한 결론에 이른다 해도 지눌은 이통현의 화엄 사상의 근본 정신인 성기문을 선호한다. 사실, 화엄 사상에서 사사무애보다 이사무애를 선호하는 경향은 이미 선의 영향을 강하게 받은 징관澄觀의 화엄 사상에 이미 드러난다.39) 지눌은 사사무애관事事無碍觀이 오히려 마음

---

37) 『法語』, 97쪽.
   據如上論文之義 三復深思 此論主所示生佛互融之義 要令觀心入道之者 常須自信 自己身語意及境界之相 皆從如來身語意境界中生 皆無體無性 本不二故 體無差別故 但以法界無作自性緣生故 緣緣之相 全性而起 性自法界 無內外中間 應如是知 如是觀察也 此則佛及衆生 本從根本普光明智性海幻現故 生佛相用 似有差殊 全是根本普光明智之相用也 故本是一體而起用重重 此當性起門也
38) 『法語』, 98쪽. 知訥은 理事無碍의 논리로 事事無碍를 이해하고 있다. 이것의 의미에 대해서는 다음 각주를 볼 것.

에 장애가 될 가능성이 있어 이사무애理事無碍 혹은 성기문性起門만큼 효과적 관행觀行이라고 여기지 않은 것 같다.40)

결론적으로, 자기 마음을 돌이켜 비추어보는 반조反照에 의해 자기의 마음이 곧 부처임을 긍정하고 깨닫는 것이 원돈신해문圓頓信解門에서 말하는 '해解'이다. 그리고 이 해解가 곧 선행禪行의 출발점을 이루는 돈오頓悟 혹은 해오解悟인 것이다.

만일 그대가 [이 말을] 믿어 갑자기 의심이 사라지고 대장부의 뜻을 품고 진정眞正한 견해見解를 일으켜 친히 그 맛을 보아 스스로 자기를 긍정하는 곳에 이르게 되면, 이것이 바로 마음을 닦는 자의 해오解悟의 자리이다. [거기에는] 더 이상 [수행의] 등급이나 순서가 없으므로 돈頓이라 말하는 것이니, "신信의 인因 가운데에서 모든 부처님의 과덕果德에 부합해서 털끝만치도 차이가 없어야 비로소 신信을 이룬다"고 한 것과 같다.41)

---

39) 澄觀 화엄 사상의 이러한 경향에 대해서는 가메카와 교신(龜川敎信),『華嚴學』(京都, 1949), 51~59쪽; 가마다 시게오(鎌田茂雄),『中國華嚴思想の 研究』(東京, 1965), 501~74쪽, 특히 547~55쪽을 볼 것. 法藏 자신도 말년의 저작인 『妄盡還源觀』에서 이러한 경향을 보이고 있었다; 가마다 시게오,『華嚴思想史硏究』(東京: 1968), 357~79쪽 참조. 가마다는 그것이 정말로 法藏의 저술인지에 대해 의문을 제기하고 있다(같은 책, 359, 376~79쪽). 理事無碍로 기우는 경향은 종밀의『圓覺經』관련 저술에서 더욱 현저하게 나타난다. 그는 실로 事事無碍의 입장으로부터『起信論』사상에 의해 대표되는 理事無碍의 입장으로 물러섰다고 할 수 있다; 아라키 겐고(荒本見悟),『佛敎と 儒敎』, 91~108쪽 참조. 어쨌든 당대의 사회 종교적 상황과 씨름하고 있던 지눌에게는 事事無碍의 번쇄한 이론이나 낙관적 철학은 별 호소력이 없었던 것 같다.
40)『法語』, 98쪽;『華嚴論節要』, 768쪽(서문).
41)『法語』, 47쪽.
汝若信得及 疑情頓息 出丈夫之志 發眞正見解 親嘗其味 自到自肯之地 則是爲修心人解悟處也 更無階級次第 故云頓也 如云 於信因中契諸佛果德 分毫不殊 方成信也

지금까지 우리는 지눌의 돈오론頓悟論과 그 화엄적 길인 원돈신해문圓頓信解門을 살펴보았다. 한마디로 말해, 지눌의 견성성불見性成佛에 관한 이론을 살펴본 것이다. 이미 언급한 바와 같이 지눌에게는 깨달음에 두 종류가 있다. 하나는 수修 이전의 깨달음으로서 해오解悟이고, 다른 하나는 수행 이후에 도달하는 증오證悟이다. 지금까지 우리가 고찰한 것은 물론 여실언교如實言教에 근거한 깨달음인 해오解悟에 관한 지눌의 이론이었다. 비록 해오가 불가피하게 지적 성격을 띤다 해도, 이 '해解'는 결코 대상적 사물 인식이 아니라 자기 자신의 마음을 반조하는 내적 성찰에 의한 행위로서, 인식 주체와 객체가 일치하는 자기 이해이다.

지눌은 견성見性을 하나의 대상적 인식으로 잘못 이해하는 것을 어떤 사람이 자기 눈을 볼 수 없다고 하여 자기 눈을 찾으려 하는 어리석은 행위에 비유한다. 자기 눈으로 자기 눈을 볼 수 없는 법이며, 눈을 잃어버린 적이 없음을 깨달아 눈을 보고자 하는 마음을 내지 않는 것이 곧 자기 눈을 보는 것이 된다. 마찬가지로 영지靈知도 자기 자신의 마음이기 때문에 알고자 할 필요가 없으며 알려고 하면 곧 알지 못하게 된다고 한다. 다만 알지 못할 줄 알면 그것이 곧 견성見性이라는 것이다.[42] 그러나 물론 이것은 이미 깨달은 자의 말이다. 잃어버렸다는 망상에서 이미 벗어난 자의 말인 것이다. 만일 우리가 이이상으로 어떤 조언을 구한다면, 지눌은 필경 여실언교에 의거하여 반조와 관행의 내적 성찰을 하라고 실천을 명할 것이다.

---

[42] 『法語』, 44쪽.
自己靈知 亦復如是 旣有自心 何更求會 若欲求會 便會求得 但知不會 是卽見性

V. 점수론漸修論

남종선南宗禪에서 전하는 이야기에 따르면, 오조五祖 홍인弘忍의 문하에서 가장 뛰어났던 제자 신수神秀는 자신이 깨달은 경지를 다음과 같은 시詩로 표현했다고 한다.

　　몸은 보리수이고 마음은 명경대와 같으니
　　항시 부지런히 닦아
　　아무 먼지도 앉지 못하게 하라.

　　身是菩提樹 心如明鏡臺
　　時時勤拂拭 勿使惹塵埃

이에 대해, 홍인의 또다른 제자 혜능慧能은 다음과 같은 시를 지었다고 전해진다.

보리는 본래 나무가 없고 명경 또한 대가 아니다
본래 아무것도 없는데
어디에 먼지가 앉겠는가?

菩提本無樹 明鏡亦非臺
本來無一物 何處惹塵埃1)

현대 선 불교 학자들은 대부분 이 이야기가 역사적 사실이 아닌 후대의 창작이라고 생각한다.2) 그러나 누가 이 이야기를 만들어 냈던 간에, 위의 두 시는 확실히 중국 불교, 특히 선 불교 역사상 가장 근본적인 문제 가운데 하나를 명확하게 부각시키고 있다. 곧 돈오頓悟와 점수漸修의 문제이다. 제기되는 문제는 다음과 같다 : 만약 깨달음(悟)의 경지에 대한 혜능의 말이 더 적합하다면, 깨달음 후에는 어떤 닦음(修)의 행위나 과정도 불필요하다는 말인가?

지눌도 점수에 대한 논의를 이와 유사한 물음으로 시작하고 있다 : 왜 돈오 후에도 점수의 과정이 더 필요하단 말인가? 깨달음은 우리에게 일체의 법 — 선과 악, 깨끗함과 더러움 — 이 空이며 진심眞心의 작용에 지나지 않음을 말해 주지 않는가? 깨달은 자에게도 아직 부지런히 닦아 씻어내야 할 더러움이 실제로 존재한다는 말인가? 아니, 도대체 왜 하필 이런 순서이어야만 하는가? 점수 후의 돈오가 훨씬 더 자연스러운 순서가 아닌가? 이러한 문제들이 이제 지눌의 수행론이 다루어야 할 문제들인 것이다.

---

1) Yampolsky, p. 132.
2) 이 이야기에 대한 비판적 검토로는, 우이 하쿠주(宇井伯壽), 『禪宗史硏究』, 345~50쪽을 볼 것.

위의 질문에 대하여 지눌은 종밀이 사용하는 비유를 들어 답한다. 예를 들어, 우리는 얼음이 본래 물임을 알고 있으나, 얼음이 실제로 물이 되는 데는 한동안 따뜻한 햇빛을 받는 시간이 필요한 것과 같다는 것이다(『法語』, 8, 42). 또 우리는 갓난아이가 태어날 때부터 사람이라는 것을 알지만, 성인이 될 때까지는 오랜 시간 양육이 필요한 것과도 같다(『法語』, 44). 이런 비유들이 암시하는 것은 인식과 존재 사이에 간격이 있다는 것이다. 지눌은 이런 간격을 이理와 사事 사이의 간격으로 돌린다.

경經[능엄경]에 이르듯, 이理는 갑자기 깨닫는 것이니 깨달음과 동시에 [무지개] 사라지지만, 사事는 갑자기 제거되지 않고 점차적으로 없어진다.[3]

중국의 불교 전통에서는 적어도 도생道生(430년 卒) 이후 이理는 아무런 차별差別의 상相이나 등급이 없고 분할될 수 없는 것이기 때문에 한꺼번에 단박 깨달아 아는 것으로 이해되어 왔다. 이理에 대한 이해는 전부全部 아니면 전무全無이지 점차적 깨달음은 없다는 말이다. 지눌은 이 점에 동의한다. 그러나 차별상과 다양성을 지닌 사事는 대번에 제거될 수 없다고 한다. 그렇다면 우리는 묻지 않을 수 없다. 과연 이理를 떠난 사事, 즉 이理에 포섭되지 않는 사事라는 것이 따로 존재한다는 말인가? 이理가 항상 사事의 이理이듯, 사事 또한 이미 깨달은 자에게는 이理의 사事가 아닌가?

---

3) 『法語』, 42쪽.
　　如經云 理卽頓悟 乘悟倂消 事非頓除 因次第盡

여기서 우리는 지눌의 사고에 어떤 입장 변경 같은 것을 감지한다. 돈오頓悟를 논할 때에 그는 이理와 사事 사이의 막힘이나 차이를 인정하지 않는다. 이理와 사事, 성性과 상相 사이의 아무런 장애가 없다는 것(理事無碍)이야말로 돈오의 핵심이 아니었던가? 일체의 사事는 성기性起로서, 진심의 묘용이기에 우리에게 아무런 장애가 될 수 없으며 애써 제거할 필요도 없는 것 아닌가? 그러나 수행론에 이르러서 지눌은 입장을 바꾸어 종밀과 마찬가지로 사事에 대하여 다른 말을 한다. 이理와 사事의 괴리를 인정하며 마치 사가 이와는 별도로 존재하는 것처럼 점수漸修의 필요성을 강조하는 것이다. 우리는 이런 변화를 어떻게 해석해야 할까?

지눌의 글 속에서 우리는 이런 질문에 대해 어떤 명확한 이론적 해결을 찾아보기는 어렵다. 왜냐하면 이론과 실천, 존재와 당위, 그리고 인식과 행위 사이의 괴리에 대한 실존적 경험이야말로 그의 수행론의 기초가 되고 있기 때문이다. 앞으로 살펴보겠지만, 지눌에게 인식과 행위의 괴리는 절대적인 것은 아니다. 인식은 행위에 대해 중요한 의미를 지니고 있으며 행위에 깊은 영향을 미친다. 지눌에 따르면 오悟는 오悟 후에 오는 수修의 질을 변화시킨다. 그럼에도 지눌은 깨달음이라는 것이 일시에 인간 존재를 완전히 변화시키지는 못하며, 내가 곧 부처라는 깨달음에도 불구하고 우리는 계속해서 괴로움을 당해야 하는 모순적 존재이다. 지눌은 이러한 인간 실존의 모습을 외면할 수 없었다. 성인과 범부, 부처와 중생, 열반과 생사 사이에는 여전히 건너뛰기 어려운 심연이 가로놓여 있는 것이다. 그는 종밀의 결론에 공감한다 : "미망에서 깨어남은 돈頓이나 범부로부터 성인이 되는 것은 점漸이다"(從迷而悟卽頓 轉凡成聖卽漸.『節要』, 708).

이러한 인간의 현실은 지눌로 하여금 자성청정自性淸淨과 이구청정離垢淸淨을 구별하도록 만들며, 자성해탈自性解脫과 이장해탈離障解脫을 구별하도록 한다(『節要』, 754). 지눌이 또한 그의 『계초심학입문誡初心學入門』에서 선 공부하는 학인들에게 이참理懺(理에 따른, 즉 空觀에 의한 뉘우침)뿐만 아니라 사참事懺(잘못 하나하나에 대하여 구체적으로 뉘우치는 일)도 수행해야 한다고 말하는 것도 마찬가지 이유에서다.4) 원효元曉의 해석에 따르면 『기신론起信論』도 단박에 제거될 수 있는 근본무명根本無明과 그럴 수 없는 지말무명枝末無明을 구별하는데,5) 이 역시 같은 문제 의식의 소산이다. 또한 『원각경圓覺經』도 두 종류의 장애를 언급하고 있는데, 하나는 이장理障이요 다른 하나는 사장事障이다.6) 이제 설이제설二諦說로 말할 것 같으면, 진제眞諦의 차원에서는 생사가 열반이고 열반이 생사이지만, 속제俗諦의 차원에서는 생사는 여전히 생사이며 열반은 여전히 열반이다. 우리는 이치상(de jure)으로는 이미 부처임에 틀림없지만, 사실상(de facto)으로는 아직 번뇌로 괴로워하는 중생 그대로인 것이다. 종밀은 이런 이율 배반적 사태를 다음과 같이 생생하게 표현하고 있다.

문 : 탐貪, 진嗔, 치痴가 모두 공空하다면, 어떤 생각[망념]도 실재하지 않는다고 할 것이다. 왜 그것들을 제어해야만 하는가?
답 : 만약 그렇다면, 그대가 갑자기 중한 병을 앓아 고통을 당하고 있다고 가정해 보라. 만일 고통이 공空하다면 병이 존재하지 않는다

---

4) 『大正藏』 48, 1004b.
5) 『起信論疏』, 『大正藏』 44, 212쪽. 枝末無明이란 세 가지 미세한 번뇌(三細)와 여섯 가지 조악한 번뇌(六麤)를 가리킨다. 이 문제에 대한 논의로는 아라키 겐고(荒木見悟), 116~17쪽을 볼 것.
6) 『大正藏』 17, 916b.

고 말할 수 있을 것이다. 왜 그대는 약으로 치료해야만 하는가? 탐욕과 분노가 공空하다 할지라도 업을 낳을 수 있고, 업이 공空하다 해도 고통을 초래할 수 있고, 고통이 공空하다 해도 견디어 내기 힘든 것임을 그대는 알아야 한다. 그러므로 이전의 도표에서 말하기를 체體가 공空하나 사事를 낳는다라고 한 것이다.7)

필경 지눌은 자신의 수행 경험을 통해 이러한 이理와 사事 사이의 괴리를 통감했을 것이다. 우리는 그가 비록 『육조단경六祖檀經』과 『화엄론華嚴論』과의 조우를 통해 돈오의 체험을 했음에도 불구하고 그후 기나긴 수행의 과정에 몰두했음을 기억한다. 삶의 구체적 현실 속에서 부딪치는 정신적 유혹과 갈등을 그는 누구보다도 잘 알고 있었으며, 이러한 문제가 순간의 깨달음으로 해결될 성질의 것이 아니라는 사실 또한 그는 뼈저리게 느꼈을 것이다. 이것이 아마도 그가 홍주종洪州宗보다는 점수漸修의 중요성을 강조하는 하택종荷澤宗과 종밀宗蜜의 사상을 선 수행의 지침으로 삼은 이유일 것이다. 지눌이 현실 생활에서 부딪치는 선악시비의 모든 일들을 단지 불성의 작용으로 간주하면서 자유를 구가하는 홍주종의 위험에 대한 종밀의 비판을 인용하고 있다는 사실은 이러한 점에서 매우 의미심장하다.

아래 글에 이르기를, 홍주는 항상 말하기를 "탐진貪瞋과 자선慈善이 모두 불성이니 무슨 차별이 있겠는가?"라고 한다. 이것은 어떤 사람이 [물의] 젖게 하는 성질이 언제나 변함없음만을 보고 [물이] 배를 띄우기도 하고 전복시키기도 하여 그 공과功過가 현격하게 다름을 모르

---

7) 『大正藏』 48, 411c. '도표'란 불교 진리의 근본에 대해 종밀 자신이 만든 것을 가리킨다.

는 것이다. 그러므로 이 종[홍주종]은 비록 돈오문에 가깝기는 하나 딱 들어맞지는 않고 점수문과는 완전히 어긋난다.8)

이미 언급했듯이, 비록 지눌이 종밀이 평하는 대로 홍주종의 비판을 무조건 수용하는 것은 아니지만, 그는 홍주종이 지니고 있는 도덕적 위험성을 간과하지는 않았다.9) 모든 사事가 불성의 작용이라면, 애당초 수행이란 필요 없는 것이며, 수행에 도움이 되는 사事와 그렇지 못한 사事 사이의 구별도 무의미하기 때문이다. 끊임없는 수행의 필요성을 절감했던 지눌로서는 사事의 차별적 세계를 좀더 진지하게 받아들여야만 했던 것이다.

그렇다면 인식과 실천 사이에 발견되는 괴리의 원인은 무엇인가? 지눌은 그것을 우리가 깨닫지 못했던 오랜 세월 동안 무명과 번뇌의 습관적 힘에 지배를 받아 왔다는 사실에 돌린다.

> 범부들은 시작도 모르는 광대한 겁 전부터 오늘에 이르기까지 오도五道(人, 天, 畜生, 餓鬼, 地獄)에 윤회하면서, 태어나서 오든 죽어서 가든 '나'라는 상相에 굳게 집착해서 망상전도妄想顚倒와 무명종습無明種習(무지의 씨앗의 습관적 힘)으로 오랫동안 본성을 삼아 왔다. 비록 금생에 이르러 갑자기 자기의 본성(自性)이 본래 공적空寂하여 부처와 차이가 없음을 깨달아도, 오랜 습관은 갑자기 제거하기 어려우므로 역경과 순경을 만나면 성냄과 기쁨, 옳고 그름이 타오르는 불처럼 일어나기

---

8) 『節要』, 690쪽.
下文云 洪州常云 貪瞋慈善 皆是佛性 有何別者 如人但觀濕性始終無異 不知濟舟覆舟 功過懸殊 故彼宗 於頓悟門雖近而未的 於漸修門而全乖
9) 이 문제에 관해서는 이미 인용한 바 있는 宗密의 絶對知에 관한 아라키 겐고 (荒木見悟)의 논문을 참고할 것.

도 하고 멸하기도 하여 객진번뇌客塵煩惱(마음의 본성 밖에서 온 번뇌)가 [깨닫기] 이전과 다름이 없다. 만약 지혜로써 수고와 노력을 하지 않는다면, 어떻게 무지를 다루어 큰 휴식과 평정의 경지에 이를 수 있겠는가? "비록 돈오頓悟는 부처와 마찬가지나 수많은 생을 거친 습관적 힘이 깊어, 바람은 그치되 물결은 오히려 솟고 진리가 나타나되 생각은 아직도 침노한다"라고 한 것과 같다.10)

지눌은 계속해서 말한다.

또 종고宗杲선사(大慧)는 이르기를 "종종 예리한 근기를 지닌 무리가 많은 힘을 기울이지 않고 이 일[頓悟]을 발하면 갑자기 방심하는 마음을 일으켜 다시는 닦지 아니한다. 날이 가고 달이 지나면 전처럼 유랑하게 되어 윤회를 면치 못한다" 하시니, 어찌 일시의 깨달음으로 당장 그 후의 수행을 내버린단 말인가? 그러므로 깨달음 후에는 반드시 오래 [자기의 마음을] 비추고 살피어, 홀연히 망념이 일어나면 도무지 따르지 말고 덜고 또 덜어 무위無爲에 이르러서야 비로소 궁극적 경지이니, 천하의 선지식들이 깨달음 후에 하는 소먹이는 행위가 이것이다.11)

"바람은 그치나 물결은 여전히 솟는다." 이것은 지눌의 인간 실존에 대한 인식이다. 이것이 또한 어찌하여 그가 스스로를 '목우자牧牛

---

10) 『法語』, 48쪽.
　　凡夫 無始曠大劫來 至於今日 流轉五道 生來死去 堅執我相 妄想顚倒 無明種習 久與成性 雖到今生 頓悟自性 本來空寂 與佛無殊 而此久習 卒難除斷故 逢逆順境 瞋喜是非 燦然起滅 客塵煩惱 與前無異 若不以般若 加功着力 焉能對治無明 得到大休大歇之地 如云 頓悟雖同佛 多生習氣深 風停波尙湧 理現念猶侵
11) 『法語』, 48쪽.
　　杲禪師云 往往利根之輩 不費多力 打發此事 便生容易之心 更不修治 日久月深 依前流浪 未免輪廻卽 豈可以一期所悟 便撥置後修耶 故悟後長須照察 妄念忽起 都不隨之 損之又損 以至無爲 方始究竟 天下善知識 悟後牧牛行 是也

子'라고 불렀는지 그 이유도 말해 준다. 이 소먹이는 행위야말로 인식과 실천의 괴리를 극복하는 길로서, 모든 것이 일순간에 이루어지는 것이 아니기 때문이다.

지눌은 중생이 돈오의 다리를 건너기 위해서는 불필요한 자기 비하를 과감히 떨쳐버리는 믿음의 용기가 필요하다는 점을 역설한다. 그러나 이번에는 깨달은 인간이라도 현실적으로 부딪칠 수밖에 없는 한계를 의식하면서 지눌은 돈오로 만족하는 자들의 위험에 대해서 경고한다. 그리하여 '자기 비하도 말고 자만도 하지 않도록' 지눌은 수행자들에게 권고한다.

나는 높은 뜻을 지니고 마음을 닦는 자들이 깊고 자세하게 숙고하기를 청하노라. 내가 누누이 선오후수先悟後修의 본말本末의 이치를 가리는 이유는 초심자로 하여금 스스로 비굴하지도 말고 스스로 높이지도 말아 분명하게 그 곡절을 스스로 알아 끝까지 혼란에 빠지지 않게 하려는 것이다. 글에 이르기를 "지금 [자기의] 본래 마음이 항시 지知임을 갑자기 깨닫는 것은 [물의] 불변하는 젖은 성품을 아는 것과도 같다. 마음에 미혹이 없은즉 무명無明이 아니니 마치 바람이 갑자기 그치는 것과 같다. 깨달음 후에는 자연히 사물들에 관여하는 일이 점차 그치게 되리니 마치 파랑이 점차 가라앉는 것과 같다"고 하였다. 자신의 몸과 마음을 계戒와 정定과 혜慧로써 돕고 훈습薰習하면 점점 자유롭게 되고 나아가서는 신통력도 막힘이 없게 되어 많은 중생을 널리 이롭게 하리니, 그러한 자를 부처라고 부르는 것이다.[12]

---

12) 『節要』, 799~800쪽.
　　請諸修心高士深細思看 吾今區區揀辨先悟後修本末之義者 要令初心 不自屈不自高 了然自見其曲折 終不混濫也 文云 今頓悟本心常知 如識不變之濕性 心旣無迷 卽非無明 如風頓止 悟後自然攀緣漸息 如波浪漸停 以戒定慧 資薰身心 漸漸自在 乃至神變無碍 普利群生 名之爲佛

자기 비하가 교敎를 공부하는 사람들이 범하기 쉬운 잘못이라면, 자만은 선禪을 공부하는 사람들이 쉽게 빠지는 유혹이다. 먼저 교학자의 병폐에 대하여 지눌은 다음과 같이 말한다.

> 내가 보니 교학자敎學者는 권교權敎(방편적 가르침)가 베풀어 놓은 것에 걸려서 진眞과 망妄을 별개의 것으로 집착하여 스스로 비굴한 마음을 낸다. 어떤 사람은 입으로 사사무애事事無碍를 말하지만 관행觀行을 닦지 않고 자신의 마음을 깨달아 들어가는 비결이 있음을 믿지 않는다. 선가禪家의 견성성불見性成佛이라는 말을 듣자마자 그들은 이르기를 돈교頓敎(華嚴敎判의 네 번째 가르침)에서 말하는 언어를 초월하는 진리(離言之理) 이상의 것이 아니라고 한다. 그들은 거기(見性)에 본심本心의 불변不變과 수연隨緣, 성性과 상相, 체體와 용用을 완전히 깨달아 안락함과 부귀가 모든 부처와 마찬가지가 되는 뜻이 있음을 알지 못한다. 어찌 지혜 있는 자들이라 할 수 있겠는가?13)

지눌은 계속해서 선禪의 위험인 성급한 자만을 비판한다.

> 또 보니, 선학자禪學者들은 탁월한 능력의 소유자들이 단계를 밟지 않고 곧바로 부처의 경지에 오르는 이치만을 알고, 이 녹록錄(法集別行錄)에 해오解悟 후에 비로소 십신十信의 계위에 든다는 글이 있음을 믿지 않는다. 그런고로 그들은 잠깐 자기 마음에 열리는 경지가 있으면 해解와 수행修行의 깊음과 얕음, 그리고 더러운 습기의 기멸起滅을 알지 못하여 흔히 법法에 대해 자만심을 가지니, 한다는 말이 자기 분수를 넘는다.14)

---

13) 『節要』, 710~11쪽.
予見敎學者 滯於權敎所設 眞妄別執 自生退屈 或口談事事無碍 不修觀行 不信有 自心悟入之秘訣 纔問禪者見性成佛 以謂不出頓敎離言之理 不知此中 圓悟本心不 變隨緣性相體用 安樂富貴同於諸佛之意 豈爲有智慧人也

여기서 우리는 선禪과 교敎를 회통시키려는 지눌의 깊은 의도가 그의 점수론漸修論에서도 작용하고 있음에 유의하게 된다. 그가 원돈신해문圓頓信解門을 통해 화엄을 선의 돈오문頓悟門으로 흡수한 것처럼, 이제 그는 교가敎家의 점수 사상을 선禪 안에 수용한다. 그러나 이 모든 것이 순수한 이론적 차원에서 이루어졌다기보다는 선禪을 공부하는 자들이 흔히 직면하게 되는 실제적 문제들에 대하여 그가 고심하는 가운데서 도달한 결론이었다. 이제 지눌의 선禪은 '성문性門' 못지 않게 '수문修門'을 필요로 한다. 이 둘은 새의 양 날개와 같다.

이러한 이유로, 마음을 닦는 자는 스스로 비굴하지도 말고 스스로 뽐내지도 말아야 한다. 만일 스스로 뽐내면, 이 마음이 자성自性을 지키지 못하고 범부가 되기도 하고 성인이 되기도 하며 찰나마다 조작하여 들뜨거나 가라앉는 작용으로 되돌아가는 [경지로] 떨어진다. 그러므로 낮의 세 때와 밤의 세 때마다 부지런히 공부하여 또랑또랑하되 망념이 없고 고요하되 밝게 알아 수행의 길(修門)을 어기지 말아야 한다. 만일 스스로 비굴해진다면, 이 마음이 영묘하게 통하여 사물에 응하나 항시 목전에 있어 종일 연緣을 따르되 종일 변하지 않는 힘을 잃게 된다. 그러므로 어리석음과 애욕으로써 해탈의 참된 근원을 이루고 탐욕과 분노를 운용하여 깨달음의 대용大用을 드러내어, 순경이나 역경에 자유롭고 결박과 해탈에 구애됨이 없이 본성의 길(性門)에 순응한다. 이 수修와 성性의 두 길은 새의 양 날개와 같아 하나라도 없어서는 안 된다.15)

---

14) 『節要』, 710~711쪽.
又見禪學者 但知過量機不踐階梯徑登佛地之義 不信此錄中有悟解後初入十信位之文 以故纔有自心開發處 不知解行之深淺 染習之起滅 多有法慢 所發言句 越分頭
15) 『法語』, 22쪽.
是故 修心之人 不自屈不自恃 恃卽 墮於此心 不守自性 能凡能聖 刹那造作 還復

우리는 이상에서 왜 지눌이 돈오頓悟 후에 반드시 점수漸修가 따라야 한다고 생각했는지 그 이유를 살펴보았다. 요컨데, 중생은 돈오라는 급작스러운 정신적 변화에도 불구하고 여전히 인식과 실천 사이의 괴리를 극복하기 어려우며, 그 간격을 메우기 위해서는 부지런한 점수의 과정이 필요하다는 것이다. 그리고 우리가 이미 예측할 수 있듯이, 이 점수의 세계에서는 돈오를 통해 극복되었던 인과의 법칙이 되살아나며, 시간도 다시 흐르며, 수修의 정도에 따라 등급과 계위가 다시 등장한다.

그렇다면 이것은 돈오라는 정신적 변화 이전의 세계로 되돌아간다는 것을 의미하는 것인가? 그리고 돈오는 그 후의 점수와는 아무런 관계도 없다는 말인가? 결코 그렇지 않다. 여기서 우리는 왜 지눌이 수후修後의 오悟가 아니라 오후悟後의 수修를 고집하는지를 살펴보아야 한다. 이것이 우리가 이 장을 시작하면서 제기했던 두 번째 문제였다.

우리는 앞에서 진심眞心과 돈오頓悟에 대한 고찰을 하면서, 북종北宗(神秀로 대표되는)은 돈오가 무엇인지 전혀 알지 못한다는 것을 지눌을 통해 보았다. 북종은 번뇌煩惱가 본래 공空함을 깨닫지 못하기 때문에 수修의 요체를 맑은 거울로부터 부지런히 먼지를 제거하는 과정으로 이해한다는 것이다. 그들은 생사가 곧 열반이라는 근본 진리를 모르고 진망眞妄을 별집別執하여 망심妄心이 사실은 진심眞心의 묘용이요 성기性起임을 이해하지 못하기 때문이다. 따라서 그들은 망妄을 제거

漂沈之用 是以 晝三夜三 懃懃薰習 惺惺無妄 寂寂明亮 不違修門 屈則 失於此心 靈通應物 常在目前 終日隨緣而終日不變之德 是以 將癡愛成解脫眞源 運貪嗔現 菩提大用 逆順自在 縛脫無拘 順於性門也 此修性二門 如鳥兩翼 闕一不可

함으로써 진眞을 구하고자 한다. 따라서 지눌은 이같은 결론을 내린다. "그들의 오悟가 철저하지 못한데, 어떻게 그들의 수修가 참되겠는가?"16) 지눌에 따르면 오悟 없는 수修는 뿌리는 제거하지 않은 채 돌로 풀을 누르는 행위와 같다. 누르면 누를수록 맹렬하게 자랄 뿐이다. 지눌은 다음과 같이 말한다.

> 어떤 사람은 선과 악의 공空함을 모르고 굳게 앉아 움직이지 않고 몸과 마음을 억제하기를 마치 돌로 풀을 누르듯 하면서 이것이 마음 닦는 것이라 하니, 이는 크게 잘못된 것이다. 그러므로 이르기를 "성문聲聞은 마음마음마다 미혹을 끊으려 하되 끊으려는 마음 그 자체가 적이 된다"고 하였다. 단지 살인, 절도, 간음, 거짓이 성性으로부터 일어나는 것임을 자세히 관觀하면, 일어남이 곧 일어남이 아니라 그 순간에 단박 고요해지니, 어찌 다시 그것들을 끊을 필요가 있겠는가? 그러므로 이르기를 "생각이 일어나는 것을 두려워하지 말고, 오직 깨달음이 더딜까 두려워하라"고 하신 것이다. 또 이르기를 "만일 생각이 일어나면 곧 깨닫고, 깨달으면 곧 없는 것이다"라고 하는 것이다.17)

따라서 돈오頓悟의 세례를 받지 않은 점수漸修는 지눌에 따르면 올바른 수행이 될 수 없다. 그것은 단순한 '억압(伏捺)'일 뿐이고,18) 처음

---

16) 『節要』, 685쪽. 우리는 이미 北宗에 대한 이런 관점이 현대의 비판적 學者들에 의해 수용되지 않음을 언급했다. 우리는 우이 하쿠주(宇井伯壽)의 논문을 언급했다. 北宗에 어떠한 '漸修的' 입장도 존재하지 않는다는 훨씬 더 급진적 관점에 대해서는, 세키구치 신다이(關口眞大), 『達磨大師の硏究』, 213~45쪽; 『禪思想史 硏究』, 102~108쪽을 볼 것.
17) 『法語』, 50쪽.
  或者 不知善惡性空 堅坐不動 捺伏身心 如石壓草 以爲修心 是大惑矣 故云 聲聞心心斷惑 能斷之心是賊 但諦觀殺盜淫妄從性而起 起卽無起 當處便寂 何須更斷 所以云 不怕念起 唯恐覺遲 又云 念起卽覺 覺之卽無
18) 『法語』, 10, 50쪽.

부터 진 싸움이나 다름없다. 수행을 이렇게 억압적 행위로 보는 관점은 북종北宗뿐만 아니라 모든 방편적 가르침에서도 발견되며, 지눌은 선禪을 공부하는 사람들이 이런 형태의 수행을 하지 말고, '닦되 닦지 않고' 번뇌를 '끊되 끊지 않는' 진정한 수행을 하도록 촉구한다.

> 어떤 사람들은 [부처님의] 거룩한 가르침 중에서 법法의 상相에 관련된 방편적 가르침에 집착하여 스스로 비굴한 마음을 내어 수고롭게 점차적 수행을 닦음으로써 성종性宗을 어긴다. 그들은 여래가 말세의 중생을 위해 비밀을 여는 비결을 열어 놓은 것을 믿지 않고, 전에 들었던 바를 고집하여 황금을 버리고 삼을 지고 간다. 나는 이런 종류의 사람을 매우 빈번히 만났다. 비록 설명을 해주어도 그들은 끝내 믿고 받아들이려 하지 않고 단지 의심과 비방을 더할 뿐이다. 어떻게 그들이, 심성心性은 원래 깨끗하고 번뇌煩惱가 원래 공空함을 먼저 믿고 이해하되 그 이해에 의거한 훈수薰修가 방해받지 않는 사람들과 같을 소냐? 외적으로는 [이 후자의 사람들은] 계율戒律과 의례儀禮를 지키되 구속과 집착이 없으며, 내적으로는 정려靜慮(禪, 禪那)를 닦되 억누르지 않는다. 가히 악을 끊되 끊음이 없는 끊음이요, 선을 닦되 닦음이 없는 닦음이기에 참다운 닦음이요 참다운 끊음이라고 말할 수 있는 것이다.[19]

우리는 돈오 이후에야 비로소 가능해지는 이러한 진정한 수修를 역설적인 수修라고 부를 수 있다. 번뇌가 번뇌가 아니며 중생이 중생

---

19) 『法語』, 10쪽.
或有執於聖敎法相方便之說 自生退屈 勞修漸行 違背性宗 不信有如來爲末世衆生
開秘密之訣 固執先聞 擔麻棄金也 頻遇如此之類 雖有解說 終不信受 但加疑謗而
已 何如先須信解心性本淨 煩惱本空 而不妨依解薰修者也 外攝律儀而忘拘執 內
修靜慮而非伏捺 可謂於惡斷 斷而無斷 於善修 修而無修 爲眞修斷矣

이 아님을 깨달은 후의 수행이며, 본래부터 청정한 자신의 본성에 대한 통찰에 입각한 수修이기에 그것은 수 아닌 수이며 쉽고 가벼운 수修인 것이다. 이것이 왜 지눌에 따르면 돈오가 반드시 점수에 선행해야만 하는 이유이고, 이것이 왜 점수에도 불구하고 우리가 결코 오悟 이전의 수, 즉 억압과 수고로움의 수행으로 다시 회귀하지는 않는 이유이다. 지눌은 분명하게 다음과 같이 말한다.

> 비록 후수後修가 있다 할지라도, 이미 먼저 망념이 본래 공하고 심성이 본래 깨끗함을 대번에 깨달았기 때문에 악을 끊음에 있어 끊되 끊음이 없고 선을 닦음에 있어 닦되 닦음이 없으니, 이것이 곧 참된 닦음이요 참된 끊음이다. 그런고로 이르기를 "비록 만 가지 행을 갖추어 닦는다 해도 오직 무념無念을 근본으로 삼는다"라고 하였다.[20]

여기서 무념수無念修의 관념은 매우 중요하다. 그것은 돈오에 의해 가능해진 수修의 특성을 가리키는 개념이기 때문이다. '무념無念'은 떠나야 할 염념의 존재를 미리 상정하는 이념離念과 대조된다. 무념은 모든 염념이 본래 공空하다는 통찰을 통해 끊거나 떠나야 하는 번뇌의 존재를 애당초 인정하지 않는다. 그렇다고 무념이 단순히 염념의 부재를 의미하는 것도 아니다. 무념은 우리의 모든 일상적 염념들이 현존하는 곳에서도 가능하다. 진심眞心이 불변하는 공적영지空寂靈知의 측면과 더불어 수연용隨緣用이라는 역동적 측면을 지니고 있듯이 무념無念 또한 그러하다. 무념의 사상은 『단경壇經』[21]과 신회神會의

---

[20] 『法語』, 47쪽.
雖有後修 已先頓悟妄念本空 心性本淨 於惡斷 斷而無斷 於善修 修而無修 此乃 眞修眞斷矣 故云 雖備修萬行 唯以無念爲宗

사상에 두드러지게 나타난다.22) 지눌은 특히 종밀을 통해 신회의 무념 사상을 배웠다. 신회의 견해에 대해 지눌은 다음과 같이 말한다.

> 만약, 그대가 좋은 친구의 가르침을 만나 공적空寂한 지知를 문득 깨달으면, 지知는 무념無念이고 무형無形이라 누가 '나'라는 생각과 '남'이라는 생각을 하겠는가? 모든 상相들이 공空한 것임을 깨달으면 마음은 스스로 무념이라, 염念이 일어나면 곧 깨닫고 깨달으면 곧 없는 것이라, 수행修行의 묘한 문門이 오직 여기에 있다. 이것이 바로 오후悟後의 무념수無念修가 의미하는 바이다.23)

무념은 결국 공적영지空寂靈知로서의 진심 그 자체이다. 무념은 동시에 무념수無念修라는 오후悟後의 '묘수妙修'로 가는 열쇠이다. 실로 무념을 깨닫는 것이야말로 참다운 수修, 수 아닌 수를 닦는 핵심이다. 이렇게 보면 우리는 지눌에 있어서 수修는 오悟 속으로 편입되거나 흡수된다고까지 말할 수 있다.24) 이것이 오悟가 수修에 미치는 근본

---

21) 『壇經』에 다음과 같은 말이 있다. "선남자여, 나의 이 가르침에는 옛부터 지금까지 모두가 無念을 宗으로, 無相을 體, 無住를 本으로 삼아 왔다. 無相은 相과 관여하면서도 相을 떠나는 것이며, 無念은 念에 잠겨 있으면서도 아무 생각도 하지 않는 것이며, 無住는 인간의 본래 성품이다." Yampolsky, pp. 137~38.
22) 神會의 無念 사상에 대한 정치한 논문으로는, Gernet, trans., *Entretiens du Maitre Dhyana Chen-Houei de Ho-Tsö*(Hanoi: Publications de L'ecole francaise d'Extreme-Orient, 1949), iv~ix(introduction)를 볼 것. 스즈키의 *Zen Doctrine of No Mind*는 전체적으로 이 주제에 관한 것이다.
23) 『節要』, 730쪽.
若遇善友開示 頓悟空寂之知 知且無念無形 誰爲我相人相 覺諸相空 心自無念 念起即覺 覺之即無 修行妙門 唯在此也
24) 이것이 왜 胡適이 神會에 의해 시작된 중국적 禪佛敎를 두고서 "결코 禪(定 samādhi를 닦는 禪那dhyāna로서의 禪)이 아니다"라고 단정짓는 이유이다. 그의 "Ch'an(Zen) Buddhism in China: Its History and Method", *Philosophy East & West*, III/1 (1953), pp. 7, 17.

적인 영향이며 이것이 바로 오悟와 수修의 순서가 바뀔 수 없는 이유
이다. 이제 다시 한 번 오悟가 수修에 일으키는 변화를 말해 주는 지
눌의 말을 인용함으로써 이 문제에 관한 논의를 종결짓자.

>충국사忠國師는 이르기를 "번뇌를 끊는 것은 이승二乘(聲聞, 緣覺)이라
>부르며 번뇌가 일지 않는 것을 대승大乘의 열반涅槃이라고 부른다"고
>한다. 이것이 의미하는 바는 번뇌를 끊음으로써 보리菩提를 얻는 것이
>아니라 번뇌를 통달하는 것이야말로 보리이며 참다운 닦음이요 참다
>운 끊음이라는 것이다. 그러므로 옛 어른이 이르기를 "보살은 미혹되
>었을 때는 보리를 번뇌로 여기고 깨달았을 때는 번뇌를 보리로 여긴
>다"고 하였으니, 바로 이를 두고 하는 말이다.25)

지눌이 돈오점수頓悟漸修의 구도를 모든 현자와 성인들의 발자취라
고 하는 이유가 이제 분명해졌다.26) 점수漸修는 인식과 실천, 이理와
사事 사이의 괴리를 극복하며, 돈오는 점수를 "무위無爲이되 위爲, 위爲
이되 무위無爲"(『節要』, 794)인 참다운 수修로 변화시킨다. 그러면 이제
지눌의 설명에 따라, 점수의 구체적 내용과 방법을 살펴볼 차례이다.
여기서 우리는 성적등지문惺寂等持門 혹은 정혜쌍수定慧雙修라는 지
눌의 점수론에 접하게 된다. 정定과 혜慧는 지눌이 보제사 담선법회

---

25) 『節要』, 796쪽.
忠國師云 斷煩惱者名爲二乘 煩惱不生名爲大涅槃 此上旨趣 非斷煩惱得菩提 正
是達煩惱爲菩提 乃眞修眞斷耳 故先德云 菩薩迷時 以菩提爲煩惱 菩薩覺時 以煩
惱爲菩提 正謂是也
26) 이런 이유 때문에 漸修頓悟, 漸修漸悟, 頓悟頓修와 같은 다른 모든 대안들은
지눌의 찬동을 얻지 못한다. 『節要』, 738~45을 볼 것. 또 이 문제에 대한 宗
密의 견해를 훌륭하게 다룬 연구로는, 아라키 겐고(荒木見悟), 104~29쪽을 참
조할 것.

에서 동료들과 함께 결사結社의 원을 세운 이래 그의 평생의 관심사
였다. 지눌은 다음과 같이 말한다 : "일찍이 나는 대승의 [문헌]을 열
람하고 요의승了義乘에 속한 경론經論이 설하는 것을 살펴보았는데,
어떠한 법도 삼학三學의 문門에 귀착하지 않는 것이 없고 어느 부처
도 삼학에 의거하여 깨달음을 이루지 않은 이가 없다."27) 지눌에 있
어서 정혜定慧는 일차적으로 계정혜戒定慧 삼학三學에 속하는 정학定學,
혜학慧學을 가리킨다. 지눌은 삼학에 대해 다음과 같이 말하고 있다.

> 정定과 혜慧라는 두 글자는 삼학의 부분적 이름이니 다 말하면 계정
> 혜이다. 계戒는 그릇된 것을 막고 악을 금한다는 뜻으로서, 세 가지
> [나쁜] 길(三途)에 떨어지는 것을 면하게 한다. 정定의 의미는 이理에
> 따라 산만함을 제어한다는 뜻인데, 능히 육욕六欲을 초월할 수 있다.
> 혜慧는 법法을 택해서 공空을 관觀다는 뜻으로서, 묘하게 생사를 초월
> 한다. 무루無漏 성인聖人들이 인위因位(수행의 단계)에 있을 때 닦는 것
> 이 모두 반드시 이것을 배우는 것이기 때문에 삼학이라 부른다. 또 이
> 삼학에는 상을 따르는 것(隨相)과 성을 따르는 것(稱性)의 구별이 있다.
> 수상隨相[三學]은 위에서 설명한 것과 같으며, 칭성稱性[三學]이라는
> 것은, 이理에 본래 아我가 없음이 계戒요 이理에 본래 산만함이 없음이
> 정定이요 이理에 본래 미혹됨이 없음이 혜慧라는 것을 의미한다. 단지
> 이 이理를 깨닫기만 하면 곧 참된 삼학이 되는 것이다. 옛 스님이 이
> 르기를, "나의 법문은 옛 부처님이 전수한 것으로서 선정禪定이나 정
> 진精進을 논하지 않고 오직 부처님의 지견知見에 통달하는 것 뿐이다"
> 라고 하셨다. 이것은 곧 상相에 따라 다스리는 [三學의] 이름을 파한
> 것이지 결코 칭성稱性의 삼학을 파하려고 했던 것은 아니다. 그런고로

---

27) 『法語』, 35쪽. '了意(nītārtha)'란 부처님의 가르침 가운데서 깊은 뜻을 숨김없이
드러낸 것을 가리키는 말로서, '了意乘'은 大乘 가운데서도 모든 중생의 成佛
가능성을 말하는 一乘敎를 가리킨다.

조계曹溪 혜능慧能이 "심지心地에 그릇됨이 없는 것이 자성自性의 계戒이고, 심지에 산만함이 없는 것이 자성의 정定이고, 심지에 어리석음이 없는 것 자성의 혜慧이다"라고 한 것은 이것을 말한 것이다. 또한 선禪이라고 부르는 것에도 어떤 것은 얕고 어떤 것은 깊으니 이른바 외도선外道禪, 범부선凡夫禪, 이승선二乘禪, 대승선大乘禪, 최상승선最上乘禪으로서, 『선원제전집禪源諸詮集』에 광범위하게 수록되어 있는 것과 같다. 지금 논의되고 있는 바 심성心性이 본래 깨끗하고 번뇌煩惱가 본래 공空한 것이라는 뜻은 최상승선最上乘禪에 해당한다.[28]

수상정혜隨相定慧의 의미는 명백하다. 정定은 우리가 수시로 직면하는 번뇌를 상相과 사事의 차원에서 구체적으로 대처함으로써 얻는 정신 집중을 가리킨다. 혜慧 역시 제법諸法의 차별상을 놓고 하나하나에 대하여 그 공空을 관觀함으로써 얻는 사물에 대한 통찰을 말한다. 지눌에 따르면, 이런 수상정혜의 수修는 북종北宗이나 기타 방편적 가르

---

[28] 『法語』, 11~12쪽.
定慧二字 乃三學之分稱 其云戒定慧 戒以防非止惡爲義 免墮三途 定以稱理攝散爲義 能超六欲 慧以擇法觀空爲義 妙出生死 無漏聖人 因中修行 皆須學此 故名三學 又此三學 有隨相稱性之別 隨相如上說 稱性者 理本無我戒也 理本無亂定也 理本無迷慧也 但悟此理 卽眞三學耳 先德曰 吾之法門 先佛傳授 不論禪定精進 唯達佛之知見 此卽但破隨相對治之名 不壞稱性三學 故曹溪云 心地無非自性戒 心地無亂自性定 心地無痴自性慧 此之是也 又所言禪者 有淺有深 謂外道禪 凡夫禪 二乘禪 大乘禪 最上乘禪 廣如禪源諸詮集所載 今之所論 心性本淨 煩惱本空 之義 是當最上乘禪
혜능의 말은 『壇經』에 나온다; Yampolsky, pp. 164를 볼 것. 또 같은 쪽에 '心地'에 대한 말도 나온다. 마음을 種子를 심어 놓은 밭에 비교하는 개념이다. 위 인용문에서 한 가지 주목할 점은 宗密의 『禪源諸詮集』에 대한 지눌의 언급인데, 이것은 『禪源諸詮集』이 현존하지는 않지만 실제로 宗密에 의해 쓰여졌다는 Jan Yün-hua의 견해를 뒷받침해 주는 것으로 보인다. 그의 "Two Problems concerning Tsung-mi's Compilation of Ch'an-tsang", *Transactions of the International Conference of Orientalists in Japan*, 19(1974), pp. 37~47을 볼 것. 그러나 지눌도 혹시 그 책 전체를 본 것이 아니라 그 서문, 즉 都序만을 언급하고 있는지도 모른다.

침들에서 따르는 수행의 길로서, 기껏해야 대승선大乘禪을 넘지 못하며 결코 최상승선最上乘禪은 되지 못한다. 반면에 자성정혜自性定慧란 우리가 이미 충분히 고찰한 바와 같이 우리들의 자성自性, 즉 진심의 체體가 지닌 두 측면인 적寂과 지知, 정정과 혜慧를 가리킨다. 따라서 자성정혜를 닦는다는 것은 이미 우리의 심성心性 속에 내재해 있는 정定과 혜慧를 닦는 것을 의미하기 때문에 수修 아닌 수修이다.

이런 역설적인 닦음이야말로 진정한 수修, 곧 무념수無念修이다. 다시 말해서, 자성정혜는 점수漸修를 통해서 비로소 얻어지는 결과라기보다는 돈오에 의해 이미 자신의 현실로서 자각되는 정혜이다. 이것이 바로 지눌이 "단지 이 이理를 깨닫기만 하면 진정한 삼학三學이다"라고 말할 때의 정혜이다. 여기서 이理란 다름 아닌 자성自性, 즉 공적영지지심空寂靈知之心이다. 결국 이러한 자성정혜의 수修는 결코 오悟와 떨어져서 생각할 수 없는 수修, 바로 오悟 안으로 포섭되는 '수 아닌 수'라 해도 무방하다. 호적胡適이 지적하듯, 바로 이것이 중국 선禪을 인도의 전통적인 선(禪那 dhyāna) 개념을 벗어나게 만드는 급진적인 수修 개념의 변화이다.29) 이제 누구도 정定과 혜慧를 이루기 위하여 어떤 특별한 노력을 경주할 필요가 없다. 정定과 혜慧는 이미 우리의 심성心性 속에 내재하고 있기에 다만 그것을 자각하기만 하면 되는 것이다. 자성정혜의 수修에서는 정신을 집중하기 위한 노력, 마음의 상태를 관찰하는 행위, 결가부좌結跏趺坐나 호흡 조절, 그리고 좌선 중 혼침昏沈을 막고 성성惺惺함을 유지하기 위한 노력 등이 일절 필요 없다.30) 또 자성정혜自性定慧의 수修에서는 정定과 혜慧 사이에 수행 순서

---

29) 이미 언급된 胡適의 논문, 7, 17쪽.
30) 神會는 심지어 定을 닦는 일을 邪道라고 부른다. J. Gernet, trans., *Entretiens du*

상의 구별도 무의미하다. 정과 혜는 진심의 체의 양면으로서 불가분적 통일체를 형성하고 있기 때문에 하나를 위해 다른 하나를 먼저 닦아야 할 필요가 없는 것이다.31) 자성정혜에서는 또한 닦음의 주체와 대상의 구별도 사라진다. 왜냐하면 정定과 혜慧, 적寂과 지知는 닦음의 대상이자 동시에 바로 우리 자신의 본성이기 때문이다.32)

지눌에 따르면 '수 아닌 수'로서의 자성정혜의 자유로운 수修는 가장 바람직한 오후悟後의 수修이다. 그러나 돈오頓悟의 근기를 소유하고 실제로 깨달음의 체험이 있는 사람들 가운데도 번뇌의 장애가 두터운 사람들이 많이 있으며, 지눌은 이런 부류의 사람들에게는 본래 점문漸門의 근기를 가진 자들이 따르는 수상정혜隨相定慧를 방편적으로 빌려 닦기를 권고한다. 그렇지만 이러한 방편적인 빌림이 결코 전적으로 점기漸機의 소행을 따르는 것은 아니라고 지눌은 강조한다. 그의 상세한 설명을 들어 보자.

> 만약 이 두 길에 대하여 각각 행하는 바를 판단해 본다면, 자성정혜를 닦는 자는 곧 돈문頓門의 노력 없는 노력을 사용하여 [정과 혜를] 둘 다 운용하기도 하고 둘 다 비우기도 하면서 스스로 자기 성품을 닦아 스스로 불도를 이루는 자요, 수상문隨相門의 정혜定慧를 닦는 자는 깨닫기 이전 점문漸門의 하등 근기가 [번뇌를] 다스리는 노력을 통해 생

　　Maitre Dhyana Chen-Houei de Ho-Tsö(Hanoi: Publications de L'ecole francaise d'Extreme-Orient, 1949), pp. 34~35.
31) 『節要』 720~21쪽. 神會에 있어서도 같은 관념이 발견된다. Gernet, pp. 50, 63~65를 볼 것. 스즈키는 慧能의 定慧一如의 사상이 '중국 불교 사상사에서 혁명적인 것'임을 강조한다. 그의 "Zen: A Reply to Hu Shih", *Philosophy East and West* III/1(1953), pp. 28. 그의 *Zen Doctrine of No Mind*는 『壇經』을 중심으로 이 문제를 다루고 있다.
32) 『節要』, 720쪽.

각마다 미혹을 끊어 고요함을 얻는 것을 수행으로 삼는 자들이니, 이 두 문의 행하는 바가 하나는 돈頓이고 하나는 점漸으로서 다른 것이니 혼동해서는 안 된다. 그러나 [내가] 동시에 오후悟後에 닦는 길에서 수상문의 대치對治를 아울러 논하는 것은 점기漸機의 소행을 전적으로 취함을 뜻하는 것은 아니고 단지 그것을 방편으로 하여 길을 빌리고 잠시 머무를 뿐이다. 무슨 이유에서인가? 이 돈문에도 어떤 사람은 근기가 뛰어나고 어떤 사람은 열등하여서 일률적으로 그 가는 길을 판단할 수 없기 때문이다. 만약 번뇌가 엷어 몸과 마음이 가볍고 편안해서 선善을 해도 선善에서 자유롭고 악惡을 해도 악惡에서 자유로워 여덟 가지 바람(利, 衰, 毁, 譽, 稱, 譏, 苦, 樂)에 동하지 않고 세 가지 감정(쾌락, 고통, 중성)이 고요한 사람은 자성정혜自性定慧에 의지하여 자유로이 [정과 혜를] 함께 닦아 천진무작天眞無作하여 움직이든 가만히 있든 항시 선정禪定이라, 자연스런 도리를 성취하니 어찌 수상문隨相門의 다스림을 빌려야 할 까닭이 있겠는가? 병이 없으니 약도 구하지 않는다.33)

그리고 이와는 대조적인 언급이 이어진다.

비록 먼저 돈오頓悟를 했음에도 불구하고 번뇌煩惱가 너무 짙고 두터우며, 습관적 힘이 단단하고 무거워서 대상을 대할 때마다 생각생각이 정情을 내고 사물을 접할 때마다 마음마음이 상대를 하여 혼침昏沈

---

33) 『法語』, 54쪽.
若就兩門各判所行則 修自性定慧者 此是頓門 用無功之功 竝運雙寂 自修自性 自成佛道者也 修隨相門定慧者 此是未悟前漸門劣機 用對治之功 心心斷惑 取靜爲行者 而此二門所行 頓漸各異 不可參亂也 然悟後修門中 兼論隨相門中對治者 非全取漸機所行也 取其方便 假道托宿而已 何故 於此頓門 亦有機勝者 亦有機劣者 不可一例 判其行李也 若煩惱淡薄 身心輕安 於善離善 於惡離惡 不動八風 寂然三受者 依自性定慧 任運雙修 天眞無作 動靜常禪 成就自然之理 何假隨相門對治之義也 無病不求藥

과 산란散亂에 부림을 당하여 항상 그러하게 있는 적寂과 지知에 어두운 자는 수상문의 정혜定慧를 빌려서 다스림을 잊지 말고 혼침과 산란을 고루 조절하여 무위無爲에 들어가는 것이 마땅하다. 비록 다스리는 공부를 빌려서 일시적으로 습관적 힘을 조절한다 해도, 심성心性이 본래 깨끗하고 번뇌가 본래 공空함을 먼저 돈오했기 때문에 점문漸門 열기劣機의 오염수汚染修에 떨어지지는 않는다 …… 깨달은 사람의 경지는 비록 다스림의 방편을 사용한다 해도 생각마다 의심이 없어 오염에 떨어지지 않는다. 날이 가고 달이 가면 자연히 천진天眞한 묘성妙性에 합하여 자유로이 적寂하고 지知하여 생각생각에 일체의 대상을 접하되 마음마음에 모든 번뇌를 영원히 끊어서, 자기 성품을 떠나지 않고 정定과 혜慧를 같이 지녀 무상의 깨달음을 성취하니, 앞에서 말한 근기가 뛰어난 사람과 아무 다름이 없다. 비록 수상문隨相門의 정혜가 점문의 소행이라 할지라도, 깨달은 사람의 경지에서는 쇠에 점을 찍어 금을 만드는 것이라 할 수 있다.[34]

길게 인용한 이 글의 요점은, 누구나 견성見性 이후에는 수고로움이 필요 없는 자성정혜自性定慧를 닦아 자연스럽게 도道에 합치할 수 있어야 하지만, 번뇌가 중한 사람들은 돈오에도 불구하고 방편적으로 수상정혜隨相定慧의 수修에 의지해야만 한다는 것이다. 그러나 이

---

34) 『法語』, 54~56쪽.
　　雖先頓悟 煩惱濃厚 習氣堅重 對境而念念生情 遇緣而心心作對 被他昏亂使殺 昧却寂知常然者 卽借隨相門定慧 不忘對治 均調昏亂 以入無爲 卽其宜矣 雖借對治工夫 暫調習氣 以先頓悟心性本淨煩惱本空故 卽不落漸門劣機汚染修也 …… 悟人分上 雖有對治方便 念念無疑 不落汚染 日久月深 自然契合 天眞妙性 任運寂知 念念攀緣一切境 心心永斷諸煩惱 不離自性 定慧等持 成就無上菩提 與前機勝者 更無差別 則隨相門定慧 雖是漸機所行 於悟人分上 可謂點鐵成金
　　'오염수'란 相에 따라 닦는 수행을 말한다. 닦을 것, 더러운 것, 끊을 것이 있다는 생각하에 닦는 수를 가리킨다.

런 방편적인 의존은 결코 돈오문頓悟門을 거치지 않고 순전히 점수문漸修門만을 따르는 것과는 질적으로 다르다는 것이다. 지눌은 이 오후悟後의 점수漸修를 '점원漸圓'이 아니라 '원점圓漸'이라고 부른다.35) 이 말이 뜻하는 바는, 오후수悟後修의 경우 비록 번뇌를 하나하나 다스리고(對治) 조절하는 점수를 일시적으로 따른다 해도 결코 깨달음의 체험 없이 처음부터 점수만을 통해 완전성에 이르려는 수고로운 노력과는 수행의 차원이 다르다는 것이다. 지눌은 이러한 방편적 의존을 달리 표현하여 '무념수無念修를 떠나지 않은 판사수辦事修'라 부른다.36) 원점이라는 개념이 말해 주듯, 그것은 돈오에 의해 이미 확보된 완전성을 담보로 한 수修이기 때문이다.

결론적으로 말해, 자성정혜를 닦든 혹은 방편적으로 수상정혜를 닦든 이제 수修는 더 이상 돈오라는 정신적 변화 이전의 수로 남아 있을 수는 없다. 다만 각자 자신의 역량에 알맞는 수행의 길을 선택해야 할 뿐이다. 지눌의 선 수행론은 일반적으로 가장 높은 역량을 지닌 수행자들보다는 그렇지 못한 자들을 겨냥한다. 따라서 지눌이 오후수悟後修를 논할 때는 징관澄觀이 '돈수頓修'라고 부르는 직접적이고 자유로운 자성정혜의 수修보다는 점문漸門의 수상정혜를 방편으로 빌려서 닦는 것을 주로 가리킨다.37) 후자는 너무 높지도 않고 너무 낮지도 않는 근기를 지닌 수행자들에게 적합한 수행이다. 돈오의 근기는 되나 동시에 깨달음 후에도 좀처럼 사라지지 않는 번뇌에 괴로

---

35) 『節要』, 730쪽.
36) 같은 곳. '판사수'란 事 하나하나를 상대해서 대치해 나가는 힘씀(辦)이 있는 수행을 말한다.
37) 징관의 돈수 개념은 "마음을 살피고 맑게 하는 행위 없이 텅 빈 체로 道와 합하는 자유로운 修"이다. 『節要』, 729쪽.

위하는 사람들을 위한 수행인 것이다.

  지금까지 두 종류의 정혜定慧에 대한 논의를 통해서 우리는 어느 정도 정혜에 대한 지눌의 견해를 알 수 있게 되었다. 이번에는 다른 방향에서 이 두 개념을 살펴보고자 한다. 그럼으로써 우리는 지눌의 선 수행에서 정과 혜가 차지하는 의미를 더 구체적으로 파악할 수 있을 것이다. 지눌이 종밀로부터 인용하고 있는 다음 구절은 매우 시사적이다.

> 『법집별행록法集別行錄』에서 말하는 것처럼, [깨달음을 얻고자 하는] 마음을 발하는 것으로부터 성불成佛에 이르기까지 오직 적寂과 지知만이 있어 변하지도 않고 그치지도 않으나 다만 그 [수행의] 지위에 따라 명칭이 약간 다르다. 밝게 깨달았을 때에는 이理와 지智라 하고 마음[깨달음을 얻으려는 보제심菩提心]을 발해 닦을 때에는 지止와 관觀이라 하고, 자유로이 수행이 이루어진 때는 정定과 혜慧라 하고, 번뇌煩惱가 모두 소멸하고 공功들이는 행위가 원만해져서 성불하는 때는 보리菩提와 열반涅槃이라고 한다. 마음을 발하는 때부터 마지막까지 오직 적寂과 지知뿐임을 마땅히 알라.38)

  이 말의 핵심은, 수행 과정 속에서 우리가 도달하는 영적 경지가 어떠하든 — 지관止觀, 정혜定慧, 보리열반菩提涅槃 — 모두 우리의 진심眞心, 곧 공적영지지심空寂靈知之心의 두 측면인 적寂과 지知에 기초하고 있다는 점이다. 수행의 단계를 구별해서 말하면, 지止와 관觀은

---

38) 『法語』, 18쪽.
    如法集別行錄云 始自發心乃至成佛 唯寂唯知 不變不斷 但隨地位 名義稍殊 謂約了悟時 名爲理智 約發心修時 名爲止觀 約任運成行 名爲定慧 約煩惱都盡 功行圓滿成佛之時 名爲菩提涅槃 當知 始自發心乃至畢竟 唯寂唯知

수행의 시작이며 어느 정도 수행이 성취된 상태는 정定과 혜慧라 하며, 완전히 수행을 성취한 상태는 보리菩提와 열반涅槃이라 부른다는 것이다. 그러나 이 모든 과정의 배후에는 존재론적으로 말해 진심의 양면인 적寂과 지知라는 불변의 실재가 깔려 있다는 것이다.

정혜定慧의 개념에서처럼 나머지 두 개념의 짝들 모두에 대해서도 우리는 자성적自性的 의미와 수상적隨相的 의미를 구별할 수 있다. 자성적 의미에 관한 한 수행의 지위에 상관없이 모두가 같은 실재를 가리키는 말이다. 모두가 아무런 경험적·언어적 구별도 허락하지 않는 진심의 체體가 지니는 두 측면을 가리키는 여러 표현일 뿐이다. 개념적 구별이 필요한 것은 우리가 이 체體(理, 性)의 세계를 떠나서 수행의 단계라는 차별적 세계(相과 事)에 관해 이야기할 때이다. 이제 이 수행의 차원에서 위에 언급된 개념의 짝들을 좀더 자세히 살펴보자.

이理와 지智, 보리菩提와 열반涅槃은 수행의 과정이기보다는 완성된 경지를 말하기 때문에 여기서 우리의 관심은 역시 지止와 관觀, 그리고 정定과 혜慧에 집중된다. 위의 인용문에서 지눌은 지관止觀의 닦음을 정혜定慧를 얻는 수단으로 이해하고 있다. 그러나 지눌은 지관에 대해 구체적인 설명은 하지 않으며 그 개념을 자주 사용하지도 않는다. 그 대신 지눌은 지관과 등가의 의미를 지닌 다른 개념의 짝, 즉 성적등지문惺寂等持門의 성惺과 적寂을 선호한다. 지눌은 성적등지惺寂等持라는 말 대신 정혜등지定慧等持라는 표현을 사용하기도 한다.[39] 그러나 엄밀하게 구별하면, 성적惺寂은 지관과 마찬가지로 정혜를 얻기 위한 구체적 수행의 방법과 내용을 의미한다고 볼 수 있다. 적寂

---

[39] 지눌은 『修心訣』에서 '雙修定慧' '定慧等持'라는 표현을 사용하고 있다. 『法語』, 51~53쪽 참조.

과 성성惺惺에 관해 지눌은 다음과 같이 설명한다.

> 곧 초저녁, 심야, 새벽에 고요히 모든 연緣을 잊고 오뚝 단정하게 앉아 외부의 상相을 취하지 않고 마음을 거두어 잡아 안으로 비추어 보되, 먼저 고요함(寂寂)으로 연緣을 따르는 생각을 다스리고, 다음에는 또랑또랑함(惺惺)으로 혼침昏沈을 다스려야 한다. 균형 있게 혼침과 산란을 제어하되 취하고 버린다는 생각 없이 마음을 또렷하고 트이고 어둡지 않게 하여 생각이 없이 깨끗하고 밝게 해서 어둡지 않게 하며, 생각함이 없이 알며 …… 일숙각一宿覺이 이르기를, "고요함이란 바깥 경계의 좋고 나쁨 등의 일을 생각하지 않음을 이름이며 또랑또랑함이란 혼침이나 무기無記(좋지도 나쁘지도 않음) 등의 모습을 일으키지 않는 것을 의미한다. 만일 고요하지만 또랑또랑하지 않으면 그것은 혼침이며, 만약 또랑또랑하되 고요하지 않으면 그것은 곧 연을 따르는 생각이다. 만일 고요하지도 않고 또랑또랑하지도 않으면 그것은 연緣을 따르는 생각뿐 아니라 혼침에 빠져 머무는 것이니, 고요하기도 하고 또랑또랑하기도 하면 이것은 또렷할 뿐만 아니라 겸하여 고요하기도 하니 이것이 곧 근원으로 돌아가는 묘한 성품이다"라고 했다.[40]

이 단락은 우리로 하여금 '근원으로 돌아가는 묘한 성품'을 되찾는 방법을 말해 주고 있다. 여기서 '근원으로 돌아간다(還源)'는 말은 자신의 본성, 곧 진심의 회복을 의미하며,[41] 그렇게 하는 '묘한 성품'이

---

40) 『法語』, 14쪽.
　　卽於初中後夜 関爾忘緣 兀然端坐 不取外相 攝心內照 先以寂寂治於緣慮 次以惺惺治於昏沈 均調昏散而無取捨之念 令心歷歷 廓然不昧 無念而知 …… 一宿覺云 寂寂謂不念外境善惡等事 惺惺謂不生昏住無記等相 若寂寂不惺惺 此乃昏住 惺惺不寂寂 此乃緣慮 不寂寂不惺惺 此乃非但緣慮 亦乃入昏而住 亦寂寂亦惺惺 非唯歷歷 兼復寂寂 此乃還源之妙性也
41) 『修心訣』에도 이 말이 나오는데, 자신의 본심 혹은 본성을 찾아 들어가는 행위를 가리킨다. 『法語』, 45쪽.

란 곧 진심의 양면인 적寂과 지知이다. 이 적과 지를 되찾아 진심이라는 자신의 근원으로 돌아가게 하는 수행 방법이 다름 아닌 또랑또랑함(惺惺함)과 고요함(寂寂함)을 동시에 균형 있게 유지하는 일인 것이다. 근원으로의 복귀를 방해하는 것은 단지 다양한 상相의 세계에 의해 야기되는 정신적 산란만은 아니다. 고요함(寂)으로 정신적 산란을 제어한다 해도 정신적 진공 상태의 위험이 남아 '구슬'의 투명함(知)이 드러나지 않는다. '앎이 없는 앎'이 있는 투명성을 확보하는 성惺을 통해 정신의 멍청함을 제거한다. 이와 같이 성적등지惺寂等持는 진심의 적寂과 지知를 회복하고 드러내는 구체적인 수행 방법인 것이다.

정혜쌍수定慧雙修에 있어서 자성정혜自性定慧와 수상정혜隨相定慧의 구별이 있듯이, 성적등지惺寂等持에도 같은 구별을 할 수 있다. 성적등지라 해도 위에서 본 바와 같이 성惺과 적寂의 선후를 논하는 것은 수상정혜와 마찬가지로 점문漸門에 속한 열기劣機의 수행법이지 돈문頓門에 속한 쌍수정혜雙修定慧가 아니다.42) 다만 성적등지惺寂等持의 경우에도 역시 지눌은 점문 열기의 수행법을 임시로 빌려 정혜를 닦는 방편으로 삼고 있는 것이다.

이미 언급한 대로, 지눌에 있어서 깨달음 후에 이루어지는 수행의 가장 이상적인 형태는 아무런 수고로움도 없이 닦는 그야말로 자연적 수행과도 같은 자성정혜로서, 이를 무념수無念修라고도 부른다. 무념수나 자성정혜나 다 '닦음 없는 닦음'으로서 깨달음 이후에 비로소 가능한 수행의 묘법인 것이다.『진심직설眞心直說』에서 지눌은 무념無念이라는 말 대신 무심無心이라는 개념을 사용하고 있지만 뜻은 하나

---

42)『法語』, 17, 51쪽.

다. 지눌은 무심에 대해서 다음과 같이 말한다.

지금 무심이라고 말하는 것은 마음의 체體가 없다는 것을 무심이라고 부르는 것이 아니라 단지 마음에 아무런 물物이 없음을 일컬어 무심이라는 것이다. 마치 빈 병이라고 말할 때 병에 물物이 없다는 뜻이지 병의 체體가 없다는 말이 아닌 것과 같다. 그러므로 한 조사께서 이르시기를, "그대는 단지 마음에 아무 일이 없고(無事) 일에 마음이 없으면(無心) 자연히 허虛하고 영적靈寂하여 묘하니, 이것이 심지心旨이다"라고 하신 것이다. 이것에 의거하건대 망심妄心이 없을지언정 진심眞心의 묘용妙用이 없는 것은 아니다.43)

이어서 지눌은 이러한 무심을 공부하는 열 가지 방법을 제시하고 있다.

1. 각찰覺察 : 일념一念이라도 생기는 순간 곧 [그 공空함을] 깨달아 파하는 것이니, 망념이 파각破覺되면 그 다음 생각이 생기지 않고 깨닫는 지혜 또한 쓰지 않을 것이니, 망념妄念과 각지覺智를 모두 잊는 공부.
2. 휴헐休歇 : 선도 악도 생각 말고, 생각이 일면 곧 쉬고 대상을 대하면 곧 쉬어버려 옛 사당의 향로처럼 망상을 끊는 공부.
3. 민심존경泯心存境 : 모든 망념을 다 쉬어 버리되 외부 대상에는 신경을 쓰지 않고 단지 자기 마음만 쉬도록 하는 수행법으로서, 망심만 없으면 대상 세계는 아무런 장해가 되지 않는다.
4. 민경존심泯境存心 : 안과 밖의 모든 대상이 공적空寂함을 관觀하고 오직 일심一心만 홀로 존재하게 하는 공부로서, '대상 세계는 빼앗

---

43) 『法語』, 72쪽.
今云無心 非無心體 名無心也 但心中無物 名曰無心 如言空瓶 瓶中無物 名曰空瓶 非瓶體無 名空瓶也 故祖師云 汝但於心無事 於事無心 自然虛而靈寂而妙 是此心旨也 據此卽 以無忘心 非無眞心妙用也

되 사람은 빼앗지 않는(奪境不奪人)' 공부. 대상 세계가 없으니 망妄이 있을 리 없고 오직 진심만 홀로 비추게 되는 경지.

5. 민심민경泯心泯境 : 먼저 바깥 세계를 공적하게 하고 다음으로 안의 마음을 멸하여 안과 밖이 모두 고요하게 되는 공부로서, '사람과 대상 세계를 모두 빼앗는(人境兩俱奪)' 공부.

6. 존심존경存心存境 : 마음을 마음의 위치에 있고 대상을 대상의 위치에 있도록 하여, 마음과 대상이 만나도 마음이 대상을 취하지 않으며 대상이 마음에 임하지 않게 되는 경지로서 '사람과 대상 세계를 둘 다 빼앗지 않는(人境俱不奪)' 공부.44)

7. 내외전체內外全體 : 안과 밖의 모든 현상들을 그대로 진심의 체體로서 삼는 공부로서, 온 세계가 하나가 되어 버려 어떤 망심도 생기지 않게 하는 공부. 그리하여 승조僧肇가 말하는 바와 같이 "천지가 나와 한 뿌리이고 만물이 나와 한 몸(天地與我同根 萬物與我同體)"이 되는 경지.

8. 내외전용內外全用 : 안과 밖의 모든 현상들과 일체 행위들을 진심의 묘용妙用으로 관하는 공부로서, 어떤 생각이 일어나든 진심의 묘용이라 망념이 있을 수 없는 경지.

9. 즉체즉용卽體卽用 : 모든 것이 공적空寂하여 진심眞心의 체體가 되나 그 가운데 안으로 영명靈明함이 있어서 체體가 곧 용用이니, 성성惺惺하면서도 혼란한 마음이 없으며 적적寂寂하면서도 멍청한 마음이 없어 망심이 생기지 않는 경지. 체와 용 어느 하나에 치우치지 않는 공부.45)

10. 투출체용透出體用 : 안과 밖을 가리지 않고 체와 용을 구별함이 없이 온 세상을 단지 하나의 대해탈문大解脫門으로 삼는 공부. 체와

---

44) 위 3, 4, 5, 6의 無心 공부 방법은 臨濟선사의 유명한 四料簡에 해당한다.
45) 여기서 지눌은 眞心의 隨緣用과 不變用을 구별하지 않고 동일시하고 있다. 우리가 이미 본 대로, 지눌에 따르면 不變用, 즉 知(慧, 惺)가 隨緣用이 전개되는 근거가 되기 때문일 것이다.

용에 구애받지 않고 초월한 경지.

　지눌은 우리가 이 열 가지 무심無心 공부를 모두 수행할 필요는 없고 다만 각자가 자신의 형편에 알맞는 공부를 선택해서 하면 된다고 말한다. 중요한 것은 이 열 가지 공부 모두가 '노력 아닌 노력(無功之功)' 혹은 '공부 아닌 공부'라는 사실을 염두에 두는 일이다. 왜냐하면 이 무심 공부도 어디까지나 깨달음 후의 수행(悟後修)이며 결코 깨달음 전에 하는 수고로운 수행(有心功力)이 아니기 때문이다(『法語』, 76).

　지눌에 있어서 점수漸修는 정혜定慧 혹은 성적惺寂의 닦음으로 끝나지 않는다. 점수는 자리自利만을 위해서가 아니라 타리他利, 즉 모든 중생의 복리를 위해서도 필요하기 때문이다. 우리는 앞에서 지눌의 오후수悟後修에 두 면이 있음을 언급한 바 있다. 하나는 인식과 실천의 괴리를 극복하는 정혜의 닦음으로서, 지금까지 우리가 고찰한 것이다. 다른 하나는 보살행의 실천으로서의 수修이다. 지눌에 따르면, 보살이 지닌 덕과 능력은 견성見性의 순간에 자동적으로 주어지는 것이 아니다. 인식과 실천이 그러하듯이, 지혜와 자비도 반드시 같이 가는 것은 아니다. 지눌은 다음과 같이 말한다.

　이 오悟 후에 닦는 길은 단순히 오염되지 않은 [수修]일 뿐 아니라 만 가지 행위를 겸하여 익혀서 자신과 타인이 함께 구제되는 길이다. 오늘날 선禪을 하는 사람들은 하나 같이 말하기를, 단지 불성을 밝혀 보기만 하면 그후 이타利他의 행行과 원願이 저절로 성취된다고 한다. 목우자(지눌)는 그렇지 않다고 본다. 불성을 밝혀 보면 곧 중생과 부처가 평등하고 저와 나가 차별이 없은즉, 만약 자비의 원을 발하지 않으면 적정寂靜에 걸려 버릴까 두렵다.『화엄론』에 이르기를 지혜는 그 본성이 적정이라 원願으로써 지혜를 보호해야 한다는 말은 이를 두고 한 말이다. 그런고로 알지니, 깨달음 전에 미혹되어 있을 때는 비록 원에 뜻이 있다 해도 마음의 힘이 어둡고 약해서 원이 서지 않으니 깨달음 후에야 차별지差別智로써 중생의 고통을 관觀하여 자비의 원심願心을 발해 역량과 분수에 따라 보살도菩薩道를 행하면 깨달음과 수행이 점차 완전해지니 어찌 기쁜 일이 아니겠는가?46)

지눌은 여기서 부처와 중생이 평등함을 깨닫는 오悟, 즉 자기가 곧 부처임을 자각하는 깨우침과, 고통 중에 있는 중생을 향한 자비의 서원은 별개의 것이라고 언명하고 있다. 후자는 중생과 부처, 깨달은 자와 무지한 자를 구별하는 차별적 지혜(差別智 : 無分別智와 대조된다)에 근거하고 있다. 이 차별지에서는 깨달음으로 인해 '성의 바다(性海)'에서 일단 용해되었던 부처와 중생, 성인과 범부의 구별이 되살아난다. 그리하여 깨달은 자의 평등적 시각을 버리고 중생의 차별적 시각으로 그들의 번뇌와 고통을 함께 느끼고 동참하려는 자비의 원이 발해지는 것이다.

보살도는 다양한 신통력을 필요로 한다. 지눌에 따르면, 이러한 신통력은 결코 깨달았다고 저절로 얻어지는 것이 아니라 오悟 후의 점수漸修에 의해서만 개발된다. 지눌은 다음과 같이 말한다.

---

46) 『節要』, 760쪽.
此悟後修門 非唯不汚染 亦有萬行兼熏 自他兼濟矣 今時禪者皆云 但明見佛性然後 利他行願自然成滿 牧牛子以謂非然也 明見佛性則 生佛平等 彼我無差 若不發悲願 恐滯寂靜 華嚴論云 智性寂靜 以願防智是也 故知悟前惑地 雖有志願 心力昧略故 願不成立 悟解後 以差別智 觀衆生苦 發悲願心 隨力隨分 行菩薩道 覺行漸圓 豈不慶快哉

요즘 [고승들의] 전기를 읽은 이들이 법法을 얻음에 수반하는 기이한 일들을 보고 말하기를, 견성見性을 하는 순간에 바로 신통한 지혜와 거침 없는 언변이 생긴다고 한다. 그러므로 지혜와 언변의 묘한 작용이 없는 사람을 보면 곧 말하기를 가짜라 하면서 그를 신뢰하지 않으려 한다. 이는 좋은 친구를 만나 잘 배울 수 없었기 때문이다. 그들은 깨달음 이후에도 [중생의] 미혹을 분별하는 지혜와 보살의 만행이 점차적으로 이루어짐을 모르기 때문이다.47)

지눌은 점수漸修 없이 신통력을 추구하는 것은 배를 운행하는 법도 모르면서 강의 구불구불함을 탓하는 것과 같다고 한다(『法語』, 9). 그리고 만일 우리가 그러한 능력을 가졌다 할지라도, 지눌은 그러한 것은 단지 '성인의 부차적인 일'이라고 말한다(『法語』, 42).

지눌의 수행론에 대한 고찰을 마치기 전에 우리는 지눌 사상의 또한 가지 중요한 면을 다루어야 한다. 곧 그의 염불念佛 수행관 내지 정토淨土 사상이다. 지눌에 있어서 염불 수행도 점수의 일환으로 간주될 수 있기 때문이다. 우리는 지눌의 행적을 다루는 앞 장에서 이미 그의 정토 사상의 일단을 고찰한 바 있다. 지눌은 선사로서 어디까지나 자성미타自性彌陀, 유심정토唯心淨土의 입장을 견지하고 있으며, 서방 극락 세계의 현란한 상相들에 대하여 소박한 실재론적 이해를 거부한다. 『화엄론』의 말을 빌려 그는 그러한 소박한 정토관을 비판한다.

『화엄론華嚴論』에 이르기를, 이 일승一乘의 교문敎門은 근본지根本智로

---

47) 『節要』, 760~61쪽.
今時讀傳迹者 見得法奇異之事 以謂見性 則應時 必有神通智慧 無碍辯材 故見無辯慧妙用者 便謂虛頭 不生信向此人 全爲不逢善友 不善參詳 不知悟後 更有辨惑智慧 菩薩萬行 漸次而成

이루어지는 것이니 이름하여 일체지승一切智乘이라 한다. 시방세계十方世界가 그 양이 허공과 같아서 부처의 경계가 되므로, 모든 부처님과 중생의 마음과 그 대상 세계가 상호 침투하여 마치 [거울 속] 영상들이 서로 비추는 것 같아서 부처가 있는 세계와 없는 세계를 논하지 않으며 상법像法이나 말법末法 시대가 있음을 설하지 않으니, 이러한 시간적 구분 없이 항시 부처가 흥기하며 항시 정법 시대이니 이것이 곧 요의경了義經(부처의 뜻을 완전히 드러낸 경)이며, 이곳은 예토穢土이고 별도로 정토淨土의 세계가 있다거나 부처가 있는 곳과 없는 곳, 그리고 상법과 말법 [시대]를 설하는 것은 모두 불요의경不了義經이다.48)

지눌은 대승의 유심唯心 사상을 이해하는 것이 정토淨土에 대한 올바른 태도를 갖는 데 중요하다고 보았다. 그것을 아는 사람은 정토 왕생을 원하여 염불을 한다 해도 "저 부처님 세계를 장식하는 아름다운 것들이 가고 오는 일이 없으며 단지 마음에 의해 나타날 뿐이며 진여眞如와 별개의 것이 아님"을 안다(『法語』, 29)는 것이다. 지눌은 심지어 "다만 유심唯心을 요달了達하고 그것에 따라 [정토의 모습을] 관찰觀察하면 비록 염불 왕생을 구하지 않더라도 자연히 거기에 태어나는 것이 필연적이고 확실하다"라고까지 단언한다(『法語』, 28).

이렇게 지눌은 염불과 왕생의 개념을 실재론적으로 보지 않고 유심에 입각하여 이해하고 있지만, 다른 한편으로 적어도 두 가지 경우에 한하여 염불 왕생을 허락한다. 첫째는 아상我相에 대한 집착이 강

---

48) 『法語』, 3쪽.
華嚴論云 此一乘教門 以根本智爲所成 名一切智乘 十方世界 量同虛空 爲佛境界 故 一體諸佛及以衆生所有心境 互相叅入 如影重重 不說有佛無佛世界 不說有像法 末法 如是時分常是佛興 常是正法 此乃了義經 但說有此方穢土別方淨土 有佛無佛 處所及像法末法 皆爲不了義經

하고 번뇌의 장애가 극심한 사람으로서, 공관空觀으로 닦아나가고 정혜定慧를 키워야 하나 자력만으로는 부족하고 타력의 도움을 필요로 하여 안과 밖이 서로 도와야 도를 이룰 수 있는 경우이다. 이런 사람은 예배, 독송, 참회, 발원 등 여러 가지 선을 닦아서 부처님의 가호를 입어 자력을 펴는 일을 돕지 않으면 안 된다(『法語』, 26).

그러나 이 경우에도 두 가지 부류의 사람이 있으니 원하는 바가 같지 않다. 한 부류의 사람은 자비의 원이 강해서 생사의 세계를 두려워하지 않고 자리와 이타로써 자비와 지혜를 키워 대보리를 구하는 자니, 이런 사람은 따로 정토에 태어나기를 구할 필요가 없다. 그러나 다른 한 부류는 깨끗함과 더러움, 괴로움과 즐거움을 대할 때 좋아하고 싫어하는 마음이 강한 사람으로서, 이런 사람은 자기가 닦은 정혜와 기타 여러 가지 선근善根을 회향廻向하여 정토 세계에 태어나기를 원하는 자니, 거기서 부처님의 설법을 듣고 속히 도를 성취하여 다시 중생을 구제하러 이 세상에 오는 것을 원으로 삼은 사람이다(『法語』, 26~27). 지눌은 이 두 원이 모두 도리에 부합한다고 말한다.

지눌의 정토 사상에서 유의해야 할 점은, 그와 동시대의 일본 정토 사상가들, 예컨대 신란親鸞의 철저한 타력 신앙과는 달리[49] 어디까지나 자력을 포기하지 않는 정토 신앙이라는 점이다. 자기가 닦은 정혜와 기타 선행 공덕을 회향하는 정토 왕생이지, 자력을 완전히 포기한 왕생이 아니다. 지눌은 말하기를, "정토에 태어나기를 구하는 자는 밝고 고요한 성품 중에 정혜의 공이 있어서 미리 저 부처님(아미타불)의 내증內證의 세계와 합치하기 때문에 그를 우러러보면서 단지 그의

---

[49] 신란의 정토 사상에 대해서는 졸저, 『일본의 정토 사상』(민음사, 1999)을 참고할 것.

명호만 외우고 그의 존엄한 얼굴을 억상憶想하면서 왕생을 바라는 자 와는 그 우열을 알 수 있다"고 한다(『法語』, 27). 또 한 가지 유의할 사항은 정토 왕생은 지눌에게『대무량수경』이 설하는 대로 어디까지나 수행에 좀더 좋은 환경에서 부처를 만나 속히 성불하기 위한 방편이지 정토 그 자체가 목적이거나 혹은 신란의 경우처럼 왕생 자체가 곧 깨달음이 아니라는 점이다.

다만 지눌의 정토 사상에 있어서 제기되는 한 가지 문제는, 이렇게 내 밖에 있는 부처와 정토를 인정하는 듯한 실재론적 정토관이 그의 유심唯心 정토관과 어떻게 조화를 이루는가 하는 문제이다. 지눌 자신이 전자의 세계에 대하여 많은 얘기를 하지 않고 있기 때문에 이 문제는 다루기 쉽지 않다. 단지 우리가 여기서 지적할 수 있는 것은 실재론적 정토관은 사事에 입각한 정토관임에 비하여 유심정토관은 이理에 입각한 것이라는 점이다. 우리는 지눌이 수행론에 있어서 이에 입각한 돈오론과 사에 입각한 점수론에서 발생하는 괴리를 인간 실존의 어쩔 수 없는 괴리로서 인정하고 있음을 보았다. 이같은 괴리를 우리는 그의 이원적 정토관에서도 발견하게 된다. 이理와 깨달음을 중시하는 유심정토관과 수행, 특히 번뇌의 장이 두터워서 자력 수행만으로는 부족한 사람의 경우, 사事를 강조하는 실재론적 정토관은 결국 돈오 하나로써 모든 문제가 해결되는 것이 아니고 부단한 점수의 필요성을 절감했던 지눌로서는 어쩔 수 없는 결론이었으며, 둘 중에 어느 하나도 그로서는 무시할 수 없는 인간 실존의 진리였다고 말할 수 있다.

지눌이 염불 수행을 인정하는 또 하나의 경우는 염불을 삼매三昧(定, samādhi)를 얻는 수단으로 사용하는 경우이다. 그는 이것을 염불 삼매라 부르며 역시 번뇌가 심중하여 "마음에 관한 진리(心法)를 들어도 생각을 어디에 둘지 모르는 수행자"에게 도움이 되는 수행으로서, 정혜를 닦는 데 도움이 되며 궁극적으로는 유심 삼매에 들어가기 위한 수행이다(『法語』, 32).

한편 지눌은 그의 『염불요문念佛要門』에서 10종의 염불 삼매를 권하고 있으며, 그 힘으로 차츰 청정한 계율의 문에 들어가며, 한 생각으로 도에 상응한 연후 극락에 이르러 삼무루학을 깨끗이 닦아 미타의 무상대각을 이룰 수 있다고 한다. 이를 위해 십종 염불의 수행을 권한다 : 戒身念佛, 戒口念佛, 戒意念佛, 動憶念佛, 靜憶念佛, 語持念佛, 默持念佛, 觀想念佛, 無心念佛, 眞如念佛. 전반적으로 이들 열 가지 염불은 신身, 구口, 의意 삼업三業을 중심으로 하는 초보적인 수행법임을 알 수 있다. 그러나 여기서도 지눌은 이 염불 수행이 단지 입이나 생각으로 하는 행위가 아니라 우리 자신의 진성眞性의 자각에 기초한 것임을 강조한다.

이와 같은 십종 염불은 모두 다 한 생각의 참 깨달음(一念眞覺)에서 발한 것으로서, 생각(念)이 이루어지고 공이 지극하여야 한다. 생각이란 잊지 않는 것이니, 참 성품을 보존하고 기르되 꼭 지키고 잊지 않는 것이요, 부처(佛)란 깨달음이니, 진심眞心을 살피고 비추어 보아 항상 깨어 있어 어둡지 않는 것이다. 그러므로 생각이 없는 한 생각이 깨달아 알고 뚜렷이 밝아, 밝고 뚜렷하여 생각이 끊어지면 이것이 이른바 염불念佛이다.[50]

누카리야 가이텐(忽滑谷快天)이 지적한 바와 같이, 여기서 일념진각

---

50) 김달진 역, 『보조국사전서』(고려원, 1987), 342쪽.

一念眞覺이란 돈오를 가리킴이요, 염불은 이에 근거한 점수의 과정으로서 십종 염불은 얕은 데서부터 깊은 데로 들어가는 수행이다.[51]

지눌의 선 이론은 여실언교의 가르침이나 오랜 수행의 과정도 필요 없는 최상의 근기根機를 소유한 사람들을 위한 것이 아니라, 선이든 교든 돈문頓門을 감당할 만한 근기는 되지만 쉽게 번뇌를 벗어나지는 못하는 중간 부류의 사람들을 위한 것이다. 그리하여 돈오론에서 지눌은 깨달음을 더 많은 사람들에게 열어 주기 위해 해오라는 불완전한 깨달음의 세계를 인정했으며, 나아가서 화엄적 돈오의 길인 원돈신해문圓頓信解門까지 세운 것이다. 또 지눌은 그의 점수론에서도 오후수로서 자성정혜自性定慧라는 수 아닌 수를 닦는 것이 원칙이나 두터운 번뇌의 장애로 인해 그렇게 하지 못하는 사람들은 위해 수상정혜隨相定慧를 방편적으로 빌려 닦는 길을 열어 놓았다.

뿐만 아니라, 이러한 수상정혜의 길마저 감당하기 어려운 자를 위해 자력 수행에다 타력의 도움을 가미하는 길을 열어 놓았다. 그리하여 유심정토와 자성미타를 말하면서도 구체적인 수행법으로서 염불과 극락왕생마저 그는 인정하고 있는 것이다. 이와 같이 선과 교, 돈오와 점수, 그리고 정토 신앙까지 아우르는 지눌의 포용적이고 탄력적인 태도는 그와 동시대에 전수專修 사상을 배경으로 하여 출발한 가마쿠라 신불교新佛敎 사상가들과는 매우 대조적이며, 그로 하여금 하나의 포괄적이고 종합적인 한국 특유의 선 사상과 전통을 형성하게 만들었다.

그러나 지눌의 선이 여기에서 그친다고 생각하면 큰 잘못이다.

---

51) 忽滑快天,『朝鮮禪敎史』, 192쪽.

지눌의 선 이론은 우리가 지금까지 고찰한 돈오점수頓悟漸修론에서 그치지 않는다. 문자와 언어를 떠나 선에서 요구하는 절대적 자유를 체득하는 최종적인 길이 그의 선 세계에 아직 남아 있기 때문이다. 지눌 자신의 구도 행각이 대혜大慧선사의 간화선看話禪을 만남으로써 끝나게 되었듯이 지눌의 선禪 이론 또한 간화선을 논하지 않고는 종결될 수 없다.

VI. 간화론 看話論

지금까지의 논의만으로 본다면, 지눌의 선은 외견상 매우 지적 선이라는 인상을 피할 수 없을 듯하다. 지눌에 있어서 확실히 선은 교敎에 근거한 것, 혹은 여실언교如實言敎에 근거한 것이어야 한다. 그는 불법에 대한 이해 없이 맹목적으로 수도에 열중하는 치선痴禪의 병폐를 당시 수행자들 가운데서 목격하고 이를 단호히 거부했다.

그가 심혈을 기울여 저술한 책들은 한결같이 수행자들의 수행(觀行)의 귀감이 되도록 하기 위해 만들어진 것이다. 그러나 이와 같이 선 수행의 이론적·사상적 토대를 중시하는 지눌의 선은 흔히 불립문자不立文字, 이심전심以心傳心, 교외별전敎外別傳과 같은 선의 정신을 소홀히 여기는 것처럼 보인다. 우리가 지눌에게 직접 이 문제에 관하여 묻는다 해도 지눌 자신이 결코 이 점을 부인하지 않을 것이다. 왜냐하면 그것은 의도된 것이기 때문이다. 지눌에게는 선이 결코 한정된 소수의 사람들, 즉 '정신 세계의 귀족'이라 부를 만한 소수 엘리트 사이에서만 은밀하게 전수되는 밀의적인 것이어서는 안 되며, 제도적 의미에서도 선만의 전유물이 되어서는 안 된다는 강한 신념이 있었다. 인간이 자신의 본성을 되찾는 일, 자신의 참다운 마음(眞心)을 회복하는 일에 차별이 있을 수 없다고 그는 생각했기 때문이었다. 그리하여 그는 교학자들을 포함하여 가능한 한 모든 사람들을 선적 체험의 길로 인도하고자 했으며, 이를 위해서는 교敎를 전적으로 도외시하거나 수행의 지적 기반을 무시해서는 안 된다고 생각했던 것이다.

그러나 지눌 선의 이러한 지적 성향은, 지눌 선 전체를 놓고 보면 단지 그 반절에 불과하다. 지눌에 따르면 수행자는 확실히 교敎 혹은 여실언교에 의거하여 자신의 마음을 반조함으로써 깨달음을 얻을 수 있다. 그러나 이러한 깨달음은 어디까지나 해오解悟로서, 불완전한 깨달음이다. 따라서 수행자는 교에 의거해 자신의 마음을 반조하여 깨달음을 얻었다 해도 거기서 자만하거나 수행를 끝내서는 안 된다. 우리가 이미 고찰한 바와 같이 부단한 점수의 과정이 필요하며 이를 통해 비로소 증오證悟의 경지에 도달하게 되는 것이다. 그러나 지눌에게는 이렇게 여실언교에 근거한 돈오점수의 과정을 거치지 않고도 곧바로 증오의 세계에 들어갈 수 있는 하나의 파격적인 길이 열려 있다. 곧 화두話頭를 참구參究하는 간화선이다. 곧바로 질러 들어가는 지름길이라고 하여 지눌은 그것을 경절문徑截門이라고 부른다.

만약 지눌의 선이 단지 돈오점수에서 끝나고 경절문이라는 새로운 길을 제시하지 않았다면, 그가 일찍이 하택 신회를 '알음알이의 종사(知解宗師)'라고 불렀듯 그 자신 또한 똑같은 비판을 면하지 못했을 것이다. 견인불발(堅忍不拔)의 자기 확신, 지적 이해를 완전히 초탈하는 파격적 언사, 거침없는 자유로움, 도道와의 즉각적이고도 완벽한 합

일과 같은 선만의 고유한 특징들은 그에게는 찾아보기 어려운 요소들이었을 것이다. 하지만 지눌은 그의 저술들을 통해서 원돈신해문圓頓信解門(돈오문)과 성적등지문惺寂等持門(점수문) 외에 경절문徑截門이라는 별도의 깨달음의 길을 논하고 있다. 그리고 이 경절문만은 교敎에서는 도저히 찾아보기 어려운 문자 그대로 교외별전적敎外別傳的 선만의 비밀스러운 세계이다. 다음의 두 구절을 통해 우리는 경절문이 개시하는 세계가 지금까지 우리가 논했던 세계와는 차원이 전혀 다른 세계임을 짐작할 수 있다.

> 대혜大慧선사가 이르기를, "규봉 종밀은 그것을 일컬어 '영명한 앎(靈知)'이라 했고 하택 신회는 그것을 일컬어 '앎(知)이라는 한 글자는 온갖 묘한 이치의 문'이라고 했으나 황룡사심수黃龍死心叟는 '앎이라는 한 글자는 온갖 재앙의 문이다'고 했다." 종밀과 신회의 말은 이해하기 쉽지만 사심수의 말은 이해하기 어렵다. 이 경지에 이르러서는 모름지기 한계를 뛰어넘는 안목을 갖추어야 한다. 그것은 남에게 말할 수도 없고 전할 수도 없기 때문이다. 그러므로 운문雲門은 말하기를 "무릇 말을 하려면 문 앞에서 칼을 든 것같이 해서 한 글귀 속에 반드시 몸이 빼어나갈 길이 있어야 한다. 그렇지 못하면 글귀 밑에 죽어 있을 것이다"라고 했다.[1]

> 육조六祖가 대중에게 말하기를, "한 물건이 있는데, 위로는 하늘을 떠받치고 밑으로는 땅을 지탱하고 있다. 언제나 [우리들이] 활동하는 가

---

1) 『節要』, 805쪽.
 大慧禪師云 圭峰謂之靈知 荷澤謂之知之一字衆妙之門 黃龍死心?云 知之一字衆禍之門 要見圭峰荷澤則易 要見死心則難 到這裏 須是具超方眼 說似人不傳與人不得也 是以雲門云 大凡下語 如當門按釰 一句之下 須有出身之路 若不如是 死在句下

운데 있지만 활동 가운데서 잡을 수가 없구나. 그대들은 그것을 무엇이라 부르겠는가?" 했다. 신회神會가 대중 속에서 나와서 말했다 : "모든 부처의 근원이며, 나 신회의 불성입니다." 그러자 육조가 다시 말했다 : "내가 그것을 한 물건이라고 불렀어도 아직 맞지 않는데 그대는 어떻게 그것을 근원이니 불성이니 부르는가? 그대는 이 다음에 설사 띠풀로 머리를 덮더라도 단지 지해知解(알음알이)의 종도밖에는 되지 못할 것이다."2)

지눌의 입장은 이제 돌변하여 그가 그토록 존중해 마지않았던 신회와 종밀을 깎아 내리고 있다. "앎이라는 한 글자는 온갖 묘한 이치의 문"이라는 신회의 유명한 말은 지금까지 지눌 자신의 현교적顯敎的 돈오론 혹은 해오적解悟的 돈오론의 초석이었지만, 이제는 하나의 조롱거리로 전락해 버리며, 신회는 '알음알이만 좇는 무리(知解宗徒)'로 낙인찍힌다. 이런 것이 이제부터 우리가 고찰하고자 하는 간화선의 세계이다.

우리는 지눌이 깨침을 해오解悟와 증오證悟의 두 가지로 구분하고 있음을 보았다. 닦음 이전의 깨달음을 해오라 하고 닦은 후에 얻어지는 깨달음을 증오라 한다. 해오는 이렇게 수행에 의해 보완되고 완성되어야 하는 불완전한 깨달음이며, 또한 그 지적 성격 때문에 관념적 깨달음, 지적 깨달음의 성격을 완전히 벗어나기는 어렵다. 해오는 불가피하게 앎과 행위, 인식과 실천 사이에 간격을 초래할 수밖에 없는 깨달음이며, 이른바 '알음알이의 장애(解碍)'를 지닌 불완전한 깨달음

---

2) 『節要』, 805~06쪽.
　六祖示衆云 有一物 上柱天 下柱地 常在動用中 動用中收不得 汝等諸人 喚作什麼 神會 出衆云 諸佛之本源 神會之佛性 祖曰 我喚作一物 尙自不中 那堪喚作本源佛性 汝他後 設有把茅盖頭 只作得箇知解宗徒

인 것이다. 물론 해오도 순전히 문자적 깨달음이 아니라 어디까지나 자기 마음에 대한 반조의 행위를 통해 얻어지는 것임을 우리는 이미 보았다. 그럼에도 역시 그것은 지해의 자취를 완전히 떨쳐 버릴 수는 없다고 지눌은 본다. 이러한 약점을 극복하고 증오에 이르기 위해서는 따라서 점수의 과정이 필요한 것이다. 그러나 지금까지 고찰한 바에 따르면 증오의 성취를 확실하게 매듭짓는 어떤 특별한 단계나 계기가 있는 것인지, 있다면 어떤 것인지에 관해서 지눌이나 종밀이 별로 언급한 바가 없다. 종밀의 경우 단지 '정혜가 원만하고 밝게 되는' 어떤 지점에 이르러 증오가 성취된다고 막연하게 말할 뿐이다.

종밀에게 점수란 끝없는 과정이요, 그 자체가 궁극적 목표인 것처럼 보인다. 단지 할 수 있을 만큼 수행을 계속할 뿐이지 증오의 성취를 보장하는 어떤 특정한 계기나 결정적인 방법이 있는 것이 아니기 때문이다. 지눌의 돈오점수론 역시 마찬가지이다. 이통현의 화엄 사상에 입각하여 수립한 원돈신해문의 돈오 역시 해오로서, "먼저 문해聞解로써 [깨달음에] 믿고 들어간 다음 무사無思로써 [도道와] 하나가 되어야 한다"는 이통현의 말대로 아직은 문해의 자취를 완전히 지우지 못한 깨달음이다.3)

그러나 이제 경절문을 통해 지눌은 종밀이나 이통현이 생각지 못했던 새로운 차원의 깨달음을 논한다. 문해가 전혀 통하지 않은 깨달음, 지해병으로부터 완전히 자유로운 깨달음을 얻는 길을 제시하고 있는 것이다. 다시 말해, 여실언교에 의거한 관행觀行을 통해 얻은 깨달음이 지니는 한계를 완전히 극복하고 그야말로 "무사無思로써 도道

---

3) 『法語』, 135쪽. 지눌은 이통현의 이 말을 매우 좋아해서 여러 번 인용한다. 같은 책, 131, 124쪽.

와 하나가 되는" 파격적인 길이다. 이 길은 처음부터 말의 길(語路) 과 의미의 길(義路)를 차단해 버리고, 언어나 사랑 분별이 일체 발붙일 여지를 허락하지 않는 무의미한 화두를 붙잡고 씨름하는 화두 참구의 길이다. 이 길은 돈오점수 혹은 선오후수先悟後修라는 도식을 거치지 않고서도 곧바로 증오證悟에 들어갈 수 있는 길로서, 여기에는 인식과 실천 사이의 간격 따위는 더 이상 존재하지 않는다.[4]

지눌에 있어서 이 새로운 깨침은 점수라는 과정상의 막연한 어떤 지점이 아니라 그것과는 확연히 구별되는 한 독자적인 계기를 형성한다. 해오解悟가 하나의 뚜렷한 체험으로서 갑작스러운 각성의 계기인 것처럼 화두를 통한 증오證悟 역시 하나의 독자적인 체험의 계기를 이룬다. 지눌의 『간화결의론看話決疑論』은 바로 이러한 화두 참구의 길, 교외별전적 선 특유의 돈문頓門에 대한 논의이다. 거기서 지눌은 화두선의 특성, 그 수행 방법, 그리고 그것을 통한 깨침이 교가에서 말하는 깨달음과는 어떻게 구별되는지를 상세히 논하고 있는 것이다. 지눌은 이렇게 말한다.

---

[4] 일본 선사 道元의 경우를 지눌과 비교할 수 있다. 道元에 있어서 깨달음은 수행과 일치하거나 혹은 수행에 포섭된다고 말할 수 있다. 그는 젊은 날에 모든 중생이 이미 불성을 가지고 있는데 왜 다시 수행이 필요한가 하는 문제로 크게 고민했다고 한다. 이 문제에 대해 그가 도달한 결론은 수행과 깨달음이 하나라는(修證一如) 것이었다. 그는 이렇게 말한다.

> 불법에는 수행과 깨달음이 하나이다. 수행이 깨달음에 근거하고 있기 때문에 초심자의 수행이라 하더라도 본래의 깨달음[本覺] 전체를 포함하고 있다. 그러기 때문에 [선사들은] 수행의 지침을 내릴 때, 수행을 떠나 따로 깨달음을 기다리지 말라고 경계하는 것이다. 이 수행이 곧바로 본래의 깨달음을 가리키고 있기 때문이다. 깨달음은 이미 수행 속에 담겨 있기 때문에 깨달음에는 끝이 없으며, 수행은 깨달음의 수행인고로 시작이 없다. (H. Dumoulin, *A History of Zen Buddhism*(Boston: Beacon Press, 1963), p. 166에서 인용)

지금 논의하는 바 선종의 교외별전인 바로 질러 들어가는 문(徑截得入之門)은 파격적인 길로서, 비단 교학자들만 믿기 어렵고 들어가기 어려울 뿐 아니라, 우리 선종에서도 근기가 낮고 지식이 얕은 사람은 아득해서 알지 못한다. 이제 나는 [옛 사람들이 깨달음에] 들어가게 된 인연을 몇 가지 소개함으로써 믿지도 않고 알지도 못하는 사람들로 하여금 선문에 곧바로 질러 들어가는 문이 있어서 돈교頓敎와도 다르고, 원종圓宗에서 [깨달음에] 들어가는 자들과 [비교해 볼 때도], 교교敎에 의지하느냐 교교敎를 떠나느냐에 따라, 그 [깨달음에] 느리고 빠름이 아주 다르다는 것을 알게 하고자 한다.5)

지눌은 위에서 선의 경절문은 화엄華嚴의 오교판五敎判에서 말하는 네 번째 가르침인 돈교頓敎, 즉 말과 생각을 떠나(離言絶慮) 단박에 진리를 깨닫도록 하는 가르침이나, 다섯 번째의 가장 높은 가르침인 원교圓敎, 즉 화엄의 가르침과도 아주 다른 특별한 길로서, 선에서도 뛰어난 근기의 사람들이 아니면 알 수 없는 파격적인 길이라고 말하고 있다. 『간화결의론』은 한마디로 말해 이 간화선을 통한 깨달음이 교敎를 통한 깨침과는 차원이 다른 세계임을 논증하는 글이다. 이 문제를 본격적으로 고찰하기 전에 지눌이 생각하고 있는 이상적인 간화선의 모습이 어떤 것이었는지를 먼저 살펴보기로 하자.

지눌은 신회를 지해종사知解宗師, 즉 알음알이에 매어 있는 선사로 명백히 단정하면서 육조六祖 혜능慧能의 적자가 아니라고 말한다. 지해종사와는 달리 알음알이 없이 진리를 직접 증득하고 전하는 참 선

---

5) 『法語』, 131쪽.
今所論禪宗敎外別傳徑截得入之門 超越格量故 非但敎學者難信難入 亦乃當宗下根淺識 罔然不知矣. 今略引二三段得入因緣 令不信不知者 知有禪門徑截得入 不同頓敎 亦與圓宗得入者 依敎離敎 遲速逈異也

사를 지눌은 본분종사本分宗師라고 부른다. 지눌은 대혜大慧 종고宗杲 (1089~1163)에게서 이 본분종사의 모습을 발견하고 그를 다음과 같이 평한다.

> 그러나 지금 [우리가] 떠받드는 경산대혜徑山大慧 스님은 다름 아닌 조계曹溪 직계의 정맥을 이어받은 제17대 본분종사이다. 그가 세운 경절문에서 말귀를 참구하여 [깨달음에] 들어가는 [방법]은 [다른 화두선의 이론들과는] 아주 다르다. 왜 그런가? '뜰 앞의 잣나무' '마 세 근' '개는 불성이 없다' 등 종사가 제시한 화두에는 단적으로 보여 주는 진리가 전혀 없이 다만 재미도 없고 잡을 수도 없는 화두를 주고서는 경계하여 말하기를 정식情識을 부수지 못하면 마음의 불길이 맹렬히 타오르리니, 바로 그러한 때에 다만 의심하는 화두를 붙잡아야 한다고 말한다.6)

지눌은 계속해서 대혜가 화두를 드는 법에 대해 말한 지침을 인용하고 있다.

> 그것은 "개에게도 불성이 있습니까"라고 어느 스님이 조주趙州에게 물었던 것과 같다. 조주는 '무無'라고 답했다. 이것을 붙잡아 깨달으려 할 때는 왼쪽으로 해서도 안 되고 오른쪽으로 해서도 안 된다. 있다 없다로 알려 하지 말고, 참으로 없다는 없음인가 하고 헤아리려 하지도 말며, 이치로 알려고도 하지 말고 생각으로 헤아리려 하지도 말며,

---

6) 『法語』, 129쪽.
今所宗徑山大慧和尙 是曹溪直下正脈相傳第十七代本分宗師 所立徑截門語句參詳得入 逈異於此 何者 宗師所示 庭前栢樹子 麻三斤 狗子無佛性等話頭 都無端的所示之法 但給沒滋味無摸索底話頭然後 隨而誡之曰 情識未破則 心火爍爍地 正當恁麼時 但只以所疑底話頭提撕

[선사가] 눈썹을 치켜 뜨고 눈을 깜박이는 곳을 향해 헤아리려 하지도 말고, 말로써 살길을 찾지도 말며, 일없음(無事)의 갑 속에 드높이 있지도 말며, 거(擧)를 일으키는 곳을 향해 알려 하지 말며, 문자를 인용하여 증거로 삼지도 말고, 모른다 하여 깨치기를 기다리지도 말라. 모름지기 아무런 마음도 쓸 바 없게 할지니, 마음 둘 곳이 없을 때에도 공(空)에 떨어질까 두려워 말라. 그 안이야말로 오히려 좋은 곳이니 늙은 쥐가 갑자기 쇠뿔에 들어가 곧 죽는 것을 보리라.[7]

그러고 나서 지눌은 최종적으로 결론을 내린다.

대혜 스님이 이렇게 주해를 붙여 화두를 주셨기 때문에 공부하는 자는 하루 24시간 걷거나 머물러 있거나 앉거나 눕거나 하는 모든 행동 속

---

7) 『法語』, 129쪽.
如僧問趙州 狗子還有佛性也無 州云無 只管提撕擧覺 左來也不是 右來也不是 不得作有無會 不得作眞無之無卜度 不得作道理會 不得向意根下思量卜度 不得向揚眉瞬目處挄根 不得向語路上作計計 不得颺在無事甲裏 不得向擧起處承當 不得文字中引證 不得將迷待悟 直須無所用心 心無所之時 莫怕落空 這裏却是好處 驀然老鼠入牛角 便見倒斷也
중국 풍속에 쥐를 잡기 위해 소뿔 안에 기름덩이를 넣어 둔다고 한다. '거擧'는 선사가 선문답을 할 때 먼저 쓰는 말(운허, 『불교사전』 참조)이다. 위 단락은 지눌이 『大慧語錄』(『大正藏』 47, 921c)에서 인용한 것이다. 지눌은 원문과는 달리 '참으로 없다는 없음인가 헤아리려 하지 말며'와 '모른다고 하여 깨달음을 기다리지도 말라'는 부분을 추가하여 모두 열 가지 금지 조항을 만들었다. 『法集別行錄節要並入私記』에서는 원문 그대로를 인용하고 있기 때문에 여덟 가지만 들고 있다. 그러나 이때도 지눌은 다음과 같이 덧붙이고 있다 : "나 목우자는 말한다. 이 법어는 다만 여덟 가지 병만을 밝힌 것이다. 그러나 앞뒤의 말을 살펴보면 두 가지가 더 있어 합하여 十種病을 이룬다"(『節要』, 813쪽). 스즈키는 그의 *Essays in Zen Buddhism*, Second Series, pp. 105~06에서 나의 번역과는 좀 다르지만 역시 열 가지 금지 조항을 번역해 놓고 있다. 스즈키는 이것이 "T'ui-yin"이라는 사람에게서 유래하는 것으로 잘못 소개하고 있다. T'ui-yin은 아마도 '退隱'을 중국식으로 읽은 것으로 보이는데, 서산대사 休靜을 가리키는 듯하다. 스즈키는 서산대사의 『선가구감』으로부터 인용하고 있는데, 『선가구감』의 저자가 '금강산 퇴은 휴정'이라고 되어 있으므로 '퇴은'을 휴정의 별호로 잘못 본 것 같다.

에서 다만 [화두를] 붙잡고 깨달을 뿐이다. 그 심성의 도리에는 이름을 떠나고 형상을 끊었다는 알음알이가 전혀 없고 연기무애緣起無碍(사물들이 조건에 따라 생기는 것이기에 서로 막힘이 없다는 진리)의 알음알이 또한 없다. 불법을 머리로 이해해서 알려는 생각이 조금이라도 있으면, 열 가지 알음알이의 병에 걸리게 된다. 그러므로 모두 내려놓되, 내려놓았다거나 내려놓지 않았다거나 병에 걸렸다거나 병에 걸리지 않았다는 헤아림조차 없다가, 홀연히 재미도 없고 붙잡을 수도 없는 화두에서 한 번 단박 깨치면 일심一心의 법계法界가 환히 밝아진다. 그러므로 심성에 갖추어 있던 수백 수천의 삼매와 한량없는 이치의 문이 구하지 않아도 완전하게 얻어진다. 이는 지금까지 하나에 치우쳤던 뜻과 이치, 그리고 듣고 이해해서 얻었던 것이 없기 때문이다. 이것이 선종 경절문에서 화두를 참구하여 증득證得해 들어가는 비결이다.[8]

『간화결의론』에서 길게 인용한 위 글에서 우리는 대혜선사와 간화선에 대한 지눌의 견해를 엿볼 수 있다. 지눌이 대혜의 간화선을 추종하면서 우선적으로 관심을 두었던 점은 '알음알이 병(知解病)'을 어떻게 극복할 것인가 하는 문제였다. 지눌의 저술로만 볼 때, 묵조선默照禪에 대한 대혜선사의 격렬한 비판에 지눌이 동조했다는 흔적은 보이지 않는다. 사실상 지눌이 그 문제를 뚜렷하게 인식하고 있었는지조차 명확하지 않다. 적어도 정혜定慧의 닦음을 강조한다는 면에서는 지눌 선은 묵조선과 유사한 면이 있다고 할 수 있다.[9] 지눌이 경절문

---
[8] 『法語』, 129~130쪽.
　　如是下注脚給話頭故　學者於十二時中四威儀內　但提撕擧覺而已　其於心性道理　都無離名絶相之解　亦無緣起無碍之解　才有一念佛法知解　便滯在十種知解之病故　一一放下　亦無放下不放下滯病不滯病之量　忽然於沒滋味無摸索底話頭上　噴地一發則一心法界　洞然明白故　心性所具百千三昧無量義門　不求而圓得也　以無從前一偏義理聞解所得故　是謂禪宗徑截門話頭參詳證入之秘訣也
[9] 지눌이 또한 대혜선사처럼 사대부들과 특별히 밀접한 관계를 맺고 있었던 것도

을 세운 것은 순전히 알음알이의 병을 제거하는 데 화두가 지니는 위력을 절감했던 그의 개인적 체험에 근거하고 있는 것으로 보인다.

앎이나 의식이 진리와의 완전한 합일을 방해하며 직접적인 종교적 체험의 순수성을 해친다는 생각은 선 불교에만 국한된 것이 아니다. 모든 신비적 열망의 배후에는 주객主客이 분리되지 않고 의식에 의한 자아의 분열이 없는, 의식 이전의 혹은 의식을 뛰어넘는 원초적 세계에 대한 동경이 깔려 있다. 도道와의 자연스런 합일을 희구하는 도가적道家的 신비주의나 범아일여梵我一如를 추구하는 베단타(Vedānta) 신비주의는 이런 열망의 고전적인 예들이다. 불교 전통 속에서 알음알이라는 장애물을 극복하려는 이 같은 열망이 가장 잘 표현된 곳은 공空(śūnyatā)의 진리를 설하고 있는 반야바라밀다般若波羅密多(prajñāpāramitā)계의 경전들이다. 특히『금강경金剛經』에서는 진리에 대한 언술과 더불어 생기는 진리의 대상화를 거부하고 언표 자체에 대한 집착을 떨쳐버리고자 하는 자기 해체적 언술들이 거듭되고 있는 것을 우리는 본다. 따라서 진리의 언표 불가능성을 강조하는『유마경維摩經』으로 대표되는 돈교頓敎의 주장이나 반야바라밀다 경전 등에 제시된 '말을 떠나고 생각이 끊어지는(離言絶慮)' 경지가 화두話頭 공부를 통한 알음알이 병의 제거와 무슨 차이가 있는가 하는 교학자측의 의문은 당연하다. 지눌은 이 점을 잘 의식하고 있다. 그의『간화결의론』은 화두를 통해 얻어지는 깨달음의 경지가 이언절려離言絶慮의 돈교頓敎을 통해 도달하는 경지와도 다르고 이사무애理事無碍, 사사무애事事無碍의 법계를 말하는 원교圓敎를 통해 도달하는 경지와도 비교가 안

아니다. 이 문제에 관해서는 아라키 겐고(荒木見悟),『佛敎と 儒敎』, 194~234쪽을 참조할 것.

되는 그야말로 교외별전敎外別傳의 순수한 세계임을 역설하고 있다.

지눌에 따르면 선 수행자는 선행先行하는 어떤 문도 거치지 않고 바로 화두를 붙잡을 수도 있고, 아니면 돈오점수의 과정을 거치고 나서 간화선에 들어갈 수도 있다. 지눌은 『간화결의론』에서는 전자에 더 관심을 두고 있는 반면, 『법집별행록절요 병입사기』에서는 후자의 길을 권하고 있다. 궁극적으로 이 결정은 각자의 역량에 달려 있다고 지눌은 생각한다. 다만 지눌 자신이 그의 구도 역정에서 따랐던 길이 무엇이었는지를 돌이켜 볼 때, 그는 전자보다는 후자의 길을 더 권장했을 것으로 판단된다.

경절문을 통한 깨달음이 해오解悟의 완성이라면, 그것은 동시에 돈오에 뒤따르는 점수의 완성이기도 하다. 앎과 행위, 인식과 실천 사이의 간격을 수반하는 해오와는 달리, 화두의 비밀스런 문을 통해 얻어지는 증오證悟는 더 이상 그와 같은 괴리를 수반하지 않는다. 완전한 깨달음은 완전한 수행을 가져오며, 인식이 자연스럽게 실천으로 옮겨져 어떤 어긋남도 없다. 지눌은 이 완전한 형태의 수행을 — 이것을 아직도 수행이라고 부른다면 — '무심無心으로 도道와 하나 되는 문(無心合道門)'이라고 부른다. 우리는 이미 돈오에 뒤따르는 이상적 수행 형태가 무념수無念修 혹은 무심無心 공부라는 점을 고찰한 바 있다. 그리고 이러한 무념수에 상응하는 고차적 수행인 자성정혜自性定慧(隨相定慧와 구별되는)에 대해서도 살펴보았다. 지눌은 그러나 이러한 자성정혜나 무심無心 공부보다도 무심합도문無心合道門을 더 높은 것으로 생각한 듯하다. 지눌은 다음과 같이 말한다.

선문禪門에는 정定과 혜慧를 닦는 것 외에 다시 무심합도문이 있다. 여기(節要)에 그것을 간략히 기록하여 교학자로 하여금 파격적인(格外) 한 문을 알아 바른 믿음을 내게 하고자 하나니,『종경록宗鏡錄』에 이르기를 "······ 그러므로 정과 혜 이 두 문은 수행의 요체이며 부처와 조사의 큰 뜻이며 경과 논의 공통된 가르침이다. 그러나 이제 조사의 가르침에 근거한 가장 간결하면서도 핵심적인 문이 또 하나 있으니 이름하여 무심無心이라 한다. 무슨 뜻인가 하면, 마음이 있으면 마음이 편하지 못하고 마음이 없으면 스스로 즐겁기 때문이다 ······ 그러므로 만일 무심의 뜻을 바로 깨닫지 못하면 아무리 [번뇌를] 다스리고 꺾고 복종시켜도 불안한 모습이 항상 앞에 나타날 것이요, 만일 무심을 깨달으면 어디를 가나 걸림이 없어 앞을 막는 티끌이 하나도 없을 것이니, 그것을 쓸어버리려 무슨 노력이 필요하겠으며, 한 생각의 정情도 생기지 않을 것이니 인연을 잊으려 무슨 힘을 빌리겠는가?" 하였다. 그러므로 마땅히 알지니, 조사祖師나 종사宗師로서 무심無心으로 합도合道한 사람은 정정定과 혜혜慧에 얽매이지 않는다. 왜 그런가? 정정定을 공부하는 사람은 이理에 맞추어 산란한 마음을 제어하므로 인연을 잊으려는 노력이 있으며, 혜혜慧를 공부하는 사람은 법을 택하여 공空을 관觀하기 때문에 번뇌를 씻으려는 노력을 하기 때문이다. 그러나 지금 곧바로 무심을 깨달아 어디를 가나 걸림이 없는 사람은 장애가 없는 해탈의 지혜가 나타나므로 한 티끌이나 한 생각도 밖에서 오는 것이 아니요 또 별다른 일이 아닐 것이니, 어찌 헛되이 공력功力을 씀이 있겠는가? 자성정혜自性定慧조차도 의미 작용의 자취에 걸리는데 하물며 번뇌를 떠나는 문(離垢門, 隨相定慧)이 어떻게 이것(無心合道門)에 미칠 수 있겠는가? 그러므로 석두石頭 스님이 하신 말씀이 바로 그 뜻인 것이다 : "내 법문은 부처님이 전해 주시기 이전의 것이라 정정定과 정진精進 따위는 논하지 않고 오직 부처의 지견知見에 통달하는 것 뿐이다." 이 무심합도無心合道 또한 경절문徑截門을 거쳐서 들어갈 수 있다. 간화看話나 하어下語의 방편은 오묘하고 비밀스러워 자세히 설명할 수 없다. 다만 아는 사람을 만나기가 드물 따름이다.10)

무심합도無心合道가 자성정혜의 닦음보다도 훨씬 높은 경지라는 것을 지눌은 위에서 분명히 밝히고 있다. 지눌에 따르면 자성정혜는 여전히 '의미 작용의 자취(義用之迹)'를 완전히 털어 버리지 못한다. 무심합도의 경지에서는 구태여 무심 공부의 열 가지 방법을 논할 필요조차 없다. 무심합도는 가장 높은 형태의 수행으로서, 결국은 아무런 수행도 아닌, 오히려 자유로운 삶 그 자체라 할 만한 것이다. 중요한 점은, 지눌에 따르면 이 최고의 수행이라 할 수 있는 무심합도가 화두라는 격외적格外的 방법을 통해서 가능하게 된다는 사실이다. 결론적으로 말해, 지눌에 있어서 선행禪行의 세 번째 문인 경절문徑截門은 최고의 깨달음이자 최고의 수행을 가능하게 하는 것으로서, 이전의 돈오점수의 구도를 뛰어넘는 선만의 고유한 세계이다. 돈오문頓悟門인 원돈신해문圓頓信解門의 완성이자 점수문漸修門인 성적등지문惺寂等持門의 완성이라고 할 수 있는 것이다. 알음알이의 걸림돌이 제거되고 인식과 실천의 괴리가 사라지며 정혜의 구별조차 무의미하게 되어 버리는 파격적인 경지가 활짝 열리면서, 수행이라 부를 만한 것조차 없이 다만 무심無心으로 도道와 일치하는 자유로움만이 지배하는 세계이다. 그야말로 지눌 선의 극치인 것이다.

---

10) 『節要』, 722~24쪽. 下語는 선사가 화두에다 자기 생각을 붙이는 일을 가리킨다. 禪門又有 修定慧外 無心合道門 略錄于此 令學敎者 知格外一門 發正信爾 如宗鏡錄云 …… 此定慧二門 修行之要 佛祖大旨 經論同詮 今依祖敎 更有一門 最爲省要 所謂無心 何者 若有心則不安 無心則自樂 …… 若不直了無心之旨 雖然對治折伏 其不安之相 常現在前 若了無心 觸途無滯 絶一塵而作對 何勞遣蕩之功 無一念而生情 不假忘緣之力 以是當知 祖宗無心合道者 不爲定慧所拘也 何者 定學者 稱理攝散故 有忘緣之力 慧學者 擇法觀空故 有遣蕩之功 今直了無心觸途無滯者 以無障碍解脫智現前故 一塵一念 俱非外來 俱非別事 何有枉費功力耶 自性定慧 尙有滯於義用之迹 況離垢門何詣於此哉 故石頭和尙云 吾之法門 先佛傳授 不論禪定精進 唯達佛之知見 是也 此無心合道 亦是徑截門得入也 其看話下語 方便妙密 不可具陳 但罕遇知音耳

지눌의 간화선 이론에는 부정할 수 없는 역설이 존재한다. 선에서 지향하는 궁극적 실재가 언어와 사유를 초월하는 것이 사실이라면, 선에 관한 모든 언어는 진리의 왜곡이며 고작해야 방편일 뿐이다. 선에서 언어란 궁극적으로는 말이 필요 없다는 것을 보여 주기 위한 말에 지나지 않는다. 서산대사西山大師의 표현대로, 교敎가 유언有言에서 무언無言으로 나아가는 것이라면 선禪은 무언無言에서 무언無言으로 간다. 적어도 순수한 선 그 자체는 그러하면 이것이 경절문에서 전하는 선의 소식이다. 그러나 현실적으로는, 모든 선사들이 이 엄격한 선의 규범을 범하고 있는 것 또한 부정할 수 없는 사실이다. 지눌 역시 불립문자不立文字의 세계를 추구하는 선사禪師로서 스스로 모순을 범하고 있음을 분명히 의식하고 있다. 지눌은 모든 저술을 통하여 언제나 그것들이 관행觀行을 하는 사람들을 위한 귀감이요, 방편에 지나지 않는 것임을 강조하기를 잊지 않는다. 이러한 자기 모순은 『간화결의론』의 간화론에 이르러 극치를 보인다. 왜냐하면 경절문의 목적 자체가 바로 언어가 발붙일 수 없으며 일체의 개념적 사고를 초월한 세계를 증득하도록 하려는 데 있기 때문이다. 화두란 결국 언어 아닌 언어, 그야말로 말도 안 되는 '언어'이며 말을 끝장 내기 위한 말이다. 지눌의 표현대로 어로語路와 의로義路를 떠나서 초언어적 진리와 하나가 되기 위한 방도인 것이다. 바로 이러한 간화선에 대하여 지눌이 이론적 논의를 전개하고 있으니 그야말로 모순의 극치라 하지 않을 수 없다. 그럼에도 지눌은 이 모순을 피하려 하지 않았다. 그것은 무엇보다도 간화선의 효력을 의심하는 교학자들에게 이 파격적인 선의 세계를 옹호하고 설득하려 했기 때문이다. 지눌이 이러한 노력을 전개한 시기가 대혜선사가 중국에서 간화선을 크게 진작한 지 얼마 지나지 않은 때였다는 점을 감안해 볼 때 쉽게 이해가 가는 일이다. 지눌은 실로 한국 불교사에 있어서 간화선의 전통을 세우는 데 결정적인 공헌을 한 사람으로 자리매김되지 않을 수 없다. 비록 그가 어느 선사로부터 특정한 선의 법맥을 친히 전수받은 적이 없는 무사독오無師獨悟한 사람이었지만, 그의 뒤를 이은 진각국사眞覺國師 혜심慧諶(1178~1234)의 선에서 간화선이 이미 지배적이 되어 버렸다는 사실이 보여 주듯, 간화선의 확립에 있어 지눌의 공헌은 결정적이었다. 지눌 이후 간화선은 한국 불교에서 더 이상 이론적 변호를 필요로 하지 않을 정도로 당연시되게 된 것이다. 흔히 지눌의 선을 논할 때 돈오점수론만을 부각시키는 경향이 있지만, 이것은 지눌 선의 일면만을 논하는 것이다. 간화 경절문은 그의 선에서 빼놓을 수 없는 길이다. 그것은 지눌 선의 완성이요 극치이기 때문이다.

지금까지 우리는 지눌의 비명碑銘에서 언급된 대로 그가 세운 선 수행의 삼문三門, 즉 원돈신해문圓頓信解門과 성적등지문惺寂等持門 그리고 경절문徑截門을 중심으로 지눌의 선 이론과 사상을 고찰해 보았다. '문門'이란 말 그대로 어딘가에 들어가면서 거치는 통로를 의미한다. 따라서 우리는 이 세 가지 문을 통해 선원禪源으로서의 진심의 세계에 들어간다. 아니, '들어간다'기보다는 근원으로 되돌아간다(還源 혹은 歸源)는 표현이 더 적합할 것이다. 지눌은 먼저 원돈신해문으로써 우리들이 참된 자신을 발견하고 자각하는 길을 제시한다면, 성적등 지문을 통해서는 이렇게 자각된 참된 자아와 현실적 자아 사이의 간격을 메우고 지키는 길을 보여 준다. 그리고 경절문을 통해서는 참 자아의 발견과 지킴을 넘어서서 무심으로 참 자아를 향유하는 참다운 자유의 비결을 제시해 주고 있다.

 그렇다면 이러한 참 자아의 발견과 보존, 그리고 자아의 향유가 지눌 선의 전부이며 종국인가? 이에 대해서는 그렇다고도 할 수 있고 아니라고도 할 수 있다. 한 개인이 구도의 출발점이자 종착역인 진심과 완전히 하나가 되어 버린다는 의미에서는 그렇다고 할 수 있다. 그러나 아니다라고 말하는 것은, 지눌에 있어서 선은 단순히 한 개인이 자신만의 정신적 자유를 추구하는 것이 아니기 때문이다. 지눌의 생애에 걸쳐 사회적 사명감은 개인적 구도심 못지 않게 언제나 그의 삶을 움직이는 동력이었다.

 대승적 정신에 따르면, 인간은 누구나 세계로부터의 자유로움 못지 않게 세계 안에 머무르는 길도 배워야 한다. 문수文殊보살의 지혜智慧뿐만 아니라 보현普賢보살의 행원行願도 함께 지녀야 하는 것이다. 지눌의 종교적 자각 자체가 순전히 개인적인 것이 아니었음을 우리는 그의 『정혜결사문』을 통해서 여실히 볼 수 있다. 학인을 지도하고 수행자들을 위한 지침서가 되도록 틈틈이 저술 활동에 몰두했던 수선사에서의 그의 삶 또한 그에게는 보살도의 실천 그 자체였다. 그리고 바로 이 보살행이 지눌을 한 무명의 은자에서 한국 선 불교의 흐름을 바꾸어 놓은 역사적 존재로 만든 것이다.

VII. 지눌과 한국 불교 전통

지금까지 우리는 지눌의 생애와 사상을 고찰해 보았다. 이제 우리는 한국 불교사에 그가 남김 자취를 검토함으로써 우리의 연구를 종결하고자 한다. 이것은 결국 지눌이 한국 불교사에서 차지하는 위치에 관한 고찰이 될 것이다. 지눌 선이 한국 불교에 남긴 유산을 충분히 고찰하려면 별도의 책이 필요할 테지만 여기서는 세 가지 측면에서 이 문제를 간략하게 다루고자 한다. 첫째는 지눌이 전개한 수선사 운동이 그 이후 한국 불교에 어떠한 족적을 남기게 되었는가 하는 문제를 교단사적인 측면에서 고찰하고, 둘째로는 지눌의 선 사상이 서산대사 휴정과 그의 문도들을 통하여 어떻게 조선시대 불교의 주류를 차지하게 되었는지를 구체적인 예를 통해 고찰해 보고자 한다. 그리고 마지막으로, 최근까지 해결되지 않은 문제로 많은 논란을 불러 일으켜 온 조계종曹溪宗의 종지宗旨, 종조宗祖 문제에 초점을 맞추면서 지눌이 한국 불교에서 차지하는 위상을 가늠해 보고자 한다.

1. 지눌, 수선사, 조선시대의 불교

지눌이 한국 불교에 끼친 영향을 살펴보기 위해서는 무엇보다도 지눌 후의 불교의 흐름을 일별해 볼 필요가 있다. 고려 불교는 명리名利 추구에 대한 지눌의 질책을 무시하고 여전히 세속적인 길을 갔다. 수행적 불교의 참 면모를 되찾으려는 지눌의 승가 개혁 운동은 많은 동참자들을 얻어 고려 불교계에 참신한 기풍을 진작한 것은 사실이나, 정작 수선사 자체는 불교계 전체 — 고려의 지배 계급과 긴밀하게 유착된 가운데 고려의 사회·정치적 구조 속에 깊이 자리 잡고 있던 — 를 통솔하거나 행정적인 영향력을 행사할 수 있는 어떤 제도화된 수단을 가지고 있지 않았다. 수선사 운동은 어디까지나 불교계 일부에 국한된 운동이었다. 그리고 수선사 운동을 지원한 최씨의 무신 정권조차도 같은 시대의 일본 가마쿠라 막부와는 달리 기존의 사회·정치적 구조를 근본적으로 바꾸지는 못했다. 더욱이 몽골의 고려 침입은 무신 정권뿐만 아니라 나라 전체의 힘을 고갈시키다시피 했으며, 이 시대에 어떠한 새로운 종교적 운동이 전개되었다 하더라도 그것이 성공을 거둘 수 있는 사회적 여건과 토대는 거의 없었다 해도 과언이 아니다.

앞에서 보았듯이, 최씨 일가, 특히 최충헌을 계승한 최우崔瑀가 지눌에 의해 시작된 수선사의 영적 쇄신 운동에 강한 관심을 가졌던 것은 사실이다. 그러한 최우의 관심이 지눌의 후계자인 진각국사眞覺國師 혜심慧諶(1178~1234)대에 더욱 두드러졌다는 것은 혜심과 최우 사이에 오갔던 서신[1] 및 당대의 유명한 문인이자 최우와 긴밀한 관계를 유지했던 이규보가 혜심을 위해 쓴 비문과 그 음기陰記를 통해 확인할 수 있다.2) 진각국사는 승속僧俗을 막론하고 많은 추종자들을 거느리고 있었다. 속가의 인사들 가운데는 최우, 최항 부자를 비롯하여 당시 최씨 정권의 유력자도 들어 있었다. 최우는 그의 두 아들 만종萬宗과 만전萬全을 수선사에 보내 진각국사로 하여금 삭발하게 하여 제자로 삼게 하는가 하면 진각국사에게 법복法服을 보내는 등 물질적 지원도 아끼지 않았다. 그런가 하면 진각국사는 최우에게 보낸 서신에서 최우의 시정을 찬양하기도 했다.3) 그리고 희종의 뒤를 이어 즉위한 강종도 수선사에 입사했으며, 고종은 승과에 응시해 본 적도 없는 혜심에게 대선사大禪師라는 최고 법계를 제수除授하는 파격적인 대우를 했다.4)

최씨 정권과 수선사와의 밀접한 관계는 진각국사 이후에도 계속되었다. 진명眞明, 원오圓悟 그리고 원감圓鑑 같은 수선사의 혜심의 계승자들은 최우에 의해 창건된 강화도의 선원사禪源寺와 밀접하게 관련되어 있었으며, 선원사는 수선사의 분원이나 다름없었다.5) 강화도는 최씨 정권이 몽골의 침입을 피해 30여 년 동안이나 버틴 곳으로서, 모든 국력을 기울여 조판한 고려 대장경은 바로 이 선원사에서 만들어졌다.6) 수선사가 최씨 집권 이후 고려 왕조 후반기에 고려 불교계

---

1) 李鍾郁편,『眞覺國師語錄』(개성: 보제사, 1940), 38~41쪽 참조. 任昌淳은 "松廣寺의 高麗 文書",『白山學報』11(1971), 43~45쪽에서 수선사에 대한 최우의 재정적 지원을 논하고 있다.
2)「曹溪山第二世故斷俗寺主持修禪寺主贈諡眞覺國師碑銘幷序」,『朝鮮金石總覽』I, 461~64쪽, 閔賢九, "月南寺址 眞覺國師碑의 陰記에 대한 一考察",『震壇學報』, 제36호(1973), 5~38쪽 참조. 이규보와 최씨 정권과의 관계에 대해서는『한국사』7: 고려 무신 정권과 대몽항쟁(국사편찬위원회, 1974), 287~89쪽 참조.
3) 민현구, 앞의 논문,『高麗 後期佛敎 展開史의 硏究』(불교학회편. 민족사, 1986) 수록, 51쪽.
4) 민현구, 52쪽.
5) 민현구, 54쪽.

의 지도적 위치에 있었다는 것은 의심의 여지가 없다. 아마도 여기에는 수선사의 지리적 위치, 즉 반도의 최남단 외진 곳에 위치해 있음으로 해서 몽골군의 피해를 비교적 적게 받았을 것이라는 점도 한 요소로 작용했을 가능성이 있다. 수선사(現 松廣寺)의 전통에 따르면, 지눌 이래 16국사들이 속출하여 수선사를 이끌었다고 한다.7) 그러나 당시 불교계에서 수선사의 지도적 권위는 결코 제도적인 것은 아니었고, 다만 수도 도량으로서의 전통과 권위가 널리 인정되었다는 것을 뜻할 뿐이다. 지눌은 결코 수선사를 하나의 독자적인 교단으로 이해하지 않았으며, 당시 수선사는 조계종 내의 가장 영향력 있는 한 사찰이었을 뿐이다.

수선사의 재정적 기반은 이미 지눌 당시부터 고려시대의 다른 유명한 사찰들과 마찬가지로 주로 권력자들이나 부호들에 의해 제공되었으며, 이러한 사정은 혜심대에 이르러 더욱 두드러졌다.8) 따라서 수선사는 고려 귀족 불교의 전통적인 사찰 운영이나 유지 방식에서 크게 벗어나지 않아, 승가의 후원자(施主)는 일반 백성들보다는 최씨 정권, 왕실과 귀족 그리고 지방 유지들이었다. 수선사가 비록 자발적인 결사 운동으로 형성된 공동체였으나, 그 경제적 기반은 기성 불교 교단과 별로 다르지 않았으며, 이 점은 수선사가 개혁 운동으로서 지

---

6) 이 대장경은 두 번째 판각된 것으로서 현재 합천 해인사에 보관되어 있다. 첫 번째 彫造된 대장경은 몽골 침략시 소실되었다. 고려 대장경 조판에 관해서는, 이케우치 히로시(池内宏), "高麗朝の 大藏經",『滿鮮史研究』: 中世 II(東京, 1937), 483~636쪽 참조.
7) 현재 송광사에는 國師殿이라는 곳에 16국사의 영정을 모시고 있다. 이 16국사 전통에 관해서는, 수가노 긴파치(菅野銀八), "高麗曹溪山松廣寺十六國師の 繼承に 就て",『青丘學叢』9(1932), 92~102쪽 참조할 것.
8) 이것은 이규보의 진각국사 비문에 잘 나타난다. 임창순의 "송광사의 고려 문서"도 참조할 것.

녔던 또 하나의 한계점으로 지적될 수밖에 없다. 무신 정권이 몽골에 굴복한 후 정치 권력이 다시 왕과 문신들의 수중으로 돌아가기는 했으나 사실상 고려는 원元의 지배하에 들어갔다. 이러한 상황 또한 지눌과 수선사에 의해 시작된 새로운 불교 운동에 하나의 근본적인 제약 요소로 작용했을 것이다.

고려 불교가 지눌의 개혁 운동에도 불구하고 여전히 막대한 경제적 특권을 누리면서 세속적 타락상을 보이고 있을 때, 당시의 비판적인 지식인들, 특히 성리학이라는 새로운 사상에 영향을 받은 신진 사대부 계급 사이에서는 불교에 대해 비판의 목소리가 높아지기 시작했다. 그들은 권문세가나 사원들이 소유하는 방대한 장원들로 인해 고려의 경제적 기반인 공전제公田制가 붕괴되고 나라의 재정이 파탄되어 가는 것을 비판적인 눈으로 바라보았으며, 원과의 접촉으로 중국에서 성리학이 들어오면서 불교에 대한 비판 의식은 한층 더 고조되었다.

공민왕(1351~1374)의 개혁 정치는 파탄에 이른 고려 왕조를 구하려는 하나의 시도였지만 결국 실패하고 마침내는 새로운 왕조의 출현을 맞게 되었다. 토지 개혁, 반원친명反元親明 정책, 성리학의 이념, 그리고 배불排佛을 표방하는 새로운 사회 세력을 업고서 출범한 조선 왕조는 불교계에 커다란 타격을 주었다. 신왕조 초기에는 배불 정책과 조처들이 비교적 온건했으며 주로 경제적 측면에 제한되어 있었지만, 시간이 흐를수록 점점 거세어졌으며 이념적 배타성과 독단성을 띠게 되었다.[9]

---

9) 왕조 교체와 더불어 진행된 이 儒佛交替의 이념적 변화에 관하여는, 李相伯, "儒佛兩敎交代의 機緣에 대한 一硏究", 『韓國文化史 硏究論攷』(서울, 1948), 3~

조선(1392~1910)을 창건한 이성계는 사실 개인적으로는 독실한 불교신자였다. 그러나 사회·경제적 구조가 변하고 정치 권력이 이동함에 따라 전前 왕조의 체제와 매우 밀접하게 연결되어 있던 불교는 필연적으로 세력을 상실할 수밖에 없었다. 불교 사찰의 면세 특권은 폐지되었고 사찰의 신창이 금지되었으며 도첩제度牒制라는 승려의 출가 인가 제도가 시행되었다. 태종太宗(1400~1418)은 약 250개의 사찰만을 공식적으로 인정하고 나머지 사찰들의 토지와 노비들을 몰수했으며 많은 승려들을 환속시켰다. 수도에는 각 종파를 대변하는 단 하나의 사찰만이 존속하도록 허락되었고, 지방에는 각각 선과 교를 대표하는 두 개의 사찰만이 인정되었다.

세종(1418~1450)은 더욱 가혹한 배불 조처를 취해서 오교 양종五敎兩宗 — 이미 태종에 의해 통폐합되어 정리된 — 을 단순히 선종禪宗과 교종敎宗, 즉 선교 양종禪敎兩宗으로 통합해서 흥천사興天寺를 선종의 본부로, 그리고 흥국사興國寺를 교종의 본부로 삼았다.10) 그리하여 어느 나라 불교사에도 유례를 찾아보기 어려운 특이한 현상이 시작되었다. 즉, 선禪과 교敎 자체가 종파의 명칭이 되어 버린 것이다. 중국이나 일본에서는 선禪이 종파나 교단의 명칭으로 사용된 적은 없었

170쪽; 韓㳓劤, "麗末鮮初의 佛敎政策", 『서울대학교 논문집: 인문사회과학』 6(1957), 1~80쪽; 다카하시 도루(高橋亨), 『李朝佛敎』(東京, 1929), 30~71쪽 참조. 아래에 요약된 조선 초기의 배불 정책은 주로 다카하시 도루(高橋亨)에 의거하고 있다.

10) 태종은 고려말 조선초에 난립상을 보이고 있던 여러 종파들을 통폐합하여 五敎兩宗으로 정리했다. 五敎는 華嚴宗, 慈恩宗, 中神(中道宗, 法性宗, 神印宗이 합쳐진), 總南宗(總持宗과 南山宗 즉 律宗이 합쳐진), 始興宗이다. 이들 종파의 정체성은 불분명한 것이 많다. 다카하시, 140~44쪽; 金映遂, "五敎兩宗에 대하야", 『震壇學報』 8(1937), 74~101쪽 참조. 이 종파의 통폐합은 기본적으로 고려시대의 五敎兩宗에 따라 이루어진 것 같다. 세종은 다시 화엄, 중신, 자은, 시흥을 敎宗으로, 그리고 조계, 천태, 총남을 禪宗으로 개편했다.

다. 동산종東山宗, 임제종臨濟宗, 조동종曹洞宗 같은 명칭들은 사용되었으나 선종禪宗이 종파명으로 사용되지는 않았다. 교敎 또한 마찬가지이다. 교종敎宗이란 것은 존재하지 않았고 천태종天台宗, 화엄종華嚴宗 같이 교학을 중심으로 한 개별 종파들만이 있었던 것이다.

국가가 후원하는 사찰의 수는 이제 36개로 줄었고, 수도(한양)에 있던 많은 사찰들은 공공 건물로 전환되었다. 심지어 세종은 승려들의 도성 출입을 금지했을 뿐만 아니라 이런저런 토목 공사에 동원하기도 했다. 이러한 압박은 불교계로서 감당하기 어려운 재난이었고, 삼국시대에 불법佛法이 전해진 이래 유례없는 경험이었다. 그 가운데서도 특별히 주목해야 할 점은 선교禪敎 양종을 제외하고는 승과僧科가 폐지되었으며, 이에 따라서 사멸한 종파나 종단에 관한 교학 연구도 자연히 사라지게 되었다는 사실이다. 세종은 말년에 이르러 불교 박해의 태도를 바꾸어 많은 불교 사업을 지원하기도 했지만, 그가 입힌 손상은 결코 회복할 수 없는 것이었다. 세조(1455~1468)는 승가를 후원한 독실한 불교 신자였지만, 그가 죽은 후에는 더욱 강한 탄압이 시작되었다.

유교 이념에 충실했던 성종(1469~1494)은 출가 자체를 아예 금했다. 따라서 그 후로는 합법적으로 승려가 되는 길은 막혀 버린 셈이다. 다시 말해, 승려가 되는 일은 법을 어기고서야 가능했다는 말이며, 이것이 조선시대 승가에 미친 영향은 짐작하고도 남음이 있다. 폭군 연산군은 그나마 남아 있던 국가와 불교와의 공식적인 관계를 종식시켜 버렸다. 그는 승과를 아예 폐지해 버렸고, 도성에 있던 양종의 본산을 파괴했다. 대중들의 신앙에 깊은 뿌리를 두기보다는 왕실과 귀족들의 비호와 지원을 등에 업고서 번창했던 국가 종교로서의 한 종교가 맞은 비운을 여실히 보여 주는 역사의 교훈이라고나 할까?

문정文定왕후가 수렴청정을 했던 명종(1545~1567) 시대에 문정왕후의 아낌없는 지원과 승려 보우普雨의 유능한 지도 아래 불교는 한때 되살아나는 듯 했다. 선교 양종의 승과가 부활되었고, 불교 활동에 가해졌던 여러 가지 제약들이 풀렸다. 바로 이 시기에 조선시대 최고 명승으로 추앙받는 서산대사西山大師 휴정休靜(1520~1604)도 승과에 응시하여 불교계에 큰 자취를 남기게 되었다. 이 잠시 동안의 불교 중흥에는 다시 또 거센 탄압이 잇달아 보우는 제주도로 유배되었다가 살해되는 비운을 맞았다. 그후 조선시대에는 두 번 다시 이러한 중흥의 기회는 오지 않았다.

서산대사 휴정은 조선 불교사의 중심적인 인물이다.11) 17세기 이래 대부분의 한국 고승들은 선이나 교를 막론하고 그 법맥을 서산西山 아니면 부휴浮休(서산과 마찬가지로 芙蓉靈觀의 뛰어난 제자)에게 둔다. 특히 서산의 지위는 확고부동하다. 승과僧科의 폐지 후 흐려졌던 선과 교 사이의 구별은 서산 이후 더욱 희박하게 되었다. 서산 자신은 비록 선사禪師였지만, 그에게 부여되었던 선교 양종판사禪敎兩宗判事라는 승직이 말해 주듯 그는 비교적 짧은 기간이었으나 선종과 교종을 모두 영도하는 위치에 서기도 했다. 이것은 조선 초기부터 거세게 몰아친 탄압으로 인해 서산 당시에 이미 선종과 교종이 그 구별마저 뚜렷하지 않았다는 사실, 그리고 그런 가운데서도 선이 비교적 우월한 지위를 점하고 있었다는 사실을 반영하는 것으로 해석해도 좋을 것이다.

---

11) 西山大師의 생애와 사상에 대해서는, 金煐泰,『西山大師의 生涯와 思想』(박영사, 1975)을 참조할 것.

사실 서산을 전후로 조선 불교는 선교겸학禪敎兼學이면서도 어디까지나 선이 주가 되고 교가 종이 되는(禪主敎宗) 불교가 되었으며, 교로 시작하여 선으로 들어가는(捨敎入禪) 것이 하나의 일반적 관습 내지 전통으로 자리잡게 되었다. 여기에는 서산 자신의 영향이 컸으며, 이러한 면에서 서산은 한국 불교 지도자의 새로운 전형을 보여 주었다 해도 과언이 아니다. 즉, 선과 교 모두에 정통하면서도 확고한 선사로서의 정체성을 지닌 모습은 우리가 보았듯이 바로 지눌 자신의 모습이기도 했다. 지눌이 의도했든, 의도하지 않았든 결과적으로 그가 실현하고자 했던 불교의 사상적 구도는 험난했던 조선 전기 불교사의 와중에서 하나의 현실로 드러나게 된 것이다. 그리고 이 같은 현실은 적어도 17세기 이래 한국 불교에서 하나의 전통으로 자리잡게 되었다.

다음 절에서 우리는 지눌과 서산을 비롯한 다른 중요한 조선시대 승려들 사이에 발견되는 불교 사상 내지 이념적 연관성을 살펴보고자 한다. 하지만 이러한 한국 불교의 역사적 결과 내지 현상을 조선 전기 불교의 역사적인 우여곡절을 무시하고 순전히 사상적 관점에서만 논하는 것은 너무나 관념적인 견해일 것이다.

2. 지눌知訥, 휴정休靜, 조선 불교 전통

우리가 서산대사 자신이 찬술한 법조法祖 벽송지엄碧松智儼에 대한 전기를 통해 확인할 수 있는 그의 법맥은 지엄의 스승인 벽계정심碧溪正心 정도까지만 소급할 수 있을 뿐이다.[12] 학자들 가운데는 서산의 법맥이 고려말 태고太古 보우普愚에게로 소급된다고 주장하는 사람이 있는가 하면13) 지눌에게로 소급된다고 주장하는 사람도 있다.14) 이 문제는 매우 민감한 문제로서, 비단 학자들의 역사적 관심이 될 뿐만 아니라 현 한국 불교계의 자기 이해와 자리매김에도 중요한 의미를 지닌다. 특히 누구를 현 한국 조계종曹溪宗의 종조宗祖로 추앙할 것이냐 하는 문제와 직결되어 있다. 현 조계종이 법맥과 사자상승師資相承을 중시하는 선종禪宗을 표방하고 있다는 사실을 감안할 때 그것이 중요한 관심사가 된다는 것은 쉽게 이해되는 일이다.

선종에서 사자상승의 문제를 순전히 역사적 관점에서 규명될 성격의 문제라는 가정을 일단 받아들이고 시작한다 하더라도, 우리는 이 문제를 둘러싸고 전개된 지금까지의 논의들이 너무 복잡하고 혼란스럽기까지 해서 여기서 상세히 검토할 수가 없다.15) 그러나 문제 자체

---

12) 休靜撰, '碧松堂 行狀', 『淸虛堂集』(月精寺 刊; 妙香山板) 卷三, 31~34쪽. 국역으로는 『한글대장경』: 한국고승 1, 593~601쪽에 있음.
13) 이 견해의 대표적인 사람은 金映遂로, 많은 논문을 통해 주장하고 있다: "曹溪禪宗에 就하야", 『震壇學報』 9(1938); "朝鮮佛敎宗旨에 就하야", 『佛敎新』, 8~9(1937~1938); "曹溪宗과 傳燈通規", 『佛敎新』, 43~45(1943). 이 견해는 궁극적으로 서산의 法嗣인 鞭羊彦機가 지은 서산의 전기인 '淸虛堂 行狀', 『淸虛堂集』 卷四에 근거하고 있으며, 獅巖 采永이 지은 『西域中華海東佛祖源流』(1764)에 의해 널리 퍼지게 되었다. 서산의 법맥을 태고에 귀속시키려는 궁극적인 의도는 태고가 중국 臨濟宗의 법맥을 계승했다고 여겨짐으로 해서 결국 서산을 임제의 법맥으로 삼으려는 것이다.
14) 이 견해의 대표적인 학자는 李鐘益으로, 그의 『韓國佛敎의 硏究』, 513~40쪽 참조. 같은 견해로 李在烈, "五敎兩宗과 曹溪宗 法統", 『佛敎思想』 1~6(1973~74), "高麗 五敎兩宗의 史的 考察", 『史學硏究』 4(1959) 참조. 이 견해는 물론 지눌을 현 조계종의 창시자로 삼으려는 것이다. 우리는 이미 지눌의 생애를 고찰하는 중에 그를 고려 조계종의 창시자로 볼 수 없음을 밝힌 바 있다. 하물며 현 조계종의 창시자로 보는 것은 더욱 무리다.
15) 위에 열거한 논문들이 모두 이 문제를 취급하고 있지만, 그것에 관한 가장 공정한 논의는 에다 도시오(江田俊雄)의 논문, "禪宗としての 朝鮮佛敎の 傳統について", 『佛敎學の 諸問題』(東京, 1935)이다. 『朝鮮佛敎史の 硏究』(東京:

가 중요한 것이 사실이고, 또한 우리의 연구가 한국 불교 전통에 끼친 지눌의 영향을 검토하기 때문에 피하기도 어려운 문제다. 이제 논의를 시작하기 전에 먼저 불필요한 혼란을 막기 위해 다음과 같은 몇 가지 결정적인 사실들을 지적해 두고자 한다.

우선, 고려 중기 이래로 계속 사용되어 온 조계종曹溪宗이라는 명칭은 세종(1418~1450)이 조계종曹溪宗, 천태종天台宗 그리고 총남종總南宗을 단일 선종禪宗 교단으로 통합했을 때 이미 폐지되었다는 사실이다. 뿐만 아니라 이 선종의 정체성조차도 연산군에 의해 승과 제도가 폐지됨에 따라 점차 불확실하게 되었다. 조선 전기에 불교계의 문제는 불교 자체가 살아남느냐의 문제였지 어떤 교파적 정체성의 문제는 아니었다. 조선시대 불교는 자체의 의사와는 상관없이 어쩔 수 없는 타율적인 힘에 의해 교파적 정체성을 상실한 채 하나의 무정형적인 혼합 불교混合佛敎로 바뀔 수밖에 없었던 것이다. 그리고 이미 지적한 대로 서산과 부휴 이후 한국 불교에 어떤 정형이 등장했다면, 그것은 선을 위주로 교를 수용하고 있는 지눌의 불교에 매우 가까운 형태였다.

1941년에 불교 지도자들에 의해 조선불교조계종朝鮮佛敎曹溪宗이라는 이름이 채택되었을 때, 실제로 그것은 조선 5백 년 동안, 특히 세종 이후 종명조차 유지하지 못하고 존속해 오던 조선 불교 전체에 주어진 하나의 총체적 명칭이었지 조선 초기 종파의 통폐합이 이루어지기 이전에 사용되던 좁은 의미의 교파적 명칭은 아니었다. 이러한 사실로 볼 때, 현 조계종의 개조開祖가 누구인가라는 질문은 무의

國書刊行會, 1977)에 수록.

미하다. 그것은 마치 현 조계종이 순수 선종인 양, 그리고 오늘날의 모습을 갖추기까지 꾸준히 타종파들을 흡수하면서 지속적으로 팽창해 온 단일 종파인 것처럼 역사적 사실을 왜곡하는 일이다.

1941년에 종명을 채택한 현 조계종은 실제상 무종파 시대나 다름 없었던 조선시대 불교 전체를 포괄하는 종단이지 결코 순수 선종은 아니다. 그러므로 현 조계종의 종조와 종지 — 이것을 굳이 밝혀야 한다면 — 를 결정하는 일은 엄격한 역사적인 문제로 취급되기는 어려우며, 더군다나 사자상승이라는 좁은 선 불교적 시각에서만 접근될 문제도 아니다. 이 문제에 관한 한 가장 중요한 점은 과거 전통보다는 오히려 현 조계종단의 미래 지향적 자기 이해가 아닐까? 즉 역사적 사실 규명보다는 현 조계종이 진정으로 무엇을 중히 여기고 무엇을 지향할 것인가라는 이념적 선택의 문제라는 말이다. 과거가 현재를 결정하는 것 못지 않게 현재의 비전과 결단이 과거에 대한 이해와 평가를 새롭게 할 수 있기 때문이다. 물론 현 조계종이 선종임을 표방하는 한, 한국 선의 전통과 역사에 대한 고찰은 필수적이다.

둘째로, 이러한 관점에서 볼 때, 서산대사의 법맥은 중요한 문제로 등장한다. 조선 불교에서 그가 차지했던 위치와 그의 영향력이 너무나 크고 뚜렷했기 때문이다. 조선 중기 이후 한국 불교에서 서산이 차지하는 위치는 거의 절대적이라는 데 이의를 제기하는 사람은 별로 없다. 따라서 현 조계종의 정체성을 문제삼을 때도 서산의 불교 사상과 정신은 반드시 고려되어야 한다. 서산 이후에 한국 불교는 선이 주가 되면서 교학적 전통을 수용하는 하나의 통합적 불교가 되었지만, 서산 당시만 해도 선과 교의 대립은 첨예했으며, 그 문제에 관한 서산 자신의 견해 내지 사상은 현 한국 불교를 이해하는 데 있어 매우 중요한 요소가 된다.

 셋째로 지적되어야 할 점은, 현재로서는 서산과 태고 사이이든 혹은 서산과 지눌 사이이든 전법의 고리들을 이어줄 만한 만족스러운 역사적 사실을 발견하기 어렵다는 점이다.16) 더 많은 역사적인 증거들을 확보할 때까지 우리는 서산의 법맥이 그로부터 삼대三代 이전, 즉 부용영관芙蓉靈觀, 벽송지엄碧松智儼 그리고 벽계정심碧溪正心에까지 거슬러 올라간다는 사실로 만족할 수밖에 없다.17)

 이 세 가지 사실을 염두에 두면서, 이제 우리는 구체적인 증거를

---

16) 현재로서는 碧溪正心의 스승이 누구였는지 알 길이 없다는 데 큰 난관이 있다. 『佛祖源流』는 龜谷覺雲이라 하지만, 다카하시(高橋亨)가 지적하듯이(『李朝佛敎』, 187~89쪽) 양자 사이에 사제 관계가 성립하기에는 시간적 거리가 너무 멀다. 그런가 하면, 覺雲과 幻庵混修의 관계도 확실치 않으며 混修와 太古 사이의 법통도 성립되기 어렵다. 혼수의 법맥은 태고보다는 고려 말의 또 하나의 고승이었던 懶翁으로 이어지는 것 같다. 이 모든 것에 대해서는 에다(江田)의 논문을 참조할 것. 서산을 태고의 법통으로 간주하는 설은 서산의 제자들에 의해 그를 임제 법통으로 삼으려는 의도에서 만들어진 것 같다. 서산 당시의 유명한 문인 허균은 서산의 문집 서문에서 그의 법맥을 나옹선사에게 귀속시키며, 또다른 곳에서는 지눌에게 붙이고 있다. 이 모든 것이 문제를 더욱 복잡하게 만든다. 여하튼, 서산의 입적 후 그의 제자들 사이에서 그의 법통에 관한 여러 가지 설들이 있었던 것 같으며, 그를 임제의 법손으로 삼으려는 견해가 가장 지배적이었던 것으로 보인다. 이러한 견해가 『佛祖源流』를 통해 한국 스님들 사이에서 널리 퍼지게 되었다. 에다(江田)의 논문은 이러한 견해에 대한 비판적 고찰이다.
그리고 서산과 지눌 사이에도 마찬가지로 법맥이 이어지기 어렵다. 벽계정심과 귀곡각운 사이의 연결이 어렵다는 것이 여기서도 문제가 된다. 또다른 문제는 卒庵淵溫이 16국사 가운데 하나가 아니라는 사실이며, 따라서 그가 覺雲의 스승이었다는 사실이 얼마나 중요한 의미를 지니는지 판단하기 어렵다.

17) 碧溪正心은 성종과 연산군 치하 심한 불교 탄압으로 인해 머리를 기르고 아내도 취하여 산에 은거하면서 살았다 한다. 아마도 이러한 혼란스러운 상황 속에서 조선 초기의 선의 계보가 불분명하게 되지 않았나 추측해 볼 수 있다. 사실 정심에 대하여도 우리는 별로 아는 바가 없으며, 서산의 언급에도 불구하고 그와 벽송지엄 사이의 사자 관계도 분명치 않다. 우리가 조선시대 선의 법맥에 관하여 비교적 확실한 계보를 밝힐 수 있는 것은 벽송지엄으로부터이다.

통해 지눌이 후대 한국 불교에 남긴 발자취를 조사해 보고자 한다. 그 결과 다음과 같은 사실들이 드러난다.

1) 흥천사興天寺가 이태조李太祖에 의해 건립되었을 때, 그 주지 상총尙聰은 상소를 올려 나라의 모든 선종 사찰은 그 종규宗規와 작법作法을 송광사(수선사)의 것에 의거하도록 명하기를 왕에게 건의했는데, 여기서 송광사의 종규와 작법이란 두말할 필요 없이 지눌에 의해 제정된 것임에 틀림없다. 왕은 이에 동의했다. 상총은 말하기를 전前 왕조 때에는 선교 양종이 좋은 사찰을 차지하기 위해 서로 싸우기 바빠서 소수의 사찰만이 선 수행과 교학 연구에 정진했으며, 최근에는 그들의 종규와 작법이 중국식을 많이 모방했지만 이는 호랑이를 그리려다 개를 그린 것과 같은 꼴이라고 한다. 이 비판은 아마도 고려 말에 원 나라의 영향 아래 중국 임제선臨濟禪의 작법, 혹은 라마교의 풍습을 수용하던 풍조에 대한 비판으로 보인다. 새 왕조의 성립과 함께 상총은 수선사에서 이미 오래 전부터 시행되어 왔으며 그 효력이 입증되어 온 조선 고유의 종규와 작법으로 돌아가야 함을 진언하고 있는 것이다.18) 이 상소문에 관해서 다카하시 도루(高橋亨)는 다음과 같이 평한다.

> 이에 이르러 조선 선종은 중국의 임제종을 모방하는 것을 중단하고 그 자신의 고유한 법식으로 돌아갔다고 볼 수 있다. 후에 선禪과 교敎가 겸수兼修되고 혼합적으로 행해지게 되자, 선·화엄·밀교·염불[정토] 그리고 법상 등의 종지宗旨에 기초한 법식들이 사찰의 의식과 작법 속에 섞여 들어갔으며, 이러한 것들이 오늘날 조선 불교의 의식

---

18) 다카하시 도루(高橋亨), 『李朝佛敎』, 52~53쪽.

과 작법이 되었다. 그렇지만 그 가운데서도 선이 가장 우세했기 때문에, 당시에 제정된 대부분의 흥천사 작법이 오늘날까지 계승되었다고 말할 수 있다.[19]

 2) 지눌의 특유한 선 접근법, 즉 학인들로 하여금 먼저 여실언교如實言敎에 기초하여 진심(法)과 그 수행법(人)에 대한 명확한 이해를 얻은 후 수행을 하도록 하며, 그후 화두를 통해 알음알이 병(知解病)을 제거하는 방법이 서산의 법조法祖인 벽송지엄에 의해 준수되고 있다는 사실은 매우 의미심장하다. 지엄은 제자들을 가르칠 때, 종밀의 『선원禪源』과 지눌의 『절요節要』에 기초하여 먼저 법에 대한 확실한 지적 이해를 가지도록 권고했다. 그런 다음 그는 계속해서 『대혜어록大慧語錄』과 고봉高峯의 『선요禪要』[20]를 통해서 알음알이 병(知解病)을 제거하게끔 했다. 이것은 바로 지눌의 접근 방식이었고, 사용된 교재들 또한 이를 입증한다. 이 네 가지 교재는 현재 한국 사찰의 강원講院에서 가르치는 사집과四集科라는 교과 과정으로 되어 있는데, 이에 관해서는 후에 더 언급할 것이다. 지엄은 늘 『화엄경』『법화경』『능엄경』을 강의하곤 했다고 한다. 이처럼 선과 교를 거침없이 넘나드는 겸학兼學의 정신은 지눌에 연원을 둔 것이며, 『화엄경』은 말할 것도 없고 『능엄경』도 지눌이 매우 자주 인용한 경전들 가운데 하나이다.
 3) 지눌의 선 사상은 서산대사의 사상에 충실히 반영되고 있다. 특히 한국 불자들 사이에 널리 읽혀지고 있는 서산의 『선가구감禪家龜鑑』은 그가 얼마나 지눌의 사상에 의존하고 있는가를 여실히 보여 준

---
19) 『李朝佛敎』, 53~54쪽.
20) 지눌은 물론 이 『禪要』를 알지 못했다. 지눌 이후 고려 말에 들어왔기 때문이다.

다.『선가구감』에 나오는 십종병十種病, 사구死句와 활구活句, 참구參句 와 참의參意, 불자굴不自屈 불자고不自高 등의 표현들만 보아도 쉽게 알 수 있다. 또한 그가『선교석禪敎釋』에서 간화선看話禪을 한편으로는 원교圓敎, 다른 한편으로는 돈교頓敎와 대비시키는 방법 또한 지눌의 『간화결의론』을 그대로 좇고 있다.21) 무엇보다도 정토 신앙에 대한 그의 견해 역시 지눌과 비슷하다. 양자 모두 염불을 오후悟後 점수漸 修의 한 수행법으로 인정하고 있다. 깨침에 의해 자기 자신이 곧 아 미타불임을 알지만 수행상으로는 여전히 자신과 아미타불 사이에 엄 청난 거리가 있기에 염불 수행을 통해 이 간격를 좁혀야 한다는 것 이다.22) 양자 모두 염불을 선禪의 보조 수단으로 인정한 것이다. 지눌 과 서산에 관하여 다카하시는 다음과 같이 보았다.

　　서산대사가 나타나서 "선禪과 교敎의 본체는 둘이 아니다. 교敎는 부
　처님의 말이고 선禪은 부처님의 마음이다. 그리고 부처님의 말은 입문
　으로서, 밝은 눈을 가진 진정한 불자라면 궁극적으로 부처님의 마음
　을 파악하는 데로 나아가야 한다"고 사자후를 발한 이래, 서산의 말은
　점차 승려들의 세계에서 권위를 갖게 되었고, 선교禪敎간의 싸움은 거
　의 해결되었다. 그리하여 선과 교를 겸수兼修하면서도 좌선과 견성見
　性을 최종적으로 중요한 것으로 보는 조선 특유의 종파가 성립하게
　되었다. 서산대사의 불교관은 선교의 겸수를 강조한다. 그리고 그 기

---

21) '禪敎釋',『淸虛堂集』;『한글대장경』: 한국고승 1. 서산의 禪敎觀에 대하여는 禹貞相, "西山大師의 禪敎觀에 대하여",『曉星趙明基博士華甲紀念佛敎史學論 叢』(서울, 1965), 473~504쪽, 金煐泰,『西山大師의 生涯와 思想』, 121~54쪽 참조.
22) 이 점에 관하여, 김영태,『서산대사』, 199~213쪽 참조. 서산과 지눌이 기본적 으로 같은 논리를 따르고 있지만, 전반적으로 보아 서산이 지눌보다 염불 수 행에 더 많은 무게를 두고 있다.

원을 살펴볼 때, 그것은 의심의 여지없이 고려 조계종을 중흥시킨 보조국사普照國師에 의해 확립된 삼문三門에 연원을 둔다. 그리고 더 가깝게는 서산의 법조法祖인 벽송과 법부法父인 부용의 가르침을 계승한 것이다.23)

서산의 『선가구감禪家龜鑑』에 나오는 다음의 말들은 다카하시의 말이 의미하는 바가 무엇인지를 보여 주기에 충분하다.

그러므로 배우는 자는 우선 여실언교如實言敎에 기초하여 [법法의] 불변不變과 수연隨緣 두 측면이 바로 자심自心의 성성과 상相임을, 그리고 돈오와 점수 두 문이 바로 자행自行의 시작과 끝임을 자세히 판별한 다음 교教의 의미를 버리고 다만 자기 마음에 나타나는 한 생각만을 붙들고 선지禪旨를 참구하면 반드시 얻는 바가 있으리니, 이른바 몸이 벗어나는 살길이다.24)

4) 편양언기鞭羊彦機는 서산의 가장 뛰어난 제자들 중의 한 사람이다. 다음은 그의 선 사상의 요점을 표현한 말이다.

선문禪門은 최하 근기자들을 위해 교教를 빌려서 [진리를] 명확하게 보여 주니 이른바 성性, 상相, 공空의 삼종三宗이다. 여기에는 이치의 길과 말의 길이 있어 듣고 이해하고 생각하는 것이 있기 때문에 원돈문圓頓門의 사구死句가 된다. 이것은 의리선義理禪(의미와 이치에 매인 선)으로서 앞에 말한 격외선格外禪과는 다르다. 그렇다 하더라도 이 둘에

---

23) 『李朝佛敎』, 389~90쪽.
24) 『李朝佛敎』. 393쪽. 다카하시는 이러한 捨敎入禪의 禪敎觀이 碧松, 芙蓉, 西山 3대에 걸쳐 일관된 견해임을 명확히 보여 주고 있다. 391~95쪽 참조.
故學者 先以如實言敎 委辨不變隨緣二義 是自心之性相 頓悟漸修兩門 是自行之始終然後 放下敎義 但將自心現前一念 參詳禪旨則 必有所得 所謂出身活路

는 또한 정해진 뜻이 있는 것은 아니다; 단지 각자의 근기의 차이에 달려 있을 뿐이다. 만약 우리가 그것(진리)을 입에서 잃어버린다면 염화미소拈花微笑가 모조리 말을 늘어놓는 것에 떨어질 것이며, 만약 우리가 그것을 마음에서 얻는다면 거친 말이나 세밀한 말 모두 실상實相을 말하는 것이 된다.25)

다카하시는 여기서도 역시 편양선鞭羊禪의 기원을 정확히 지적한다.

사師는 선禪, 교敎, 그리고 염불念佛의 삼문三門을 일심一心의 문에 귀속시키고 마음을 닦는 참된 문은 선禪이라고 단정하기 때문에, 우리는 그가 교와 염불을 선 안으로 통합했음을 볼 수 있다. 이것은 바로 고려 보조국사의 삼문에 소급되며, 이것이 그가 정녕 서산대사의 법을 계승한 자가 되는 까닭이다.26)

같은 맥락에서, 편양의 법손들 가운데서 상봉정원霜峰淨源(1627~1709), 월담설재月潭雪齋(1632~1704), 월저도안月渚道安(1638~1715), 인악의첨仁岳義沾(1746~1796), 그리고 연담유일蓮潭有一(1720~1799) 등 많은 탁월한 교학 강사들이 출현한 것은 결코 우연이 아니다.

5) 편양의 법맥과 나란히 하여 부휴선수浮休善修의 제자인 벽암각성碧巖覺性의 법맥이 있었다. 부휴는 서산과 함께 부용영관芙蓉靈觀의 가장 뛰어난 두 제자 중의 하나였다. 벽암의 많은 제자들은 송광사와 밀접한 관계를 가지고 있었는데, 송광사는 이 때에 과거의 명성과 수월성을 일부나마 회복했던 것 같다. 특히 주목할 만한 인물은 백암성

---

25) 『李朝佛敎』, 458쪽.
禪門爲最下根機者 借敎明示 所謂性相空三宗也 有理路語路聞解思想故 爲圓頓門死句 此義理禪也 非前格外禪也 雖然之 二者亦無定意 只在當人機變 若人失之於口則 拈花微笑盡落陳言 若得之於心則 麤言細語皆談實相也
26) 『李朝佛敎』, 460쪽.

총柏庵性聰인데, 그는 1678년에 지눌의 탑비를 중수하면서 그 비문에 지눌을 '동방의 위대한 성인'이라고 칭했다.27) 같은 해에 송광사의 기념 석주도 세워졌는데, 송광사를 '동방 최고의 도량'으로 칭하면서28) 과거의 많은 뛰어난 업적과 인물들을 꼽고 있다. 백암은 새로운 불교 전적典籍의 간행과 보급에도 크게 공헌했다. 그의 법맥에서 선과 교의 뛰어난 승려들이 배출되었는데, 무용수연無用秀演(1651~1719)과 묵암默庵 최눌最訥(1717~1790) 같은 고승들이다.

6) 편양과 벽암의 법맥에서 배출된 이들은 서산이나 지눌처럼 한결 같이 선과 교 모두에 통달한 스님들이었다. 그러면서도 그들의 궁극적인 정체성은 어디까지나 선에 있었다. 그들 가운데 대다수가 『화엄경』에 정통했으며, 많은 수가 이와 관련된 저술을 남겼다. 그들이 선호했던 다른 경전들로는 『대승기신론大乘起信論』과 『선원제전집도서禪源諸詮集都序』, 『원각경圓覺經』, 그리고 지눌의 『절요節要』 등이 있었다. 강원講院이라고 불리는 오늘날의 승가대학의 교과 과정은 바로 이와 같이 선과 교를 겸해서 공부하는 풍토에서 형성된 것이다.29) 우리는 강원 교과 과정의 초기 형태를 사집과四集科를 확립한 벽송지엄에게서 이미 찾아 보았다.

17세기와 18세기에 이르러 교과 과정은 더욱 확대되고 체계화되었다. 그리하여 오늘날 초심자 혹은 사미승은 지눌의 『계초심학인문誡初心學人文』, 원효의 『발심수행장發心修行章』, 그리고 야운野雲의 『자경문自警文』30)과 『치문경훈緇門警訓』31)을 가지고 공부를 시작하는데, 이

---

27) 『朝鮮金石總覽』 II, 952쪽.
28) 『增補校正朝鮮寺刹史料』(한국문화개발사, 1972) I, 277쪽.
29) 강원의 전통적인 교과 과정에 관하여는, 李智冠, 『韓國佛敎 所依經典 硏究』(보련각, 1969) 참조.

것이 사미과沙彌科이다. 이 과정을 마치고 나면 사집과四集科로 나아가는데, 여기서는 『서장書狀』(『大慧語錄』에 있는 대혜선사의 서신들), 종밀선사의 『도서都序』(『禪源諸詮集』), 『선요禪要』(『高峯和尙禪要』), 그리고 지눌의 『절요節要』(『法集別行錄節要幷入私記』)를 배운다. 그후 『능엄경楞嚴經』, 『기신론起信論』, 『금강경金剛經』 그리고 『원각경圓覺經』을 공부하는데, 이것을 사교과四敎科라 부른다. 그리고 마지막으로 『화엄경華嚴經』을 공부하는데 이것을 대교과大敎科라 한다. 다음으로는, 개인의 의사에 따라서 『법화경法華經』, 『경덕전등록景德傳燈錄』, 그리고 지눌의 제자 혜심慧諶이 1천여 개 공안을 엮은 『선문염송禪門拈頌』을 선택적으로 공부할 수 있는데, 이것을 수의과隨意科라고 부른다.32) 이와 같은 강원의 전통적인 교과 과정을 살펴볼 때 대부분의 교재가 지눌과 밀접하게 관련되어 있거나 그에 의해 자주 인용되던 것들임을 알 수 있다. 특히 지눌 자신의 저술 가운데 『계초심학인문』과 『절요』가 교과 과정 속에 들어가 있음은 특별히 주목할 만한 사실이다.

한국의 모든 승려들이 이 강원講院의 교과 과정을 다 순서대로 거치는 것은 아니다. 어떤 승려들은 특별한 경전 공부 없이 선을 공부하기 위해 직접 선원禪院(禪房)에 들어가기도 하며 또다른 많은 승려

---

30) 野雲은 懶翁(1320~1376)의 제자로, 알려진 것이 많지 않다.
31) 이 책은 중국 고승들의 말을 幻住永中이 1313년에 편집한 것으로서, 그와 유사한 책인 『緇門寶訓』(저자 미상)에 근거를 두고 있다; 구로다 아키라(黑田亮), 『朝鮮舊書攷』(東京, 1940), 128~141쪽 참조. 구로다(黑田)는 永中이 高峰의 『禪要』를 간행한 인물임도 밝히고 있다. 『緇門警訓』을 고려에 수입한 사람은 太古(1301~1382)로 알려지고 있다; 이지관, 39쪽. 현재 강원에서 사용하고 있는 것은 1936년에 安震湖에 의해 발췌된 것으로서, 性聰의 주석서 『緇門集註』(1695)를 함께 싣고 있다.
32) 조선시대에 僧科가 아직 시행되고 있을 때, 敎의 시험 과목은 『華嚴經』과 『十地經論』(世親)이었고, 禪에서는 『傳燈錄』과 『禪門拈頌』이었다. 보다 자세한 논의는 『李朝佛敎』, 256~70쪽 참조.

들에게 경전 공부나 선에는 진지한 관심 없이 절에서 자기 소임을 다하면서 일생을 보내기도 한다. 그러나 공부에 진지한 관심을 지닌 승려들에 있어서 좀더 일반적인 과정은 강원의 교육 과정을 적어도 부분적으로나마 거친 후에 선방에서 본격적인 선 공부에 전념하는 것이다.

오늘날 한국의 전통적인 사찰은 대부분 선 위주의 사찰로서, 말하자면 선이 사찰의 존재 이유라 해도 과언이 아니다. 선원의 위상은 강원보다 훨씬 높고, 선사의 권위는 강원 강사의 권위에 비할 바 아니다. 하지만 양자는 별다른 마찰 없이 공존하고 있으며, 대다수 선사들은 강원에서 경전 공부하는 일을 막지 않는다. 비록 오늘날의 승려들 사이에서는 크게 인기를 끌고 있지는 못하지만, 정토淨土 신앙도 마찬가지이다. 이 모든 현상들은, 적어도 그 사상적 맥락에서는 서산과 그의 제자들에게서, 그리고 궁극적으로는 지눌에게서 시작된 사교입선捨敎入禪의 전통에 기인하는 것임을 알 수 있다.

7) 현존하는 한국 고서古書 목록目錄을 일별해 보기만 해도 우리는 지눌의 저서들, 특히 그의 『절요節要』가 조선시대를 통틀어 가장 많이 발행되고 보급된 불교 문헌 가운데 하나임을 알 수 있다.33) 최근으로 눈을 돌리면, 오늘날 한국 승려들 사이에서 많이 읽히고 있는 『선문촬요禪門撮要』에는 지눌의 저술이 다섯이나 포함되어 있다.34) 이 책은

---

33) 예를 들어, 『韓國古書綜合目錄』(국회도서관, 1968), 『古書目錄』(국립중앙도서관, 1970) I을 볼 것. 『節要』보다 더 자주 간행된 것으로 보이는 문헌은 『金剛經』인 듯 싶은데, 중요한 경전일 뿐만 아니라 작은 경전이었기 때문에 간행이 쉬웠을 것이다. 그 외에 자주 간행된 경전으로는 위에 열거한 강원 교재들 외에 『法華經』, 『六祖壇經』, 『父母恩重經』 등이 있다.
34) 1908년의 梵魚寺판은 지눌의 저술 네 가지를 포함하고 있으나, 1968년 범어사판은 다섯 가지를 싣고 있다.

조선말 선禪의 부흥에 크게 기여한 경허鏡虛(1849~1912)에 의해 편집되었다. 그의 문하에 송만공宋滿空, 방한암方漢岩(1937년에 『普照禪師語錄』을 출판했다), 신혜월申慧月 같은 탁월한 승려들이 나타나서 해방 전후까지 한국 불교계를 이끌었는데, 광범위한 불교 문헌들의 섭렵으로 시작해서 ― 그는 한때 동학사東學寺 강원講院의 유명한 강사였다 ― 간화선의 힘을 발견하는 것으로 끝나는 경허의 구도 역정은 서산과 지눌에 의해 정형화된 한국 불교 정신의 전형적인 예를 보여 준다.35)

지금까지 우리의 고찰은 법맥이야 어떻든 선교禪敎를 겸학兼學하면서도 궁극적으로는 사교입선捨敎入禪하는 지눌의 사상이 사실상 한국의 선 전통, 아니 한국 불교 전체의 사상적 전통의 주류를 이루었다는 사실을 보여 주는 데 충분할 것이다. 또한 선 불교를 표방하는 현 조계종의 종조나 법통에 대하여 어떠한 견해를 가지든, 한국 불교를 연구하는 대다수 학자들은 조계종이 사실상 보조국사 지눌의 사상을 종지로 삼아 계승하고 있다는 데에 놀라울 정도의 의견 일치를 보이고 있다. 이미 우리가 고찰한 바와 같이 이는 역사적으로 충분히 정당화될 수 있는 견해로 보인다. 그 대표적인 예로 김영수와 에다 도시오의 견해를 참고해 보자.

고려 조계종이 지눌에 의해 창시되었다는 이능화의 견해를 강하게 비판하고 나선 초기 한국 불교 연구의 대가 김영수는 조계종의 종지만큼은 지눌이 천명한 돈오점수론頓悟漸修論에서 찾고 있다. 김영수는 "조선 불교朝鮮佛敎 종지宗旨에 취취하야就就하야"라는 논문에서 조선 불교 ― 그의 표현으로는 조계선종曹溪禪宗 ― 의 종지는 선禪과 교敎, 오悟와

---

35) 鏡虛의 생애와 사상에 관해서는, 性陀, "鏡虛의 禪思想", 『崇山朴吉眞博士華甲紀念韓國佛敎思想史』(원광대 출판국, 1975), 1103~20쪽 참조.

수修를 아우르는 돈오점수頓悟漸修의 원리에 있음을 주장하면서 다음과 같이 말하고 있다.

> 이와 같은 돈오점수頓悟漸修의 조계曹溪 종지宗旨가 보조국사普照國師 시대로부터 완성된 후에는 조계구산曹溪九山의 법려法侶가 다 이 종지를 사승嗣承하여 조계구산은 이에 통일을 얻었다. 우리 조선 불교의 종조宗祖인 태고太古 화상도 문파별로 말하면 가지산迦智山 도의국사道義國師의 후예이므로 사굴산 범일국사梵日國師의 법손인 보조국사普照國師와 더불어 동일한 전등傳燈은 아니지만 같은 조계종이므로 돈오점수頓悟漸修의 보조 사상은 그대로 사승嗣承한 것이다.36)

> 이상 보조국사가 창창唱한 조계종지曹溪宗旨의 대의를 다시 한 번 더 간단히 말하면, 고래古來의 선교禪敎 양가兩家에서는 너무나 일방으로 치우치는 감이 불무不無하여 선학자禪學者는 일향一向 천진자연天眞自然을 위주爲主하므로 수행을 힘쓰지 아니하고 교학자敎學者는 일향一向 점수성공漸修成功을 위주爲主하므로 견성오도見性悟道를 믿지 아니하던 것이다. 절충조화하여 선가禪家 조계종曹溪宗의 본지本旨인 불립문자不立文字 직지인심直旨人心 견성성불見性成佛의 종지에 의하여 자기 자성自性을 돈오頓悟하고 교가敎家 『화엄경華嚴經』의 교리인 지위점차地位漸次의 보현행普賢行을 점수漸修하여 성불한다는 주장이다. 이것이 돈오점수頓悟漸修의 조계종지曹溪宗旨이다.37)

에다 도시오(江田俊雄)는 서산 이후 한국 선가에서 전해지는 태고보우太古普愚 중심, 임제종臨濟宗 중심의 법통설을 비판적으로 고찰한 후

---
36) 김영수, "朝鮮佛敎宗旨에 就하야", 『佛敎新』 9(1938), 9~10쪽. 원문을 현대어로 고쳐 썼음. 지눌의 돈오점수설에 대한 김영수의 이해는 다소 불투명한 점이 있으나, 여기서는 논의를 피한다.
37) 김영수, "曹溪禪宗에 就하야", 『震檀學報』 9(1938), 151~52쪽.

다음과 같이 결론 짓고 있다.

> 그러면 선종禪宗으로서의 조선 불교의 조사祖師는 역사와 실제 상으로 청구靑丘의 달마達摩라고도 부를 수 있는 고려高麗의 보조국사普照國師 지눌知訥로 하는 것이 타당할 것이며, 그 종파는 고려의 중엽부터 이조의 중엽까지 전후 5백여 년의 역사를 가진 조선 특유의 선교 종합적禪敎綜合的 선종인 조계종의 이름으로 불러야 할 것이라고 생각한다.38)

한국 불교가 조계종이라는 이름을 사용하기(1941) 6년 전(1935년)에 쓰여진 이 논문에서 에다는 선禪이 중심이면서도 교敎를 포섭하는 선교 종합적禪敎綜合的인 조선 불교가 종명을 가진다면 마땅히 고려 중엽부터 조선 중엽까지 번성했던 조계종이라는 이름을 되찾아야 하며, 그 종조宗祖는 지눌로 해야 한다는 견해를 펴고 있는 것이다.

전에 언급한 다카하시는 물론이요 김영수나 에다 모두 한국 불교 전통을 깊이 연구한 학자들로서, 한결같이 한국 불교의 선주 교종적 禪主敎從的 전통, 선교 융합적禪敎融合的 특성에 주목하면서 지눌知訥의 사상적 영향을 강조하고 있다. 현대 한국 불교는 역사로 보나 실제 영향력으로 보나 지눌과 그의 사상을 이은 벽송지엄 — 부용영관 — 서산 휴정의 전통에 서 있다는 것이다.

결론적으로 말해, 현 조계종이 선종이면서도 교학과 염불 등을 수용하는 포괄적 종단으로서 사실상 한국 불교 전체를 대표하는 종단이라면, 그것은 조선의 억불 정책에 의해 많은 역사적 우여곡절 끝에 생겨난 결과물이라는 사실 못지 않게 고려의 조계종, 특히 보조국사

---

38) 에다 도시오(江田俊雄), "禪宗으로서의 朝鮮佛敎의 傳統에 대하여", 『朝鮮佛敎史の 硏究』(東京: 國書刊行會, 1977), 220쪽.

지눌로부터 내려오는 선 사상적禪思想的 전통의 구현이라는 이념적 연속성의 결과이기도 하다는 점이 분명하다.

이와 같은 여러 학자들의 설득력 있는 공통된 증언에도 불구하고 임제종과 태고보우 법통설을 주장해 온 서산대사 이후의 조선 선가의 전통은 쉽사리 사라지지 않고 있다. 최근에 한국 불교계에 큰 족적을 남긴 성철 스님은 그에 가장 가까운, 그리고 가장 강력한 주창자로서, 이러한 견해를 뒷받침하기 위하여 지눌의 선 사상을 맹공한 인물로 잘 알려져 있다.[39] 그의 견해를 학설로 받아들여야 할지 아니면 한 선사로서의 개인적인 종교적・이념적 신념의 표현으로 보아야 할지 애매한 면이 없지 않으나,[40] 그의 지눌에 대한 견해의 정확성 자체는 학문적 평가의 대상이 될 수밖에 없다. 그의 지눌 비판의 가장 큰 문제점은 그의 비판이 오직 지눌 사상의 일부분인 돈오점수론頓悟漸修論에만 국한되어 있다는 점이다. 다시 말해서, 그가 그토록 중시하는 대혜大慧선사의 간화선看話禪 전통도 한국 불교의 경우 지눌에서부터 시작된다는 사실을 무시하고 있다. 그가 지눌의 돈오점수설을 비판하고 돈오돈수頓悟頓修를 주창한 것은 임제선을 이상으로 여겨 선의 순수성 내지 완벽성을 지키려는 의도로 이해될 수 있으나, 지눌의 수전오修前悟로서의 해오解悟를 전혀 인정하지 않고 증오證悟만을 염두에 두면서 수修와 오悟의 질적 차이를 강조하는 그의 접근법은 돈오돈수보다는 오히려 점수돈오漸修頓悟로 귀결된다. 깨달음을 위한 치열한 수행이 화두話頭 공부라 할지라도 깨치기 전까지는 점수

---

39) 『韓國佛敎의 法脈』(1976), 『禪門正路』(1981),
40) 이 점에 대해서는 윤원철의 논의, "韓國 禪學에 있어서 方法論的 省察의 不在에 대한 斷想 — 頓漸 論爭의 몇 가지 片鱗에 대한 回顧를 통하여", 『종교와 문화』제1집(서울대 종교문제연구소, 1996)을 볼 것.

漸修일 수밖에 없기 때문이다.[41] 여하튼 선사로서의 성철의 주장은 존중되어야 하지만 그것이 결코 조계종으로 대표되는 한국 불교의 전통과 현실에 대한 정확한 역사적 이해라고 보기는 어렵다.

조계종으로 대표되는 한국 선 불교는 중국이나 일본과는 달리 단순히 여러 종파들 가운데 하나가 아니다. 이미 지눌에 있어서 그 모습을 드러내기 시작한 한국 선 불교는 선을 위주로 하되 여타의 불교 사상과 수행을 포용하는 하나의 총체적인 불교, 적어도 중국과 한국에서 무르익은 동아시아적 불교 그 자체라 해도 과언이 아니다. 고려 중기에 지눌에 의해 전개된 새로운 선 불교 운동은 이미 오늘날 한국 불교가 보이고 있는 수행 형태와 사상적 방향을 예고하고 있었다. 부분적으로는 지눌 선 사상의 지속적인 종교적·이념적 영향 때문에, 그리고 부분적으로는 파란만장했던 조선 불교사의 우여곡절을 통해, 지눌의 사상은 한국 불교사 속에 현실로 구현되게 된 것이다. 한국 불교의 주류를 형성하고 있는 현 조계종은 이러한 역사적 과정의 산물로서, 지눌에 의해 정초된 선 불교의 전통을 충실하게 반영하고 있는 것이다.

---

[41] 윤원철의 논문, "『禪門正路』의 修證論", 『白蓮佛敎論集』 제4집(1994)은 성철의 돈오돈수론을 우호적으로 이해하려는 시도를 하고 있지만, 오히려 이 점을 더욱 부각시켜 주고 있을 따름이다.

참고문헌

1. 知訥의 著述

A. 個別 著述

「六祖慧能大師法寶壇經跋」

『看話決疑論』

『誡初心學人文』

『勸修定慧結社文』

『念佛要門』

『法集別行錄節要幷入私記』

『修心訣』

『圓頓成佛論』

『定慧結社文』

『眞心直說』

『華嚴論節要』

B. 全集類 및 번역서

『普照全書』(불일출판사, 1989)

『韓國佛敎全書』 4: 高麗時代篇 1(동국대출판부, 1982)

金達鎭 譯註, 『普照國師全書』(고려원, 1987)

金呑虛 譯解, 『懸吐譯解普照法語』(회상사, 1963)

東國譯經院 譯, 『한글대장경』: 한국고승 3

李鍾郁 譯, 『原文國譯對照高麗普照國師法語』 (서울, 1948)

2. 經典類

『大覺國師文集』,『韓國高僧集: 高麗時代』
『大方廣佛華嚴經』
『大乘起信論』
『大正新修大藏經』 48권
『大慧普覺禪師語錄』
『東師列傳』
『四集合本』
『西域中華海東佛祖源流』
『禪家龜鑑』
『禪門撮要』
『禪源諸詮集都序』
『新華嚴經論』
『六組壇經』
『中華禪門師資承襲圖』
『眞覺國師語錄』
『淸虛堂集』
『한글대장경』: 한국고승 1

3. 金石文類

「大乘禪宗曹溪山修禪社重創記」
「四溟松雲大師石藏碑銘竝序」
「昇平府曹溪山修禪社佛日普祖國師碑銘竝序」
「雲嶽懸燈寺史蹟」
『大乘禪宗曹溪山松廣寺誌』

『東文選』117권
『朝鮮金石總覽』
『朝鮮佛敎通史』
『增補校定 朝鮮寺刹史料』
『佛敎文獻資料集』

4. 사전류

權相老,『韓國地名沿革考』
耘虛龍夏,『佛敎辭典』
李弘稙,『國史大辭典』
諸橋徹次,『大漢和辭典』
中村元,『佛敎語大辭典』
望月信亨,『佛敎大辭典』
이희승 편,『국어대사전』

5. 연구서(국문)

吉熙星,『일본의 정토 사상』(민음사, 1999)
金光植,『高麗 武人政權과 佛敎界』(민족사, 1995)
金庠基,『高麗時代史』(동국문화사, 1961)
金映遂,『包光金映遂博士全集: 韓國佛敎思想論攷』(원광대출판국, 1984)
金煐泰,『西山大師의 生涯와 思想』(박영사, 1975)
金煐泰,『韓國佛敎史』(경서원, 1997, 증보판)
金知見 편,『高麗國 知訥錄 華嚴論節要』(東京, 1968, 영인본)
김형효 외,『지눌의 사상과 그 현대적 의미』(한국정신문화연구원, 1996)

東國大 佛敎文化硏究院 編,『韓國禪思想硏究』(동국대출판부, 1984)
朴鍾鴻,『韓國思想史』: 佛敎思想篇(서문당, 1972)
李能和,『朝鮮佛敎通史』(보련각, 1918)
李丙燾,『韓國史大觀』(보문각, 1964)
李鍾益,『高麗普照國師의 硏究』(서울, 1974, 프린트본)
李智冠,『韓國佛敎 所依經典硏究』(보련각, 1971)
性 徹,『韓國佛敎의 法脈』(해인총림, 1976),
————,『禪門正路』(해인총림, 1981)
趙明基,『高麗 大覺國師와 天台思想』(동국문화사, 1964)
韓基斗,『韓國佛敎思想』(원광대출판국, 1973)

6. 연구서(외국어)

Chen, K. S., *Buddhism in China*. Princeton: Princeton University Press, 1964

Dumoulin, H., *A History of Zen Buddhism*. Boston: Beacon Press, 1963

Gernet, J., tr., *Entretiens du Maître Dhyāna Chen-Houei de Ho-Tsö*. Hanoi, 1949

Kim, Hee-Jin, *Dogen Kigen - Mystical Relist*. Tucson: University of Arizona Press, 1975

Suzuki, D. T., *Essays in Zen Buddhism*. First Series. New York: Grove Press, 1961

Suzuki, D. T., *Essays in Zen Buddhism*. Second Series. New York: Samuel Weiser Inc., 1971

Suzuki, D. T., *Zen Doctrine of No Mind: The Significance of the Sutra of Hui-neng*. New York: Samuel Weiser Inc., 1973

Yampolsky, Philip B., tr., *The Platform Sutra of the Sixth Patriarch*. New York: Columbia University Press, 1967

鎌田茂雄,『中國華嚴思想史の 研究』(東京, 1965)
鎌田茂雄,『中國佛教思想史研究』(東京, 1968)
謙田茂雄,『宗密教學の 思想史的 研究』(東京, 1975)
高橋亨,『李朝佛教』(東京, 1929)
滑谷快天,『朝鮮禪敎史』(東京, 1930)
關口眞大,『達摩大師の 研究』(東京, 1969)
龜川敎信,『華嚴學』(京都, 1949)
勝又俊敎,『佛敎における 心識說の 研究』(東京, 1961)
宇井伯壽,『禪宗史硏究』(東京, 1939)
宇井伯壽,『第三禪宗史硏究』(東京, 1943)
李鍾益,『韓國佛教の 研究』(東京, 1980)
黑田亮,『朝鮮舊書攷』(東京, 1940)
池內宏,『滿鮮史研究』: 中世. 제2권(東京, 1937)
荒木見悟,『佛敎と 儒敎』(京都, 1963)
江田俊雄, 謙田茂雄,『朝鮮佛敎史の 研究』(東京, 1977)

7. 연구 논문(국문)

Schultz, Edward J., "高麗武人執政期의 佛敎",『李基白先生古稀記念 韓國
    史學論叢』(일조각, 1994)
高翊晋, "碧松智嚴의 新資料와 法統問題",『韓國曹溪宗의 成立史的 研究』
    (불교학회편, 1986)
高翊晋, "圓妙國師 了世의 白蓮結社",『韓國天台思想研究』(동국대학교 불
    교문화연구소, 1983)
국사편찬위원회 편, "고려 무신 정권과 대몽항쟁",『한국사』7(국사편찬
    위원회, 1974)
權相老, "韓國禪宗略史",『白性郁博士頌壽紀念 佛敎學論文集』(서울, 1959)

權相老, "曹溪宗(朝鮮에서 自立한 宗派)", 『佛敎』 58~61(1929)
吉熙星, "知訥의 心性論", 『歷史學報』 93(1982)
金光植, "崔瑀의 寺院政策과 談禪法會", 『高麗武人政權과 佛敎界』(민족사, 1995)
金映遂, "曹溪宗", 『佛敎』 38(1929)
金映遂, "五敎兩宗에 對하야", 『震壇學報』 8(1937)
金映遂, "曹溪禪宗에 就하야", 『震壇學報』 9(1938)
金映遂, "曹溪宗과 傳燈通規", 『佛敎新』 43~45(1943)
金映遂, "朝鮮佛敎宗旨에 就하야", 『佛敎新』 8~9(1937~1938)
金煐泰, "高麗의 曹溪宗名考", 『東國思想』 10, 11(1978)
金煐泰, "朝鮮禪家의 法統考 — 西山家統의 究明", 『佛敎學報』 22(1985)
金芿石, "佛日普照國師", 『佛敎學報』 2(1964)
閔賢九, "月南寺址眞覺國師碑의 陰記에 대한 一考察", 『震壇學報』 36(1973)
朴性培, "普照 — 定慧雙修의 具現者", 『韓國의 人間像』(서울, 1965)
朴鍾鴻, "知訥의 思想", 『韓國思想史』: 佛敎思想篇(서문당, 1972)
性 陀, "鏡虛의 禪思想", 『崇山朴吉眞博士華甲紀念 韓國佛敎思想史』(원광대출판국, 1975)
宋天恩, "知訥의 禪思想", 『崇山朴吉眞博士華甲紀念 韓國佛敎思想史』(원광대출판국, 1975)
禹貞相, "西山大師의 禪敎觀에 대하여", 『曉星趙明基博士華甲紀念佛敎史學論叢』(서울, 1965)
尹元哲, "『禪門正路』의 修證論", 『白蓮佛敎論集』 4(1994)
尹元哲, "韓國 禪學에 있어서 方法論的 省察의 不在에 대한 斷想—頓漸論爭의 몇 가지 片鱗에 대한 回顧를 통하여", 『종교와 문화』 1(서울대 종교문제 연구소, 1996)
李相伯, "儒佛兩敎交代의 機綠에대한 一硏究", 『韓國文化史硏究論攷』(서울, 1948)

李在烈, "高麗 五教兩宗의 史的 考察", 『史學硏究』 4(1959)
李在烈, "五教兩宗과 曹溪宗法統", 『佛教思想』 1~6(1973~1974)
李鍾益, "普照國師의 禪教觀", 『佛教學報』 9(1972)
李鍾益, "普照國師의 所錄인 '華嚴論節要'의 新發見", 『新佛教』 27(1942)
李鍾益, "知訥의 華嚴思想", 『崇山朴吉眞博士華甲紀念 韓國佛教思想史』 (원광대출판국, 1975)
李鍾益, "韓國佛教 諸宗派 成立의 歷史的 考察", 『佛教學報』 16(1979)
任昌淳, "松廣寺의 高麗文書", 『白山學報』 11(1971)
崔柄憲, "羅末麗初 禪宗의 社會的 性格", 『史學硏究』(1975)
崔柄憲, "新羅下代 禪宗九山派의 成立", 『韓國史硏究』 7((1972)
韓㳓劤, "麗末鮮初의 佛教政策", 『서울대학교 논문집: 인문사회과학』 6(1957)

8. 연구 논문(외국어)

Hu, Shih, "Ch'an(Zen) Buddhism in China: Its History and Method", *Philosophy East and West*, III/I(1953).
Suzuki, D. T., "Zen: A Reply to Hu Shih", *Philosophy East and West*, III/1(1953).
Yün-hua, Jan, "Two problems concerning Tsung-mi's Compilation of Ch'an-tsang", *Transactions of the International Conference of Orientalists in Japan*, XIX(1974).
江田俊雄, "禪宗としての 朝鮮佛教の 傳統に ついて", 『朝鮮佛教史の 硏究』(동경, 1935)
江田俊雄, "朝鮮禪の 形成―「普照禪」の 性格に ついて", 『朝鮮佛教史の 硏究』(동경, 1977)
高橋亨, "大覺國師 義天の 高麗佛教に 對する 經綸に ついで", 『朝鮮學

報』10(1956)

菅野銀八, "高麗曹溪山松廣寺十六國師の 繼承に 就て", 『靑丘學叢』 9 (1932)

金鍾國, "高麗武臣政權と 僧徒の 對立抗爭に 關する 一考察", 『朝鮮學報』 21~22(1961)

鳥田虔次, "體用の 歷史に 寄せて", 『塚本博士頌壽記念 佛敎史學論叢』(京都, 1961)

荒木見悟, "宗密の 絶對知論 ― 知之一字衆妙之門に ついて", 『南都佛敎』 3(1957)

大屋德城, "元延祐高麗刻本六祖大師法寶壇經に 就いて", 『禪學硏究』 23 (1935)

찾아보기

(ㄱ)

『간화결의론看話決疑論』 85, 86, 93, 97, 212, 213, 216~218, 221, 240
간화선看話禪 8, 67, 70, 72, 86, 88, 96, 99, 105, 106, 205, 208, 210, 213, 216, 218, 221, 222, 239, 246, 249
강원講院 239, 243~246
거조사居祖寺(거조암) 60, 61, 63, 65, 69, 70, 98
견성 81, 92, 165, 189, 197, 199, 240
견성성불見性成佛 109, 165, 176, 247
견성오도 247
결사結社 34, 35, 37, 41, 64, 65, 76, 184, 228
결사체 40
『경덕전등록景德傳燈錄』 244
경절문徑截門 75, 88, 102, 105, 106, 208, 209, 211, 213, 214, 216, 218~222
경허鏡虛 245, 246
계율戒律 25, 62, 74, 75, 180, 203
『계초심학인문誡初心學人文』 75, 81, 243, 244
고봉高峯 239
『고봉화상선요』 239, 244
공空 50, 113, 116~119, 121~123, 134, 148, 149, 171, 172, 178~182, 184, 185, 189, 195, 215, 217, 219, 241

공안 70, 244
공안선 67, 70
공적空寂 117~119, 121, 123, 132, 135, 145, 147, 151, 155, 173, 182, 195, 196
공적영지空寂靈知(지심之心) 120, 122, 124, 127, 130, 140, 181, 182, 186, 191
관觀 19, 20, 53, 54, 83, 141, 142, 162, 179, 184, 185, 191, 192, 195, 198, 219
관행觀行 20, 47, 83, 85, 93, 94, 97, 107, 139, 140, 153, 164, 165, 176, 211, 221
교관겸수敎觀兼修 6, 20, 42
교외별전敎外別傳 21, 86, 91, 96, 105, 143, 207, 209, 212, 213, 218
교학敎學 15, 16, 20, 21, 34, 80, 231, 238, 242, 248
교학자 94, 98, 154, 176, 208, 213, 217, 219, 221, 247
교학적 불교 21, 95
교학적 성격 8
교학적 전통 236
교학적 종파 6
구산선문九山禪門 16, 21, 31, 74
구원 33, 43, 46
구족계具足戒 31
국청사國淸寺 21
권교權敎 176

『권수정혜결사문勸修定慧結社文』　28, 31, 35, 41, 43, 44, 60, 61, 63, 223
근본무명根本無明　171
근본보광명지根本普光明智　160, 162, 163
『금강경金剛經』　75, 102, 217, 244
길상사吉祥寺　28, 65, 69, 72, 99
김군수金君綏　26, 27, 35, 102
김부식金富軾　23, 26
김영수　246, 248

(ㄴ)

남종南宗　154
남종선南宗禪　6, 16, 21, 154, 167
누카리야 가이텐(忽滑谷快天)　81, 203
『능엄경愣嚴經』　169, 239, 244

(ㄷ)

다카하시 도루(高橋亨)　238
달마達摩　115, 116, 122, 248
담선법회談禪法會　35, 36, 43, 61, 183
대각국사 의천　6, 18~22, 25, 26, 30, 33, 41, 42, 45, 54, 55, 73, 89, 90
대교과大敎科　244
『대승기신론大乘起信論』　114, 119, 127, 171, 243, 244
대승선大乘禪　185, 186
「대승선종조계산수선사중창기大乘禪宗曹溪山修禪社重創記」　27, 73, 81
대장경大藏經　53, 59, 227
대혜종고　67, 68, 70, 71, 86, 96, 205, 209, 214~216, 221, 244, 249
『대혜어록大慧語錄』　70, 71, 75, 88, 95, 98, 99, 102, 239
도겐(道元)　46
도생道生　169
도선道詵　29
도첩제度牒制　230
돈교頓敎　152, 176, 213, 217, 240
돈문頓門　154, 187, 188, 194, 204, 212

돈오　51, 58, 65, 81, 88, 97, 103~106, 142~148, 150~154, 164, 168, 170, 172, 174, 175, 178~181, 183, 186~190, 204, 211, 218, 241, 247
돈오돈수　249
돈오론　139, 153, 164, 202, 204, 210
돈오문　104~106, 173, 177, 190, 209, 220
돈오점수頓悟漸修　105, 106, 183, 205, 208, 211, 212, 218, 220, 222, 246, 247, 249
돈오점수론　105, 106, 205, 211, 222, 246, 249
돈오점수문　106
돈오 사상　86
『동사열전東師列傳』　29, 32
두타頭陀　74
득재得才　60

(ㅁ)

마니구슬(摩尼珠)　114, 132, 146, 148
말법末法　44~46, 135, 151, 160, 200
망심妄心　112, 125, 126, 146, 178, 195, 196
목우자牧牛子　30, 164, 74, 197
묘용妙用　123, 127~133, 136, 137, 170, 178, 195, 196
묘청妙淸　22, 23, 24
묘체妙體　114, 115, 127, 129, 132, 136, 137, 156
무념수無念修　181, 182, 186, 190, 194, 218
무사독오無師獨悟　97, 222
무심無心　194, 195, 197, 218~220, 222
무심합도문無心合道門　106, 218
무언無言　221
무용수연無用秀演　243
무위無爲　116, 174, 183, 189
무정無情　118, 127
묵조선默照禪　216

찾아보기 261

문수보살 57, 223

(ㅂ)

반야 114
반야지 91
반야바라밀다 217
『반야심경般若心經』 130
『발심수행장發心修行章』 243
방편方便 7, 45, 46, 55, 92, 95, 103,
    107, 110, 115, 124, 143, 176, 180,
    185, 187~190, 194, 202, 204, 219,
    221
방한암方漢岩 245
백련사白蓮社 64
백암성총柏庵性聰 242
백장회해百丈懷海 42, 76
번뇌煩惱 59, 117, 142, 147, 171, 173,
    174, 178, 180, 181, 183, 185, 187,~
    191, 198, 201~204, 219
범부선凡夫禪 185
범해梵海 29
법계法界 57, 111, 141, 142, 156, 159,
    160~162, 216, 217
법계法階 17, 21, 36, 48, 227
법계 제도 17
법성法性 113
법신法身 111, 113, 145, 159
『법어가송』 87, 92
법장法藏(현수) 159
『법집별행록法集別行錄』 83, 94, 191
『법집별행록절요병입사기法集別行錄節
    要幷入私記』 69, 83, 93, 96, 103,
    218, 239, 243~245
『법화경法華經』 154, 239, 244
법화결사法華結社 64, 65
베단타 217
벽계정심碧溪正心 233, 237
벽송지엄碧松智儼 233, 237, 239, 243,
    248
보리菩提 111, 155, 168, 183, 191, 192

보문사普門寺 52, 59, 60, 68
보살 7, 45, 58, 87, 114, 158, 183, 197,
    199
보살도 198, 223
보살행 67, 197, 223
보신報身 111
보제사普濟寺 35, 43, 61, 183
보조국사普照國師 6, 8, 30, 90, 240,
    242, 246~248
보현普賢보살 223
보현행 247
본각진성本覺眞性 105
본분종사本分宗師 214
부동지불不動智佛 157, 159
부동지불不動之佛 57
부동지불不動智佛 160
부용영관芙蓉靈觀 237, 242, 248
부휴浮休 232, 235, 242
분별分別 50, 57, 68, 85, 103, 112,
    122, 124, 125, 127, 133, 147, 150,
    157, 159, 199, 212
분별심 91
분별지分別智 7, 70, 71
불립문자不立文字 6, 8, 21, 83, 91,
    207, 221, 247
불변不變 103~105, 113, 128, 131~
    135, 151, 175, 176, 181, 192, 241
불성佛性 51, 56, 105, 109, 111, 113,
    123, 129, 148, 172, 173, 197, 210,
    214
불요의경不了義經 200

(ㅅ)

사교입선捨敎入禪 245, 246
사구死句 239, 241
사굴산闍堀山 31, 34, 35, 247
사미과沙彌科 244
사미승沙彌僧 31, 243
사사무애事事無碍 53, 54, 163, 176,
    217

사장事障 171
사집과四集科 239, 243, 244
사참事懺 171
『삼국사기三國史記』 23
삼매三昧 86, 202, 216
삼문三門 88, 102~106, 110, 222, 240, 242
삼승교三乘教 155, 156
삼신三身 111
삼학三學 75, 184, 186
『상당록上堂錄』 87, 92
상봉정원霜峰淨源 242
생사 128, 130, 154, 170, 171, 178, 184, 201
서산대사西山大師 휴정休靜 5, 6, 221, 225, 232, 233, 236, 239, 240, 242, 248, 249
석두石頭 219
『선가구감禪家龜鑑』 239, 241
선교禪教 6, 8, 41, 54, 97, 154, 231, 238, 240, 246~248
선교 양종 230, 232, 238
『선교석禪教釋』 239
선리禪理 105, 109, 110
『선문염송禪門拈頌』 244
선원禪源 105, 106, 109, 110, 222
선원禪院 244, 245
선원사禪源寺 227
『선원제전집도서禪源諸詮集都序』 41, 109, 150, 243, 244
선적종禪寂宗 34
선정禪定 21, 38, 41, 74, 91, 184, 188
선종禪宗 21, 63, 73, 78, 213, 216, 230~232, 234~236, 238, 248
선학자禪學者 176, 247
선행禪行 105, 106, 109, 110, 143, 164, 181, 201, 220
성기性起 50, 131, 136, 150, 162, 163, 170, 178
성기문 163, 164

성리학 229
성적등지문惺寂等持門 75, 88, 102, 105, 106, 183, 192, 209, 220, 222
속장경續藏經 89
속제俗諦 92, 171
송광사 27, 28, 98, 99, 228, 238, 242, 243
송광산松廣山 65, 72, 73
송만공宋滿空 245
수상문相門 187~189
수상정혜隨相定慧 185, 187, 189, 190, 194, 204
수선사修禪社 9, 28, 35, 63, 72~80, 85, 87, 89, 90, 99, 100, 223, 225~229, 238
『수심결修心訣』 80, 81, 82, 87, 93, 123
수연隨緣 103~105, 114, 128, 132, 133, 135, 136, 145, 151, 176, 241
수연용 134, 151, 181
수의과隨意科 244
수행론修行論 88, 102~106, 168, 170, 190, 199, 202
습선習禪 21
습정균혜習定均慧 41, 42
승과제僧科制 17, 35, 235
승조僧肇 126, 196
신란親鸞 201, 202
신불교新佛教 42, 46, 204
신통神通 117, 199
신통력 159, 175, 198, 199
신혜월申慧月 246
신회神會 하택荷澤 16, 52, 69, 85, 93, 94, 115~117, 121, 133~135, 139, 148, 150, 151, 181, 182, 208~210, 213
신회선神會禪 52, 69
심생멸心生滅 127
심성론心性論 88, 103~106, 109, 110
심즉불心卽佛 56, 109

심즉성心卽性 109
심진여心眞如 127
심행처멸心行處滅 91
십신十信 57, 58, 156~159, 176
십신 초위 57, 58, 157
십종병十種病 239

(ㅇ)

아라키 겐고(荒木見悟) 114, 119, 125, 148, 151, 152, 163, 171, 173, 183, 216
안거安居 74
알음알이 병 8, 70, 96, 216, 217, 239
언어도단言語道斷 91
에다 도시오(江田俊雄) 26, 246~248
여래장如來藏 111, 113, 129
여래장연기 128, 131
여래지혜如來智慧 56
여실언교如實言敎 80, 85, 93~95, 97, 98, 144, 153, 165, 204, 207, 208, 211, 239, 241
여여如如 111, 113
연기緣起 131, 136, 163
연기무애 216
연기문 163
연담유일蓮潭有一 242
연등회燃燈會 24
열반涅槃 91, 111, 128, 155, 156, 170, 171, 178, 183, 191, 192
염불念佛 42, 45, 46, 86, 141, 199, 200, 202~204, 238, 240, 242, 248
『염불요문念佛要門』 86, 203
영지靈知 118, 119, 136, 151, 165
영혼(soul) 123, 124
오교 양종 230
오후수悟後修 190, 197, 204
왕생 44, 200~202
외도선外道禪 185
요의경了義經 200
용用 114, 119~121, 128, 130~136, 142, 145, 147, 148, 150, 162, 163, 176, 196
우두종牛頭宗 134, 148~151
우파니샤드 122
원각圓覺 111, 146
『원각경圓覺經』 171, 243, 244
원감圓鑑 227
원교圓敎 213, 217, 239
원돈교圓頓敎 156
『원돈성불론圓頓成佛論』 85, 86, 93, 97, 154, 155
원돈신해문圓頓信解門 75, 88, 102, 104, 106, 154, 161, 164, 177, 204, 209, 211, 220, 222
원돈지관圓頓止觀 154
원묘국사 요세 64, 65
원오圓悟 227
원효元曉 5, 6, 15, 34, 171, 243
월담설재月潭雪齋 242
『유마경維摩經』 50, 92, 154, 217
유심정토唯心淨土 199
유심정토관 202
유위공덕有爲功德 38, 39, 43, 111, 115, 155, 201
육조六祖 혜능慧能 6, 16, 21, 52, 73, 121, 124, 167, 168, 185, 213 209
『육조단경六祖壇經』 50~52, 54, 55, 65, 69, 75, 86, 88, 95, 98, 102, 120, 121, 123, 124, 131, 133, 153, 172, 181
이구청정離垢淸淨 171
이능화 246
이사무애理事無碍 50, 128, 163, 164, 170, 217
이심전심以心傳心 93, 207
이언절려離言絶慮 217
이자겸李資謙 22
이장理障 171
이장해탈 171
이종익 8

264 지눌의 선 사상

이참리참悔 171
이통현 58, 59, 75, 82, 86, 98, 102,
    153, 155, 156, 158, 160, 163, 211
이통현李通玄 28, 57, 58, 94, 155
인과因果 155~157, 178
인악의첨仁岳義沾 242
일념진각一念眞覺 203
일승一乘 46, 199
일승교 155, 156
임기산林綺山(林錫珍) 29
임제종臨濟宗 67, 231, 238, 247, 249

(ㅈ)

『자경문自警文』 243
자비慈悲 7, 47, 87, 90, 91, 197, 198,
    201
자성미타自性彌陀 199, 204
자성용自性用 134, 151
자성정혜自性定慧 186~190, 194, 204,
    218, 219, 220
자성청정自性淸淨 171
자성청정심自性淸淨心 116
자성해탈自性解脫 171
적寂 105, 118~121, 126, 133, 186,
    187, 189, 191, 192, 194, 196
전간문全揀門 135~7
전수專修 42, 204
전수문全收門 135~7
점문漸門 187, 189, 190, 194
점수漸修 65, 81, 88, 103~106, 134,
    144, 147, 168, 170, 172, 177~9,
    181, 183, 186, 190, 197~199, 202,
    204, 208, 211, 212, 218, 240, 241,
    247, 249
점수론 167, 177, 183, 202, 204
점수문 106, 173, 190, 209, 220
점수성공漸修成功 247
정定 36, 37, 41, 44, 47, 63, 65, 70,
    75, 88, 105, 119~121, 123, 160,
    175, 183~189, 191, 192, 218, 219

정려靜慮 180
정토淨土 44, 46, 86, 141, 160, 200~
    202, 204, 238
정토관 199, 202
정토 사상 199, 201, 202
정토 사상가 201
정토 신앙 45, 86, 141, 201, 204, 240,
    245
정토 왕생 200~202
정혜定慧 43, 70, 73, 120, 184, 186,
    187, 189, 191, 192, 194, 197, 201,
    203, 211, 216, 220
정혜결사定慧結社 28, 61, 64~66, 70,
    88, 89, 98, 99
정혜쌍수定慧雙修 183, 194
정혼精魂 123
조계曹溪 85, 120, 185, 214, 247
조계산曹溪山 35, 64, 72, 73
조계종曹溪宗 21, 22, 34, 35, 73, 74,
    225, 228, 234~236, 240, 246~248,
    250
『조론肇論』 126
조사祖師 31, 45, 58, 59, 97, 98, 107,
    111, 112, 115, 117, 122, 124, 126,
    129, 141, 155, 195, 219, 248
조주趙州 214
종밀宗密(규봉) 41, 52, 83, 85, 93~95,
    97, 99, 103~107, 109, 110, 114~
    117, 122, 132~134, 136, 137, 145,
    147~151, 153, 154, 169, 170~173,
    182, 191, 209~211, 239, 244
종선宗選 35
종휘宗暉 31, 34
증오證悟 106, 143, 144, 165, 208, 210~
    212, 218, 249
지止 191, 192
지知 115~120, 122~124, 127, 128,
    132~134, 139, 175, 182, 186, 187,
    189, 191, 192, 194
지관止觀 191, 192

지말무명枝末無明 171
지의대사智顗大師 18, 21
지해병
지해병知解病 69, 70, 85, 211
지해종사知解宗師 69, 94, 213
지혜智慧 7, 41, 45, 53, 55~57, 119, 121, 124, 125, 127, 141, 159, 174, 176, 195, 197~199, 201, 219, 223
진각국사眞覺國師 혜심慧諶 8, 27, 35, 63, 78, 85, 90, 222, 226~228, 244
진명眞明 227
진속불이眞俗不二 5, 50, 51
진심眞心 81, 82, 88, 103, 105, 106, 111~115, 118~137, 139, 143~148, 150, 151, 163, 168, 170, 178, 181, 182, 186, 187, 191~196, 203, 222, 223, 239
『진심직설眞心直說』 81, 82, 87, 93, 111, 112, 194
진아眞我 145
진여眞如 91, 103, 111, 113, 114, 119, 124, 125, 128, 130, 147, 200
진여수연眞如隨緣 128
진여심 127
진여자성眞如自性 50, 51, 131
징관澄觀 143, 163, 190

(ㅊ)

차별지差別智 198
참구參究 8, 68, 208, 212, 214, 216, 241
참구參句 239
참의參意 239
천태종天台宗 6, 19~21, 54, 64, 154, 231, 235
청원사淸源寺 48, 49, 52
체體 111, 114, 116, 118~121, 124, 126~129, 131~136, 145, 148, 149, 151, 162, 172, 176, 186, 187, 192, 195, 196

체관諦觀 19
체용體用 119, 127, 142, 144, 151
총남종總南宗 235
총림叢林 35
총지總持 111
최우崔瑀 78, 226, 227
최충헌 76~78, 226
『치문경훈緇門警訓』 243
치선痴禪 85, 93, 94, 207

(ㅌ)

태조 왕건王建 17, 22~24

(ㅍ)

팔관회八關會 24
편양언기鞭羊彦機 241
풍수지리설風水地理說 23

(ㅎ)

함허涵虛 29
『해동불조원류海東佛祖源流』 29
해오解悟 93, 97, 104, 106, 143~145, 152, 153, 164, 165, 176, 204, 208, 210~212, 218
해탈解脫 33, 39, 43, 70, 89, 177, 219
현등사懸燈寺 29
현수賢首 19
혜慧 36, 37, 41, 44, 47, 63, 65, 70, 75, 88, 105, 119~121, 123, 160, 175, 183~189, 191, 192, 218, 219
혜가慧可 122
호넨(法然) 46
홍주종洪州宗 134, 147~151, 172, 173
화두話頭 8, 86, 99, 105, 106, 208, 212, 214~218, 220, 221, 239, 249
화두선 70, 96, 97, 212, 214
화신化身 111
『화엄경華嚴經』 18, 53, 55, 56, 92, 119, 158, 239, 243, 244, 247

『화엄론華嚴論』 28, 57, 59, 65, 75, 82,
　　88, 94, 95, 98, 102, 153, 154, 160,
　　172, 197, 199
『화엄론절요華嚴論節要』 28, 52, 57,
　　82, 93, 154
화엄종華嚴宗 16, 18~20, 231
화쟁 5, 6

활구活句 239
회광반조廻光返照 7, 122~124, 137,
　　139, 140~144, 152, 153, 164, 165,
　　208, 211
회향廻向 201
회향품 119
「훈요십조訓要十條」 17

지은이 길희성(吉熙星)

지은이는 서울대학교 문리대학 철학과를 졸업하고, 미국으로 건너가 예일대학교 신학부에서 신학석사를 받았다. 하버드대학교 대학원에서 박사 학위를 받았다.

1977년부터 미국 세인트 올라프대학교 종교학과, 1982년 귀국 후 서울대학교 철학과를 거쳐 1984년부터 서강대학교에서 종교학을 가르치고 있다.

주요 저작으로는 『인도철학사』(민음사, 1984), 『포스트모던 사회와 열린 종교』(민음사, 1995), 『종교와 환경』(공저, 민음사, 1995), 『선불교와 그리스도교』(공저, 바오로딸, 1996), 『전통, 근대, 탈근대의 철학적 조명』(공저, 철학과현실사, 1999), 『오늘에 풀어 보는 동양 사상』(공저, 철학과현실사, 1999), *Understanding Shinran*(Asian Humanities Press, 1995) 등이 있다.

주요 번역서로는 『성스러움의 의미』(분도출판사, 1987), 『바가바드 기타』(현음사, 1988), 『종교의 의미와 목적』(분도출판사, 1991) 등이 있다.